本书为国家社科基金研究项目《跨国环境纠纷的解决机制研究》（批准号：14BGJ055）的研究成果之一

本书得到"中央高校基本科研业务费专项资金"资助（项目批准号2020VI045）

跨国环境纠纷的
预防与解决

王晓丽　著

WUHAN UNIVERSITY PRESS
武汉大学出版社

图书在版编目(CIP)数据

跨国环境纠纷的预防与解决/王晓丽著.—武汉：武汉大学出版社，
2024.2(2024.12 重印)
ISBN 978-7-307-24035-3

Ⅰ.跨⋯　Ⅱ.王⋯　Ⅲ.国际环境法学—研究　Ⅳ.D996.9

中国国家版本馆 CIP 数据核字(2023)第 189281 号

责任编辑:胡　荣　　责任校对:汪欣怡　　版式设计:马　佳

出版发行：**武汉大学出版社**　(430072　武昌　珞珈山)
　　　　　(电子邮箱：cbs22@ whu.edu.cn　网址：www.wdp.com.cn)
印刷:武汉邮科印务有限公司
开本:720×1000　1/16　印张:16　字数:259 千字　插页:2
版次:2024 年 2 月第 1 版　　2024 年 12 月第 2 次印刷
ISBN 978-7-307-24035-3　　定价:78.00 元

　　本书为国家社科基金研究项目《跨国环境纠纷的解决机制研究》（批准号 14BGJ055）的研究成果之一

　　本书得到"中央高校基本科研业务费专项资金"资助（项目批准号 2020VI045）

目　　录

引　言

自 20 世纪中期以来，随着人类对环境的开发与利用活动的不断进行，环境问题开始引起国际社会的关注。这一过程首先起始于西方国家。二十世纪六七十年代开始，欧洲、美国等地不断发生大规模的环境公害事件，如英国伦敦烟雾事件、美国罗浮水道污染事件等，对当地环境造成严重影响，甚至造成公众大规模的伤亡和健康问题。这些环境事件发生后，社会公众不断通过各种形式表达强烈抗议，政府承受了巨大的舆论和政治压力。各国开始重视这种环境公害事件的处理和并采取措施应对，在此种社会背景下，各国陆续开始采用科学技术手段治理污染。但是在经过一定时期的治理后，各国政府逐渐发现，在环境污染事件发生后，仅靠技术手段进行处理是远远不够的。于是，法律手段开始作为环境管理的重要保障在各国推行，以至于当时的欧洲、美国甚至紧跟其后的日本，在该阶段都有一个环境立法大规模出现的现象，甚至有些年份的国会被称为"环境立法国会"。这些国内法上的改变，主要出自一种考虑：在环境污染损害事件发生后进行被动处理，其成本高昂，治理效果也不理想；如果通过法律手段，对污染环境和破坏环境的行为进行规制，可以起到预防作用，大大降低治理成本，有效提升治理效果。事实上，法律的基本价值之一就包括其预防价值。这也与现代环境法中的风险预防原则与理念一脉相承。

在应对环境问题的初期阶段，各国主要通过公法性质的法律对环境污染和破坏行为进行调整，如采用行政许可、行政审批、鼓励公众参与环境与发展决策、制定环境影响评价规则等，来预防和减少工业活动和其他人类活动对环境的破坏和影响。在随后的发展阶段，一些国家开始运用民事或商事的手段调整开发和利用环境的行为，如采用私法上的民事侵权责任制度，通过传统民事责任，如停止

1

侵害、排除妨碍、赔偿损失等方式保护受害人的利益。但是，很长一段时间以来，这些公法和私法性质的立法都无法摆脱传统法律的影响，在应用于环境纠纷和案件的处理时，暴露出了很多局限性，无法彻底解决环境纠纷，也无法充分补偿环境纠纷中受害人受损的权益和环境自身的损害。同时，这些国内法上解决环境纠纷的模式，还有一个无法回避的现实，那就是各国立法各不相同，无论是在实体法还是程序法上，都各有其本国的不同规定。当这些法律仅仅在国内法维度下适用时，没有太大问题；但如果将其扩展至国际法，就会产生法律冲突现象。

全球范围内的环境问题的出现及其越来越明显的跨国界特点，逐渐引起了国际社会的忧虑。苏联宇航员谢瓦斯基诺夫曾说过："从太空中俯视我们这个小而脆弱的行星时，就会特别清楚地意识到，它是多么地没有防御能力和多么容易受到打击。我们地球上的许多问题从哪里看起来是不一样的，要知道，从太空看不到国界，整个地球就是一个村落。"①当前的很多环境问题，也早已超出一国边界：一方面是因为一些环境污染，如大气污染、水污染等不会因为国界的存在就止步，国际法历史上发生过的一些案例，像是欧洲莱茵河污染事件、苏联切尔诺贝利核电站爆炸事件等已经验证了这一点；另一方面，随着国际贸易和经济全球化的快速发展，许多公司在海外设立分公司，其活动足迹遍布全球，一旦发生污染事件或纠纷，其母公司和子公司所在的国家都会有可能承担法律责任。20世纪80年代发生在印度博帕尔的农药泄漏事件就引起了跨国环境纠纷，争端解决过程漫长，司法程序因涉及两个以上国家而更加复杂冗长，纠纷受害人的权益得不到及时保护，受损害的环境也得不到及时恢复，印度和美国两国之间的关系也受到了相应影响。

因此，环境问题在一国之内，可以通过政府的立法、执法和司法活动以及对不同主体利用环境资源的行为进行调整，从而达到环境治理目标，最终消除该环境问题带来的不利影响。然而，如果某个环境问题或由此引起的环境纠纷是跨越国界的（此处指一般意义上的跨国环境纠纷），其处理和解决的过程就不能完全应用国内解决环境问题的方法和措施。

———————

① 转引自汪劲、田秦等著：《绿色正义——环境的法律保护》，广州出版社2000年版，第261页。

客观上，研究跨国环境纠纷的解决有如下几方面的价值和意义：首先，对该问题的探索有助于维护和平发展的国际或地区局势。近些年来，国家之间或一国与外国公司之间等产生的环境纠纷数量不断增多，引起了学术界对于这类纠纷解决的关注和兴趣。需要说明的是，在跨国界的众多环境问题中，如：气候变化、海洋环境污染、固体废弃物的跨国界转移、多国河流或国际河流的开发利用、野生动物和野生植物物种的保护、臭氧层耗损等问题发生后，往往会引起跨国环境纠纷。这些环境争端具有涉外因素，波及面广，不仅会影响到国家与国家之间的关系，地区的国际秩序，还会波及一些跨国公司甚至个人的利益，客观上需要对其预防、处理和解决进行研究，以消除因环境纠纷的出现对国际秩序带来的破坏性影响，维持国际法主体间的和平友好关系，保持地区稳定，为各国人民的安定有序生活提供保障。

其次，跨国环境纠纷的解决还有助于国际法传统争端解决理论的探索和创新。国际法学理论的发展源远流长，其中的国际争端解决机制是国际社会在漫长的国际交往中总结出的宝贵经验，对于国际法主体之间的纠纷，尤其是国家与国家之间的纠纷的解决，贡献卓著，意义重大。这些纠纷解决机制主要包括外交解决措施（又称政治解决措施）和法律解决措施两大类。其中的外交解决方法又可分为谈判、协商、斡旋、调停、调查、和解以及国际组织的介入解决等方式，而法律解决方法目前主要指国际仲裁和国际司法两种手段。跨国环境纠纷的解决离不开这些传统国际争端解决方法，但是在近些年缔结的多边环境协定中，也逐渐出现了一些新的纠纷解决手段，可以视为是在传统争端解决机制上的创新和突破。当然，这些突破一部分原因是由国际环境法的特征决定的，另外也和跨国环境纠纷与一般国际纠纷有所不同有关系，例如，要分清当事方的是非与责任，需要确定环境污染或环境损害事实的存在，需要法律认可的证据来支撑，这就需要环境纠纷的解决中要有技术专家的事实分析和鉴定结论，随之就会对跨国环境纠纷解决的程序产生影响。

跨国环境纠纷的产生从一个侧面映射出了现实社会发展带来的新问题对国际法既有理论的挑战。传统国际法理论中并没有专门针对环境问题而设定的制度，国际环境法作为国际法学科的一个新的分支，也是从 20 世纪 70 年代才开始逐步确立。伴随着国际社会对环境问题的日益关切，一项项多边环境协定应运而生。

为了解决缔约方因这些环境条约或协定的遵守或履行产生的纠纷，环境条约中开始出现专门的纠纷解决程序条款。本书选取一些具有代表性的环境条约进行具体研究和分析，并结合传统的国际争端解决机制理论，通过对典型跨国环境纠纷案件解决过程的剖析，探究其顺利解决（或未解决）背后的原因，总结相关经验，以期增益于国际环境法纠纷解决机制理论的研究，同时进一步丰富和完善国际法的争端解决理论与实践。当然，任何学术研究都不能脱离现实国情，中国作为目前世界上的发展中大国，在经济与社会发展水平持续提高的同时，也面临着巨大的环境保护压力。在一些国际环境问题的处理上，如气候变化问题，中国政府的态度和行为也备受世界关注。同时，中国与其他国家和国际组织的交往中也越来越多地出现了环境议题。在这种大背景下，本书最后对国际法框架下的现行跨国环境纠纷解决机制进行了思考与审视，通过梳理中国在国际争端解决领域的策略和立场，结合中国在跨国环境纠纷解决上的有关实践，提出了相关的调整建议。

第一章　跨国环境纠纷概述

第一节　跨国环境纠纷的含义

一、环境纠纷

"环境"是日常生活中经常用到的一个词语，按照《辞海》的解释，环境是指"周围的境况。如自然环境，社会环境"①。一般来说，"环境"一词在语义上的理解，离不开对其中心事物的界定，或者说，谈到环境的内涵和外延，需要理解该词语的中心事物或参照标准是什么，其决定着"环境"的范围。法国著名的环境法学者亚历山大·基斯认为，"环境"一词虽然出现的场合很广泛，但其规律的应用仅开始于 20 世纪 60 年代。在这一时期，在不同的语言中都出现"环境"一词。② 这一时间段恰好与西方社会开始强烈关注环境问题的时间段相吻合，说明了人类社会环境问题的出现，使"环境"一词从其众多语境背景中独立出来，很多场合下与"环境保护"等特定含义结合，赋予了该词在现代社会大规模、高频次出现的可能性。

"纠纷"按照《现代汉语词典》的解释，一般指"争执的事情"，是因为围绕某特定事件产生的不同观点、意见、见解等，根据当事方对立程度的不同，纠纷又可分为一般的意见不合，以及较为严重的矛盾、争端等。相应地，环境纠纷

---

① 《辞海》，上海辞书出版社 1979 年版，第 2575 页。
② 转引自王曦编著：《国际环境法》（第二版），法律出版社 2005 年版，第 4 页。

5

是指围绕环境资源的开发、利用、保护等产生的争端或矛盾。环境纠纷是环境问题在社会现实生活中的一种反应，它广泛存在于环境资源开发、利用和保护等各种领域和场合中。环境纠纷也是社会冲突的一部分，如果处理不当或久拖不决，容易造成矛盾升级、争端恶化，甚至酿成人身、财产或环境等权益的严重损害，给环境纠纷的当事方带来精神困扰和财政负担，增加行政以及司法成本，甚至对社会稳定产生不良影响。因此，环境纠纷应当得到及时关注和处理，在现代社会背景下，绝大部分国家有国内环境立法和其他领域的法律法规，这是解决和预防环境纠纷的重要法律保障。

二、跨国环境纠纷

随着全球人口、商品和资本的频繁流动，各国间的联系也越来越紧密，全球环境的相互依赖性和脆弱性也越来越明显。同时，现代科技飞速发展，给工业发展插上了腾飞的双翼，二者的结合给环境带来的影响和产生的破坏也早已不再局限于各国国界。如大气污染和水污染早就不再仅仅是一国国内的环境问题，海上和陆上的原油泄漏、核设施的安全事故、跨国河流的开发和污染、危险废物的跨国界转移和处置、濒危物种的跨国交易、有毒有害物质和化学品的国际流通等，这些事件或活动是今天的国际社会经常面临的现象，它们不断提醒着人们现代环境问题的全球性和跨国性，也督促国际社会围绕这些问题开展更为全面、深入、广泛的合作。

这些全球环境问题或国际环境问题的客观存在，也引发了跨国环境纠纷问题。就其字面意义而言，跨国环境纠纷是指环境纠纷的影响后果是跨越国界的，或者某环境纠纷发生在一国境内，但其影响后果以及产生的相关法律责任却是超越国界的。国际法的一些条约或条约草案对何为"跨国"或"跨国界"有一些规定。1982 年联合国国际法协会通过的《适用于跨国界污染的国际法规则》规定："跨国界污染指污染的全部或局部的物质来源于一国领土内，而对另一国的领土产生有害的后果。"该规定对"跨国"的界定主要是从地理位置，也即污染行为发生地与受害方所在地不在同一国境内作为标准。1979 年《远距离跨界大气污染的日内瓦公约》第 1 条（b）款规定："远距离大气污染是指这样的空气污染，其污染源完全或部分处于一国管辖区域内，污染产生的损害后果在另一国管辖区域内……"该公约对于何为"远距离跨界"的界定与前述公约的标准基本一致。

此外，联合国国际法委员会在《关于危险活动造成的跨界损害案件中损失分配的原则草案》原则第2（c）条提出："'跨界损害'是指在领土国或其管辖下所从事的危险活动，在另一国领土上或该国管辖或控制下的其他地方所造成的损害。"该草案的评注还特别强调"有关国家是否拥有共同边界并不重要，这一定义包括在一国管辖或控制下在其船只或海上平台上进行的活动，这种活动对另一国的领土或其管辖或控制下的其他地方造成了影响"。① 笔者认为，《关于危险活动造成的跨界损害案件中损失分配的原则草案》这一条约草案对于"跨界损害"的界定，更接近于当代跨国环境纠纷的含义理解。就全球范围内的环境而言，除了包括各国的领土，还包括不属于任何一个国家的领土范围或属于全球共有的一些特定环境（如根据一些国际条约进行规范的国际海底区域、极地区域、外层空间和公海等区域），这些区域或环境虽然不属于任何一个国家的领土范围，但仍然会发生一些影响全球的环境问题或冲突，从国际环境保护的客观要求出发，这些"公共区域"产生或出现的纠纷也应当纳入环境纠纷的处理范围。《关于危险活动造成的跨界损害案件中损失分配的原则草案》对于"跨界"的理解，不仅包括在一国境内的危险活动，还包括虽不在一国境内但受该国管辖或控制的危险活动，从受害方角度也有类似列举，这就大大扩展了"跨国界"这一词语的适用范围，尤其是其还扩展到海上，在一定意义上，该草案和1982年《联合国海洋法公约》有关海洋环境保护和海洋生物资源保全和养护的条约内容是一致的。

例如，后文将要论及的"特雷尔冶炼厂仲裁案"就是这种意义上的跨国环境纠纷。特雷尔冶炼厂位于加拿大境内，是一家加拿大的冶炼公司，但其排放烟雾的行为给临近的美国公民和美加边境附近的美国森林资源造成了损害，遂引致两国纠纷。该案经过两次国际仲裁，确立了现代国际法在应对跨国环境纠纷上的重要原则，具有里程碑意义。

① 《联合国国际法委员会第56届会议报告》，第143页；转引自胡敏飞著：《跨国环境侵权的国际私法问题研究》，复旦大学出版社2009年版，第14页。

三、国际法语境下"跨国环境纠纷"的辨析与解读

(一) 跨国环境纠纷与相近概念之辨析

在环境法、国际法和国际关系、国际政治等学科的一些研究文献中，经常会出现国际争端、国际环境争端、跨界环境损害等概念。因为本书主要是以跨国环境纠纷为研究对象的，为了进一步明确其内涵和外延，在此将这几个易混概念进行对比分析，便于对后文内容的理解。

首先，跨国环境纠纷在含义上与国际环境争端这个概念虽然有密切联系，但二者意思并不相同。国际环境争端属于国际法中的国际争端的一个类型。依照国际法理论，国际争端，通常是指在国际法主体之间，主要是国家之间，就某一问题产生的争论、分歧或冲突。按照国际争端争议内容的不同进行进一步细分，可以将国际争端分为国际人权争端、国际领土争端、国际贸易争端、国际投资争端、国际环境争端等。可见，国际环境争端虽然也是围绕国际法主体在全球环境资源上的开发、利用和保护等产生的争端，但其与"跨国环境纠纷"相比，最主要的不同在于纠纷主体的范围有区别。国际环境争端的当事方是国际法主体。按照现行国际法主体理论的主流观点，其当事方主要指民族国家、政府间国际组织和争取独立的民族等。[①] 在因环境权利义务发生联系时，它们同时也属于国际环境法的主体。而根据前面的分析，跨国环境纠纷的主体不仅仅包括国家、国际组织和正在形成中的民族等，还包括国际法律关系中的更多主体形态，如跨国公司、其他不具备国际法主体资格的组织，甚至某些情况下的个人等。这就使跨国环境纠纷的外延比国际环境争端广泛，相应地，对于其纠纷的解决方式客观上需要更加灵活，以适应多元化的纠纷解决需求。

其次，跨国环境纠纷和跨界环境损害也有密切关联，二者都是在国际环境问题纷纷涌现，并助推国际法发展而产生的相对较新的议题。近年来国际法领域内对于跨界环境损害引起的国际法责任问题也颇多论及。跨界环境损害属于跨界损害的一种，对于这种损害引起何种国际责任以及如何承担这种国际责任一直是国

---

① 《国际公法学》编写组：《国际公法学》，高等教育出版社 2016 年版，第 129 页。

际法责任理论的一个热点问题。1996 年国际法委员会第 48 届会议专题工作组向联合国大会提交《国际法不加禁止行为所产生的损害性后果的国际责任条款草案》对跨界损害的定义是"在起源国以外的一国领土内或其管辖或控制下的其他地方造成的损害，不论有关国家是否有共同边界"。① 该定义与前文所述的"跨界损害"的界定基本相同。但是，考虑到国际环境法中还有一类特殊区域，即不属于任何一个国家主权管辖或控制下的公共区域，比如南极和北极地区、公海、国际海底区域等，这一概念仍然不是最完整的。这些区域在国际公法的语境下，无法借助以国家为基本主体的国际法规则进行调整和保护，但是从全球环境保护的角度，需要有一套规则对其进行适用。但是这方面的国际立法进展较缓慢，主要是由于国家主权观念的影响，国际社会推进该领域的立法尤其是国家责任方面的立法时，面临很多障碍。因此，跨界环境损害的概念虽然在国际环境保护的背景下未趋完善，但与跨国环境纠纷的适用范围在外延上更为接近。因为国际法上业已发生过国家之间在不属于任何一个民族国家主权管辖的公共领域的环境纠纷，如在 20 世纪 70 年代发生的南太平洋核试验案，国际实践中，如何妥善应对这类特殊的环境纠纷，也需要国际争端解决机制作出回应，并进一步发展和完善。

（二）国际法语境下的解读

在国际环境法作为一个新生学科出现后，一些学者认为，"国际环境法"和部分国外学者所说的"有关环境的国际法"两种提法并无不同。然而，如果结合国际法的有关实践，二者存在一定区别。"国际环境法"主要是指具有独特特征（主要以国际环境保护为代表）的一种现实的法律体系，而后者仅仅指国际法在一定程度上涉及的一种可辨识的问题。基于第二种观察视角，"有关环境的国际法"其实可以视作国际公法或国际私法在环境问题上的具体适用。限于篇幅，本书并不想展开讨论这两种观点，探究二者不同的主要原因是希望借此阐释国际法的碎片化现象，以及帮助说明为何笔者主张在跨国环境纠纷的解决理念上，应当区别于其他种类的

---

① 联合国大会第 51 届会议补编第 10 号《国际法委员会第 48 届会议工作报告》第 211 页；《关于国际法不加禁止行为所产生的损害性后果的国际责任条款草款》第 3 条 b 项；转引自林灿铃著：《国际环境法》，人民出版社 2004 年版，第 230 页。

国际争端的解决理念。同时，这也可以阐明为何笔者不支持设立专门的国际环境法院这一提议。如果一个司法机构的管辖权界限尚不明朗，意味着它缺乏一个成熟的司法机构所必需的重要因素——管辖权基础。没有独特、清晰和明确的管辖权，即使建立一个所谓的"世界环境法院"或"国际环境法院"，也无助于现有跨国环境纠纷的解决，甚至会加剧环境纠纷法律解决程序规则的混乱。

在国外学者的研究视野下，一些论著和文章曾探讨过到底什么是跨国环境纠纷，但有的观点并不能完全令人信服。综合有关文献，从方法论的角度看，可以采用两种方法界定什么样的纠纷属于跨国环境纠纷：第一种是通过分析当下国际实践中适用的国际法有关规则，将其划分为跨国环境纠纷；另一种是侧重研究国际环境规则指向的现实问题，通过问题导向的方法界定跨国环境纠纷。

国际法学者 E. Hey 在其论著《对环境法院的回应》中阐明了对国际环境纠纷的第一种定义方法："国际环境纠纷是一种涉及环境条约问题的争议或矛盾……"① 她注意到了其中一个明显问题：不少多边环境条约其实有多重目标，有些不能被认为是有关环境的条约。例如，在《联合国海洋法公约》和现代国际社会大多数有关河流的条约中，有关环境保护的条文仅仅是全部条约条文的一小部分。也许有人认为可以分开看待，将该条约项下的纠纷分为两类：因这部分环境保护的条文引起的纠纷是环境纠纷，其他条文引起的纠纷不属于环境纠纷。但即使是这样截然分开，该定义仍然存在一些让人困惑的地方。例如，《联合国鱼类种群保护公约》（*The UN Fish Stocks Agreement*）一向被视为在鱼类资源保护领域第一个采纳了"环境视角"的多边协定，那么因该条约引起的纠纷应当被界定为跨国环境纠纷吗？还是属于渔业资源纠纷？还是海洋纠纷？还是三者皆有？此外，《联合国海洋法公约》第 297 条第（1）款将因为履行"保护和保全海洋环境的特殊国际规则"而产生的争议归入该公约第十五部分规定的强制争端解决机制的适用范围。然而，《联合国海洋法公约》第 297 条第 3 款将"有关专属经济区的生物资源保护的主权权利问题"所生争议排除在强制争端解决机制之外。所

---

① 参见 E. Hey, Reflections on an Environmental Court, Kluwer Law Internaitonal, 2000 (3)；转引自 Alan Boyle, Judicial Settlement of Internaitonal Environmental Disputes：Current Problems, Journal of Internatioal Disputes Settlement, Vol. 4, No. 2 (2013)．

以，在这里就出现了一个矛盾现象：一个宽泛的环境定义包含对自然资源可持续利用风险的保护，但却削弱了缔约方意图将关于专属经济区的资源纠纷排除在条约争议解决机制的期望。该问题揭示了根据《联合国海洋法公约》的缔约目的，在什么属于"环境纠纷"问题上，该公约采用的是一个很狭隘的标准。同时，按照这种逻辑，《联合国鱼类种群保护公约》应当不属于环境国际公约。

退一步讲，即使我们接受如下观点：是否构成一项跨国环境纠纷取决于相关环境条约的缔约目的、条约内容和条约的特定条款，该学者认为的环境纠纷的定义仍然有其局限性：这种观点显然忽视了一般国际法或习惯国际法传统下的传统国际纠纷的界定模式。这种界定模式并不是直白显现出来的。在此，可以选取哥伦比亚和厄瓜多尔之间的"飞机播撒除草剂案"做样本进行分析。这一纠纷的解决主要根据有关跨界污染损害的习惯国际法解决的。因为该纠纷不是因为某一环境条约的履行而产生，所以按照 E. Hey 对环境纠纷的定义，它不属于跨国环境纠纷（即使国际环境法的核心原则之一就是有关跨界环境影响评价和国家有义务管理和控制跨界污染）。但是，该案并不仅仅是违反了习惯国际法的问题，它还涉及了人权条约问题。对于人权问题的关切使该案看似正义的部分陷入了不确定状态：这个案件是关于人权保护的纠纷吗？纠纷的当事国之一哥伦比亚坚持认为，该案适用的国际法应当是 1988 年《联合国麻醉药品公约》（*The UN Convention on Narcotic Drugs*），原因是飞机播撒除草剂是作为该公约反麻醉和毒药内容的一部分义务而实施的。《联合国麻醉药品公约》直到现在也没有被认为是一项环境条约，因为它本来就不是环境条约，它主要是有关控制刑事犯罪的国际合作条约。可以想象一下，如果国际法院采纳了哥伦比亚关于该案适用法律的观点，然后通过最广义的理解方式将国际环境条约和国际人权条约进行解读（这种理解方式可以参照 1988 年《联合国麻醉药品公约》第 14 条第 2 款的内容），① 该公约毫无

---

① Article 14 (2) of The UN Convention on Narcotic Drugs provides: " Each party shall take appropriate measures to prevent illicit cultivation of and to eradicate plants containing narcotic or psychotropic substances, such as opium poppy, coca bush and cannabis plants, cultivated illicitly in its territory. The measures adopted shall respect fundamental human rights and shall take due account of traditional licit uses, where there is historic evidence of such use, as well as the protection of the environment. "

疑问包含环境因素，也包含人权因素。

　　第二种界定跨国环境纠纷的方法是由 Bilder 在其代表作中提出的，后来在一些其他学者的文献中也有一些隐晦的使用。根据他的观点，一项纠纷如果是有关人类通过外在干预的手段改变了自然环境系统，那么它就属于环境纠纷。① 这种方法可以通过列举一些容易辨认的要素来判断一项纠纷是否属于环境纠纷，人们对于环境问题的常见的理解都可以被归入此类：空气污染，淡水资源保护，海洋环境保护，气候变化问题，自然资源的不可持续利用，生物多样性、生态系统及生物栖息地的减少，濒危物种和自然遗产的保护等。尽管这些因素很容易辨别，但在这种定义方法下界定跨国环境纠纷仍然会带来不确定性，因为环境的外延实在是太广泛了。虽然国际环境法已经开始研究不同类型的国际环境问题的国际法规制与调整问题，然而仍然无法避免某一种环境问题同时具有的其他属性带来的国际法规制的矛盾与重叠可能。例如，在非洲一些地区，国家之间因为对于某条国际河流的开发和利用产生纠纷，可以将之归入环境纠纷。同时，基于淡水资源与饮用水之间的紧密联系，人权保护机构也可以将之视为威胁到基本人权的国际人权纠纷，根据国际人权条约将之提交国际人权保护机构予以解决。因此，时至今日，学术界对于何为"跨国环境纠纷"的探讨远未结束，因为这个问题不仅仅涉及跨国环境纠纷的判断、解决思路和解决平台的选择等现实问题，也和国际法对于有关纠纷或争端的性质尚没有清晰的判断有关。

第二节　跨国环境纠纷的出现与国际法的发展

一、跨国环境纠纷的产生与传统国际法的应对

　　跨国环境纠纷的增多主要是在 20 世纪 50 年代后，但是早在 19 世纪末期已

---

　　① 参见 R. Bilder, Settlement of Disputes in the Field of International Law of the Environment (1975-1) 144 Recueil des Cours 153. 也可参见 P. Sands, Litigaiting Environmental Disputes: Courts, Tribunals and the Progressive Development of International Environmental Law, T. Ndiaye and R. Wolfrum (eds.), Law of the Sea, Environmental Law and Settlement of Disputes, Martinus Nijhoff Publishers, 2007.

经出现了这类纠纷。只不过因为当时社会公众并无环境保护的清晰意识，国内环境立法和国际环境立法也没有大规模和成体系出现，国际法对这类纠纷的处理主要是通过国际争端解决机制进行。通过回顾和分析这些早期的环境纠纷，可以窥见国际法应对环境问题的一些轨迹，同时也能寻到国际环境法从无到有以至于逐步发展壮大的一些规律。

需要提及的第一起纠纷是"太平洋海豹仲裁案"。美国和英国之间发生的太平洋海豹（Pacific Fur Seal）仲裁案是国际法历史上较早的涉及环境资源保护的跨国纠纷。1893 年，美英两国因为在白令海海峡出没的海豹的捕猎问题产生了矛盾，该争议最终是通过国际仲裁的方式得到了解决。"太平洋海豹仲裁案"产生的主要起因是：为了保护经常到美国拥有主权权利的岛屿栖息的太平洋海豹，根据当时国际海洋法上的"3 海里领海线"惯例，美国声称有权在其领海线外一定海域采取相应的保护措施。纠纷的另一方英国不同意美国的做法，以海洋法上的"公海自由"原则反对美国的主张，由此产生了双方的纠纷。在纠纷发生后，当事国经过协商，同意采用仲裁方式解决它们的纠纷。案件的仲裁庭由来自美国、英国、法国、意大利和瑞典的五名不同国籍的仲裁员组成，并最终作出了仲裁裁决。仲裁裁决的结果主要支持了英国的主张，认为根据传统的"公海自由"原则，美国对于其领海线以外活动的海豹不享有保护权或财产权；即使有证据表明，这些海豹经常往来并栖息于美国管辖的岛屿，美国也不得以此为借口将其资源管辖权扩大到其管辖范围以外的地区。不过，需要说明的是，该案发生的时间是在 19 世纪末期，当时国际社会尚无明确的国际环境保护认识，也没有相应的国际法规则。尽管如此，该案也考虑到了这些来回游动的海豹的物种保护需求，裁决中规定了一些关于太平洋海豹的禁猎时间、捕猎方法以及使用工具等限制性措施，客观上也有利于该区域海豹种群的保护和可持续发展。这些措施即使放在 21 世纪的今天来看，仍然对海洋生物资源的物种养护具有重要借鉴意义。

另一起在国际法和国际环境法上具有重要影响的纠纷是"特雷尔冶炼厂仲裁案"。特雷尔冶炼厂仲裁案是 20 世纪初发生在美国和加拿大之间的一起跨国界大气污染争端。案件的起因是：位于加拿大不列颠哥伦比亚省的特雷尔冶炼厂在生产过程中，常年排放包括二氧化硫在内的各种烟雾。在时间跨度长达几十年的时期内，冶炼厂排放的烟雾对临近美加边界的美国华盛顿州造成了各种损害。这些损害除了包括当地农场的种植业财产损失外，还造成美加边境附近的美国森林枯萎、树叶发黄并出现远高于正常森林损耗的林木死亡现象；更严重的是，烟雾造成居住在附近的美国农民的身体健康也受到了损害。在纠纷发展的初期，美国华盛顿州的农民曾以个人名义，试图以公民财产受损的理由与加方的特雷尔冶炼厂交涉，冶炼厂也给予了部分赔偿，但赔偿数额远远低于冶炼厂排放烟雾给美国农民造成的损失，并且冶炼厂的烟雾也一直没有治理，仍然在排放。一些美国的污染受害人不得不迁居他乡。而那些无力移居他处的农民继续寻求救济，但没有明显效果。在部分污染受害人持续不懈的奔走呼号下，该纠纷在 1935 年由美国和加拿大两国政府介入，决定成立一个国际仲裁庭解决争议。仲裁庭对该案先后进行了两次裁决。在 1938 年的第一次裁决中，仲裁庭判定特雷尔冶炼厂排放的烟雾对美国华盛顿州造成了损害，判定加拿大赔偿美国 7.8 万美元。但是案件并没有就此结束，污染仍在持续，受害人继续奔走，两国政府继续接触、谈判、协商。1941 年该案的仲裁庭作出了第二次裁决，在这一次的裁决书中，有一项影响深远的声明："根据国际法以及美国法律的原则，任何国家也没有权利这样地利用或者允许利用它的领土，以致其烟雾在他国领土或者对他国领土或该领土上的财产和生命造成损害，如果已产生后果严重的情况，而损害又是证据确凿的话。"① 该条声明被视为是国际法判例中对于新议题（跨国界环境污染问题）处理的一种重要发展动向，直至今天，仍然被众多国际法学者拿来作为跨界污染损害的经典案例进行分析和研究。

特雷尔冶炼厂仲裁案是一起影响范围广泛的跨国环境纠纷，在跨国环境纠纷的处理和解决过程中，具有里程碑意义。尤其是该案的第二次仲裁裁决，显示了20 世纪上半期国际法对于逐渐开始显现并慢慢增多的跨国界环境争议的处理态度。虽然在该纠纷的仲裁中，仲裁庭部分适用了当时的美国国内法，但是，从裁决结果体现的总体思路看，主要体现了着眼于污染受害方财产、生命权益保护的裁判原则，并没有完全受限于当时的国家主权和领土主权观念，甚至在一定意义

---

① 马克斯·普朗克比较公法及国际法研究所主编：《国际公法百科全书》（第二专辑，国际法院、国际法庭和国际仲裁的案例），陈致中、李斐南译，中山大学出版社 1989 年版，第 460~461 页。

上突破了传统领土主权绝对原则的窠臼，大胆提出了国家对其领土利用的限制性规则，即不得造成他国领土或对他国领土或该领土上的财产和生命造成不当损害。考虑到当时的时代背景，尽管当时并无现代意义上的环境与资源保护法和国际环境法学科，甚至当时国际社会对环境保护问题也没有特别的关注和重视，这一裁决才尤为显得珍贵。该纠纷的处理结果一方面保护了美加边境的森林资源，维护了污染受害人的健康和生命权；另一方面，在国际法史上是具有开创意义的，揭开了国际法领域中对于国家领土主权进行限制的另一层次含义：基于跨国界环境保护的需要，国家应履行善邻义务，在开发利用本国自然资源时，不得损害他国或国际社会共同所有的环境。在 20 世纪 70 年代及其后的时间里，随着国际环境法的发展，这一案例屡被提及，在诸多国际环境法律文件中被引用，以至于该纠纷第二次裁决中的关键性声明发展成今日国际环境法的一项重要基本原则——国家资源开发主权权利和不损害国外环境责任原则。①

　　20 世纪上半期还有一起跨国环境纠纷案件，即比利时与荷兰之间发生的莫兹河水利工程纠纷案。莫兹河是位于欧洲大陆，是一条多国河流，河流部分河段主要流经比利时与荷兰两国。为了和平利用莫兹河，两国早在 1863 年两国就缔结了关于管理和利用莫兹河水利资源的双边协议。不过，进入 20 世纪后，由于两国的经济发展策略，加上两国人口在沿河地区均有快速聚集的情况，两国不约而同选择在本国境内的莫兹河流经河段大兴土木，建设水闸、引水修筑人工运河等。关于这些工程的兴建及其对莫兹河的影响就在两国间引起了纠纷，双方互相指责对方了 1863 年的双边协定。为解决纠纷，荷兰选择了司法途径，于 1936 年在当时的常设国际法院起诉比利时。经过一年的审理，常设国际法院于 1937 年作出了这起跨国河流纠纷案件的最终决定。从法院的决定看，法院事实上没有支持任何一方的诉求。常设国际法院认为，根据 1863 年的莫兹河协定的条约内容，双方都没有违约行为；鉴于双方的建设行为也没有造成莫兹河河水的总量的改变和其他实质性影响，建议双方在结案后直接谈判或协商，达成具体的和解方

---

　　①　王曦编著：《国际环境法》（第二版），法律出版社 2005 年版，第 94~95 页。

案。① 该纠纷发生在欧洲两个国家之间，就其影响力来看，虽然该案的判决并未像特雷尔冶炼厂仲裁案一样引起巨大反响，但仍然对国家之间的环境纠纷的解决有所借鉴。该纠纷被视为是关于多国河流环境纠纷的一个早期案例，对于 20 世纪 50 年代后国际社会频发的因多国河流的开发利用引起的纠纷有一定的参考价值。

在 20 世纪上半期以前，现代意义上的国际环境法还未形成体系，一些国际环境问题，如跨越空气污染、多国河流水资源的开发与利用、海洋生物资源的保护等已经初露端倪，国际社会也开始出现跨国环境纠纷。国际纠纷需要国际法对其进行处理和解决，纠纷处理不当或者解决失败有可能造成国家间关系或区域局势的不稳定。在此之前，国际法并没有发展出应对跨国环境纠纷的规则体系。事实证明，国际法也在时代的发展变化中不断创新和发展，通过一些环境纠纷的解决和处理，国际法对于这类新型的国际争议作出了回应，有些解决办法具有开创性。具体表现为：在一些国际仲裁裁决或司法机构的判决中，开始出现一些不同于传统国际法的理念与指导思想，体现了学界对国际法的部分理论和原则开始尝试初步调整，以适应环境问题对国际社会产生的压力。如在国际法的责任理论和有关主权概念的适用上，出现了一些有利于全球环境保护的细微变化。这些始于微末的改变，在 20 世纪后半期，伴随全球环境问题的频频出现，开始作为一股力量，推动古老的国际法学科进行变革，并最终在世界范围内形成了国际环境法这一新兴学科分支。②

二、跨国环境纠纷的增多与国际环境法出现的必然性

众所周知，第二次世界大战结束后，国际格局发生了巨大变化。战争不再是各国和国际社会面临的主要问题，在联合国等国际组织的倡导和推动下，通过订

---

① 刘家琛主编、陈致中编著：《国际法案例》，法律出版社 1988 年版，第 77~80 页；转引自王曦编著：《国际环境法》（第二版），法律出版社 2005 年版，第 22 页。

② 需要说明的是，在国际法范围内，也有一部分学者并不认可"国际环境法"这种提法。如英国著名国际法学者埃伦·博伊尔坚持认为，国际环境法并未形成一个独立完整的学科，更为合适的提法是"有关环境问题的国际法"。但其他学者，如法国的亚历山大·基斯教授，美国的韦伊斯教授等认可这种提法。我国学者也大多使用"国际环境法"的提法。

立一系列有关限制武力、促进和平与发展的国际协议，国际社会的主旋律转变成为和平与发展。绝大部分国家都期望在战争的废墟上尽快站起来，发展经济，提高社会生产力，提高本国人民的生活水平，促进人民福利的进一步提升。在此背景下，科学技术受到前所未有的重视，以此为驱动力，世界范围内工业发展进入了一个黄金时期，同时不少国家的经济与社会发展都逐渐进入快车道。到 20 世纪 70 年代时，包含欧洲、美国、日本、加拿大等在内的世界主要发达经济体和发达国家都开始充分享受经济发展和物质丰富带来的成果，人民的生活水平和便利程度迈上了一个新台阶。但与此同时，工业和经济发展带来的负面效应开始显现。伴随西方主要国家经济和社会的高速发展，环境问题，尤其是全球环境问题引起的对地球环境保护的需求，开始日益显现出来。从国际法主体之间因环境与资源的开发、利用而形成的争议的数量来看，这一时期要比 20 世纪上半期明显增多。这里选取当时较为典型的几起跨国环境纠纷为例进行分析和说明。

首先分析发生在欧洲的一起围绕湖泊分流而产生的跨国环境纠纷——"拉努湖仲裁案"。该案发生在西班牙和法国之间。1956 年两国因拉努湖的水资源利用爆发冲突，并寻求国际仲裁作为解决纠纷的方法，这就是"拉努湖仲裁案"。拉努湖是欧洲比利牛斯山脉最大的湖，位于法国境内，海拔超过 2000 米。虽然湖泊位于法国领土，但拉努湖的湖水从法国领土流出后，进入西班牙境内的卡罗河，与另一条河流赛格莱河汇合后，最终流入地中海。因此，客观上，法国对于拉努湖的开发利用，也涉及西班牙的相关利益。① 出于经济发展的考虑，早在 1917 年，法国政府就计划从拉努湖分出一条水道进入阿里耶河，主要目标是希望利用这部分分出的水流发电，补充该地区的电力能源缺口。因为下游国是西班牙，法国政府曾和西班牙政府协商，同时声明分流计划不会影响西班牙的利益。但当时西班牙强烈反对分流拉努湖的方案，该计划被迫终止。1956 年，法国政府通知西班牙，它将在其国家领土主权范围内自由行动，西班牙政府仍然强烈反对法国分流拉努湖湖水的这一举动，因此两国产生纠纷。纠纷发生后，两国进行了多次协商，最终都同意将该纠纷通过仲裁方式解决。需要说明的是，两国此前

---

① 为了共同和平开发利用拉努湖及其支流的水资源，法国和西班牙早在 19 世纪中后期就签订了《贝约纳条约》等国际协议。

签订有双边仲裁条约，因此，根据法国和西班牙在 1927 年签订的仲裁条约，1956 年两国在西班牙的马德里组成了五人仲裁庭，目的是和平解决两国之间的这个环境纠纷。根据双方签订的仲裁协议，纠纷当事方请求仲裁庭裁决的问题是："法国未经西班牙同意而建造拉努湖工程是否违反 1866 年的《贝约纳条约》及其附件的规定。"仲裁庭在 1957 年作出对该案的裁决，认为法国在拉努湖的分流工程计划已经充分考虑了下游国（主要指西班牙）的利益，并已经通过一定方式征求过下游国西班牙的意见，它没有等待西班牙同意的义务。同时，法国自行执行该计划，也没有违反 1866 年《贝约纳条约》及其附件的相关规定。该纠纷的仲裁裁决符合国际法中的有关具有"共享性质的资源"的利用原则，充分体现了对习惯国际法中有关国家对界河和界湖的利用规则的尊重。该规则的主要内容是，一国对界河或界湖的利用，不得影响同该界河或界湖有利益关联的其他国家的利益。实践中，欧洲由于国家众多，早在 19 世纪中叶就开始出现国家之间围绕多国河流或界河、界湖等缔结的专门条约，很多条约还成立了河流或湖泊管理机构，由多国派员组成管理机构，共同进行管理。例如，在该案中，根据 1866 年《贝约纳条约》及其附件的规定，拉努湖是由法国和西班牙两国共同指派代表组成的一个混合委员会进行管理。具体来说，根据《贝约纳条约》，作为上游国的法国对拉努湖所做的工程建设计划，应告知西班牙政府，并征求其意见。但法国的工程计划并不以西班牙的同意为实施条件，即法国主要履行的是"事先通知义务"。对此仲裁庭解释，如果以西班牙政府的同意作为法国这一计划的实施条件，实质上构成了对法国主权的干涉，在国际法上并无依据，甚至违反了国际法的有关原则。

除了"拉努湖仲裁案"，在这一时期还产生了许多其他环境纠纷，其中最引人关注的是国际法院受理的一起纠纷——"南太平洋核试验案"。该纠纷的起因是法国从 20 世纪 60 年代中期开始一直到 70 年代初期，多次在太平洋南部法属波利尼西亚的上空进行大气层核试验。[①] 在为核试验做各项准备和实验进行期

---

① 法属波利尼西亚，又名"塔希提"，我国也有翻译作"法属玻利尼西亚"。位于太平洋东南部，1880 年成为法国的殖民地，1946 年起被法国视为"海外领土"，故有"法属波利尼西亚"之称，现为联合国非自治领土。

间，法国向国际社会宣布，太平洋东南部某些地区为"禁区"或"危险区"，并禁止外国飞机和船舶在特定时期通过。此事引起轩然大波，然而 1973 年法国再次宣布，还将在该南太平洋海外领土开展进一步的核试验。随后，位于南太平洋临近该区域的两个国家澳大利亚和新西兰在 1973 年 5 月 9 日分别向国际法院呈送或递交请求书，请求国际法院判定法国在该地区进行的核试验违反国际法，法国有义务尽快停止其核试验行为。其中新西兰的请求书中明确提出"请求法院判定和宣布法国政府在南太平洋地区进行核试验所引起的放射性微粒回降，根据国际法，已构成对新西兰权利的侵犯"，由此该案被视为是有关国际环境保护议题的跨国环境纠纷。另一纠纷当事国澳大利亚则提出"请求国际法院命令法国不得在该地区进行进一步的核试验"。[①] 随着事态的发展，该区域更多的国家对此纠纷开始关注。1973 年 5 月，该区域附近的另一个国家——斐济共和国也向国际法院提出请求，要求参加本案的诉讼。澳大利亚和新西兰两国还请求法院指示临时保全措施，措施的内容主要是要求法国在国际法院作出判决之前，停止一切空中核试验。法国则通过声明，提出对国际法院的管辖权异议。国际法院接受了澳大利亚和新西兰的请求书，并驳回了法国关于管辖权异议的主张，声明国际法院对该案有管辖权。法国随后拒绝参与后续的诉讼程序，也拒绝出庭应诉。正当国际社会对该案的进一步发展走向议论纷纷时，案件的转折却有点出乎意料。随着国际法院在 1973 年 6 月发布了两项命令并指示了法庭的临时保全措施，准备实施之际，法国却突然表示，不再继续进行空中核试验，并宣布中止此前发布的核试验计划。国际法院在 1974 年 12 月 20 日作出决定，认为原告国的诉讼请求目的不复存在，已经没有必要对该案作出进一步判决，该案件就以这样的方式降下帷幕。

该案件对于国际环境保护具有重要意义，特别是该案中涉及的环境利益的性质，引起了不少国际法学者的关注与讨论。与其他跨国环境纠纷中受侵害的环境利益往往属于某一国家或特定主体不同，"南太平洋核试验案"中受到损害和威胁的环境利益具有一定的公共性，有学者将其称为"国际环境公益"，与之相对应的诉讼被称为"国际环境公益诉讼"。在该案中，澳大利亚向国际法院提出的

---

① 林灿铃著：《国际环境法》，人民出版社 2004 年版，第 48 页。

请求书中，针对法国核试验的违法性提出了以下几点主张和诉求:①（1）禁止大气层核试验是国际"普遍的"（Common）法规；如果有国家违反这一普遍规则，在理论上国际社会的所有国家都拥有提起诉讼或请求的资格；（2）法国的核试验引起的放射性微粒带来的巨大威胁，侵害了其他国家的领土主权及其国民的权利；（3）核试验对南太平洋地区公海及其上空的船舶、斐济的通航造成了严重妨害，同时，放射性物质导致了公海严重的污染，侵犯了国际法上的"公海自由"。② 新西兰的请求书中也有类似的意见。据此可以看出，原告国澳大利亚和新西兰（以及后来申请参加诉讼的斐济）的目的不仅仅是请求法国停止在南太平洋地区的核试验，并且要求禁止一切核试验。其诉讼请求的第一点就和"国际环境公益诉讼"的特点不谋而合。

当然，这一案件如果放在今天的国际法背景下看，已经不再成为国家间引起争议的问题，因为国际社会已经通过了一系列禁止核试验的多边条约，尤其是根据 1985 年 8 月签署的《南太平洋无核区条约》的约定，发生纠纷的太平洋东南部地区已经受到国际条约的严密保护，变成了无核区。然而在当时，国际社会还没有这方面的立法，原告国的请求在性质上属于一般国际法的特别情况，当时只有习惯性国际法原则的支持，并没有构成对所有国家的国际义务约束。在"南太平洋核试验案"结束后，随着其他领域跨国界环境问题的频繁爆发，国际法对于这种超越于一般国际法的"特例"的容忍度越来越高，对于因环境保护因素特别是不属于任何一国主权所有的国际环境公共利益的保护，新的国际司法判例越来越多，也从国际实践的层面推动了国际环境法作为一个学科的形成。因此，通过对该纠纷的剖析，我们也可以看到具有环境保护特征的习惯性国际规则的逐步演进和形成过程。

在该纠纷发生后的几十年里，众多不同研究领域的学者纷纷从不同的视角对它进行研究。其中提到较多的一个观点是：该纠纷事实上是关于跨国界环境污染损害的纠纷。当时的案件当事国有四个，并且如果国际法不对其作出合理处置的

---

① 林灿铃著：《国际环境法》，人民出版社 2004 年版，第 49 页。

② 该部分内容参加《国际法委员会报告（1973）》，第 99～103 页；转引自林灿铃著：《国际环境法》，人民出版社 2004 年版，第 49 页。

话，不排除未来会有更多国家和地区加入原告国的队伍。究其原因，主要是因为核试验对地区环境甚至全球环境的影响范围实在是非常广泛，早已超出一国的领土边界，影响到其他国家和地区及其人民的健康、生命权利，甚至直接影响到不属于任何国家管辖或控制的国际公共空间，如本案中的南太平洋地区的公海及其上空（空气空间及更远的外层空间）。这种具有不确定性的巨大环境风险的存在在空间上的影响如此之广，其实已经超出了传统国际法中对于"跨界环境损害"概念的一般意义理解。而且，该案件与国际环境法中"预防原则"概念及含义也有密切联系。例如，国际法院及其前身常设国际法院都坚持认为：如果原告不能证明其权利已遭受侵害而提出临时保全措施请求，是无法先验地断定事实的。根据司法裁判的一般理论和国际司法机构的章程性文件对其司法程序方面的要求，包括国际法院在内的国际司法机构在审判案件时，离不开确凿的证据支持其司法裁判，上述主张也具有合理性。但是，在有关环境损害纠纷案件的审判上，案件中的证据如何确定一直是个棘手的问题。和其他类型的案件相比，环境纠纷案件中的相关证据并不是轻而易举或者立竿见影就能获得。因为很多环境污染问题都有潜伏期，有些环境损害后果要经历很长时间后才会逐渐显现出来，这是由环境问题自身具有的自然特征所决定的。相应地，这也成为不少国际司法机构在解决跨国环境纠纷时面临的实际困难。在20世纪70年代后，风险预防原则的观点在国际环境保护和国际环境法基础理论体系中得到了广泛认可，但是在司法实践中，无论是国际法还是国内法，仍需面对这一问题带来的挑战。

当然，这一时期发生的环境纠纷不是只有这几项，还有许多，限于篇幅在这里不一一展开进行分析。① 除了提交到国际仲裁机构或司法机构或寻求国际调解等途径的跨国环境纠纷，还有一些有关海洋环境保护、海洋生物资源保护的纠

---

① 其中较引人关注的跨国环境纠纷还包括：1974年英国、德国与冰岛之间的渔业管辖权案，1978年阿莫科·卡迪兹号石油污染纠纷，1982年美国与加拿大金枪鱼案，1984年美国与印度关于博帕尔农药泄漏事故纠纷，1986年苏联（今乌克兰境内）切尔诺贝利核电站爆炸事故纠纷，1987年美国与加拿大、墨西哥、欧共体之间的石化产品案，1988年美国和加拿大之间的鲱鱼案，1989年爱克松·瓦德兹号石油污染案，1991年美国和墨西哥之间的金枪鱼案，1992年匈牙利与斯洛伐克之间的多瑙河水坝纠纷，2000年罗马尼亚金矿污水泄漏纠纷，2006年阿根廷与乌拉圭之间的乌拉圭河纸浆厂纠纷等（其中的有些环境纠纷会在本书的后续章节中进行分析）。

纷，以及关于界河、界湖、多国河流、国际河流等水资源的开发、利用与保护的纠纷，许多这类纠纷是通过谈判、协商等外交方式解决的。可以看出，20 世纪后半期以来，跨国环境纠纷的出现不再是 19 世纪后半期以及 20 世纪初期的零星、分散、个别出现，而是开始逐渐增多，受其影响或被卷入的国家、地区、国际组织、跨国公司或自然人等主体类型也越来越多。

20 世纪后半期至今，在国内法层面，是环境问题在各国国内开始出现并逐渐增多的过程，以欧洲、美国和日本等发达地区及国家为代表，在 20 世纪 60—70 年代纷纷通过立法机关制定大量环境保护法，并修订原有的法律以适应环境问题对法律体系带来的挑战。在国际法层面，这个过程显得不是那么激烈和明显，但是，改变仍然在慢慢进行。为了解决数量不断攀升、范围不断扩展的环境纠纷，维护国际和平发展秩序，调整国家间因环境问题而产生的权利义务关系，国际法在立法方面也开始大步推进。由此开始慢慢形成国际法的一个新兴分支学科——国际环境法。①

三、国际环境法的产生与发展

在国际环境法产生与发展的过程中，国际社会召开了几次重要的国际环境保护会议，这几次会议有力地促进了国际环境保护领域的基本原则、指导思想以及国际环境条约的发展。以这几次国际环境会议作为国际环境法产生与发展的重要线索，可以看到时代的发展变化对于这一新兴学科的巨大影响。

（一）联合国人类环境会议

1945 年联合国的成立，对于国际环境保护具有举足轻重的意义。在联合国成立以前，虽然也有一些国际组织关心环境问题，但是，由于各种因素的限制，这些国际组织（包括政府间国际组织）并没有在国际环境问题的治理方面作出有影响的成就。但在联合国成立后，在其倡导和推动下，召开了几次影响广泛且深远的重要会议，这些会议的议题在人类文明发展史上也是具有开创意义的。1968

---

① 不同于前述欧洲有些学者的观点，中国国际法学界大多以"国际环境法"称呼这一新形成的、以国际环境保护为主要目标的国际法分支学科。

年 12 月联合国大会通过决议，决定召开一次全球范围内的会议讨论国际环境保护问题。经过紧张筹备，这次会议最终于 1972 年 6 月 5 日在瑞典的斯德哥尔摩召开，一般被称为"联合国人类环境会议"。出席会议的代表来自不同国家或不同的国际组织，据统计有 110 多个国家的代表和大批政府间国际组织以及非政府组织的观察员。特别需要提及的是，中国政府也派出代表团参加了这次空前的全球环境盛会。联合国人类环境会议的成果主要包括三项：《人类环境宣言》《环境行动计划》《关于机构和资金安排的决议》。从法律性质上看，这三项文件都是不具有强制约束力的"软法"文件，但这一点不能抹杀它们在国际环境法发展过程中的重要价值。这三项国际法文件不仅奠定了国际环境保护领域的基本原则之一——国际合作原则，而且指明了未来国际环境保护事业的发展路径和基本工作框架。

《人类环境宣言》的内容包括对全球环境保护的七点共识和二十六条原则，基本代表了国际社会当时对环境保护问题的认识程度；其中一些内容初步明确了国际环境法的基本原则和今后的大致发展路径，如《人类环境宣言》第 8~20 条的内容主要是环境保护的实施，其中有 4 条列举了发展中国家参与国际环境保护的基本思路：经济和社会的发展是必不可少的，因为它们对有利于人类生活和工作的环境很重要，但对不发达国家和地区的最佳补救方式是进行资金和技术援助；各国制定的环境政策应当致力于增强发展中国家进步的空间，而不是导致其进一步削弱；国际资金或技术援助应保持大体平衡和一致等。而《环境行动计划》由 109 个建议组成，内容大体可归纳为三大类：环境评价部分、环境管理措施及其保障支持措施。按照《环境行动计划》的规划，国际社会准备设立一个负责全球环境保护事宜协调的中心机构，并提出了在联合国各专门机构和主要区域国际组织之间进行环境保护分工的具体建议。需要说明的是，正是根据《环境行动计划》中的这个建议，联合国大会在会议结束后设立了该国际组织在 1945 年成立后的第一个专门环境保护机构——联合国环境规划署（United Nations Environmental Program，简称 UNEP），并在后续的国际环境保护中起到了重要作用。

联合国人类环境会议是国际社会认识到环境问题的严重危害后，在人类文明史上第一次围绕环境保护问题召开的全球性会议，它客观、全面地分析了当时各国面临的严重全球性环境问题，并结合和平发展的原则衡量了环境保护问题和环境保护国际立法的紧密关系，并将会议的主要内容采用三项会议成果的形式在世界范围内广泛推广和传播。人类环境会议还提出了一些重要的有关环境保护的习惯性国际规则，包括：国家具有开发自然资源的主权权利和使其管辖范围内或控制下的活动不对其他国家造成损害的义务；在有必要时（主要是发生了环境损害或可能存在环境损害的风险时）通知其他国家并在需要时进行协商的义务；对于可能对环境造成负面影响的意外情况，相关国家交换情报与合作等。随着国际环境法的发展，这些规则大多被国际环境公约所采纳或者发展成为可操作或可执行的具体法律制度。

（二）世界环境与发展大会

联合国人类环境会议结束后的 20 年里，国际社会对于环境保护的关注越来越多，大多数国家也开始建立本国的环境法律体系。然而，尽管如此，随着越来越多国家的经济加速发展，世界范围内的环境问题仍然层出不穷，有些环境问题甚至出现了逐步恶化的倾向。在这种背景下，召开一次新的国际环境会议成为许多国家的共识。1992 年 6 月 3 日，世界环境与发展大会在巴西的里约热内卢召开，此次会议有 116 个国家的政府首脑，172 个国家的代表团以及 9000 名新闻记者和 3000 个非政府组织出席会议。[1] 会议的宗旨是"在加强各国和国际努力以促进所有各国的持久的无害环境发展的前提下，拟定各种战略和措施，终止和扭转环境恶化的影响"。[2] 此次环境大会的成果包括：开放签署两项环境国际公约，即《联合国气候变化框架公约》《生物多样性公约》，通过了《里约环境与发展宣言》《21 世纪议程》《关于森林问题的原则声明》。其中，前两项成果是具有法律约束力的国际条约，后三项成果是不具有法律约束力的宣言性文件。

在上述五项会议成果中，《里约环境与发展宣言》是其中最重要的成果之一。

---

[1] 尼古拉·A. 罗宾逊编：《21 世纪议程：地球行动计划》（英文版），美国海洋出版社，纽约，1993 年版，第 13 页；转引自王曦编著：《国际环境法》（第二版），法律出版社 2005 年版，第 35 页。

[2] 参见《联合国大会第 44/228 号关于召开环境与发展大会的决议》第 1 部分第 3 条；转引自《迈向 21 世纪——联合国环境与发展大会文献汇编》，中国环境科学出版社 1992 年版，第 162 页。

它总计包括了 27 条全球环境保护的原则。《里约环境与发展宣言》再次强调了
1972 年人类环境会议制定的《人类环境宣言》的目标，但是有区别的是，这次
宣言的核心概念是可持续发展（Sustainable Development），它也是此次世界环境
与发展大会对国际环境保护理论作出的最重要贡献。可持续发展是一种新型的发
展模式，它意味着将环境保护与发展统一起来，而不是像过去那样将二者互相对
立，非此即彼。其含义的核心内容是以"可持续性"（sustainability）作为发展的
目标。此外，它再次重申了国家自然资源主权权利和其管辖范围内或在其控制下
的活动不致损害其他国家或各国管辖范围以外的地区的责任原则；《里约环境与
发展宣言》提出了 1972 年人类环境会议未曾提到的新原则，包括但不限于预防
原则、污染者负担原则、环境影响评价原则等。该宣言还着重表达了对各国发展
需求的关注，尤其是发展中国家发展的需求应受到足够重视，同时指出应当通过
提高发展中国家对可持续发展的科学认识，以加强其内在的可持续发展能力与水
平。同时，《里约环境与发展宣言》还提出了社会公众参与环境保护的重要性，
例如，个体在参与有关环境保护各项工作时应当享有环境知情权、参与权，在环
境权益受到损害时时应当获得救济权；宣言在公众参与方面，特别强调了妇女、
青年和土著部落或土著人士参与环境保护的重要意义。

　　还有一项会议成果《21 世纪议程》实质上是一个篇幅宏大的覆盖国际环境
保护各个领域的行动纲领。从内容上看，《21 世纪议程》包括四大部分：第一部
分是社会经济发面的行动纲领，主要分为居住环境、健康、人口、消费和生产方
式等领域；第二部分是关于自然资源养护和管理的行动纲领，主要分为大气、
水、废弃物、森林、化学品等领域；第三部分是关于加强非政府组织和其他社会
团体等在环境保护中的功能的行动纲领，具体又细分为国际贸易联盟、妇女团
体、青年团体等参与环境保护的各类不同主体；第四部分是关于前三部分如何实
施的保障措施或方法，其中列举的主要实施措施包括提供资金援助、帮助制定环
境保护的策略或制度等。

　　《关于森林问题的原则声明》也是 1992 年世界环境与发展大会通过的另一项
重要成果，它也是一项不具有法律约束力的国际"软法"文件。其内容主要是关
于森林资源的生态保护和合理开发利用。需要正视的是，在有关森林资源的开发
利用和环境保护议题上，发展中国家和发达国家至今仍然存在巨大的差异，因

此，在 1992 年的环境会议上，并未达成原来设想的有关森林资源保护和可持续利用的国际环境条约，只能退而求其次，通过这种"原则声明"的形式，形成一项指导性国际法文件。

1992 年《关于森林问题的原则声明》包括 15 项有关森林资源开发利用和环境保护的原则，其中主要的内容有：承认各国具有按照其环境政策开发其自然资源（包含森林资源）的主权权利，同时国家也负有义务，确保在该国行政管辖范围内或控制范围内发生的活动，不损害其他国家的环境或本国管辖范围以外的地区的环境；该原则声明还将可持续发展的概念适用于森林资源的开发与保护，指出各国应当以可持续的方式对森林资源和森林类土地加以管理和利用，以满足当代人以及后代人对森林资源在社会、经济、文化和精神方面的需求等。

至于环境与发展大会通过的《联合国气候变化框架公约》和《生物多样性公约》，其性质属于多边环境条约，也是迄今为止国际环境保护非常重要的公约，从其内容就能看出其对国际环境保护的重要意义。两项环境公约都具有签约国众多，条约内容传播力度大，世界影响广泛等特征。需要特别注意的是，1992 年环境与发展大会的这两项国际环境条约，对于国际条约制度的形式创新也具有启示意义。例如，《联合国气候变化框架公约》主要针对的环境问题是全球气候变化，它对于全球气候变化问题及其应对作出了一些概括规定，也在公约中为缔约国设定了一般性义务。客观地说，《联合国气候变化框架公约》中实质性条款并不多，但在其签订后，通过每年连续不断召开的缔约方大会，不断增加含有更具体、更详细内容和国际义务的"议定书"。其中有些议定书的影响力丝毫不逊于《联合国气候变化框架公约》本身，例如，1997 年在日本京都签订的《京都议定书》。如果再加上以"附件"形式颁布的各类受控温室气体名单，可以说《联合国气候变化框架公约》目前已经成为国际社会应对气候变化问题的最重要环境条约。① 《生物多

---

① 因为缔约国数目众多，一些国际环境公约想要达成一致的具体国际环境义务会面临很多现实障碍，但有些环境问题的解决又不能延迟，因此，环境条约发展出一种特殊的结构，即"公约-议定书-附件"的三级结构，一些不适宜在公约中规定的内容，就通过"议定书"或"附件"的形式规定。从公约内容来看，国际环境法学界一般倾向于认为"公约-议定书-附件"都属于广义的某项环境公约范畴。例如，关于气候变化问题、生物多样性问题、危险废物处置问题等的环境条约都发展出这种三级结构。

样性公约》也是一项重要的环境条约，它是以保护地球上的生物多样性（Biological Diversity）为主要目标的多边环境协定，它的条约结构和发展模式与《联合国气候变化框架公约》非常相似，也是通过国际环境法特有的"公约-议定书-附件"的三层结构形式逐渐丰富环境条约的具体内容，同时增强了条约在不同阶段解决新出现问题的灵活性，使得环境条约的生命力更加强韧。

世界环境与发展大会选择在联合国人类环境会议召开的 20 周年之际举行，显示了这一次国际环境会议在时代上的传承性。就会议内容来说，也概括了 1972 年以来 20 年间里国际环境保护发展的主要成果并提出了可持续发展这一影响深远的概念，并以"可持续发展"作为指引国际环境保护和合作的核心理论，该理论经实践验证，得到了国际社会绝大多数国家、国际组织和地区的认可和支持。国际环境法学界普遍认为，1992 年世界环境与发展大会无论是考察其会议成果还是分析其在国际环境保护上的影响力，都当之无愧是人类环境保护史上具有里程碑意义的重要国际环境会议。

（三）约翰内斯堡可持续发展峰会

在 1992 年世界环境与发展大会召开后的数十年，由于国际环境保护领域的各类矛盾错综复杂，各种利益或利益集团互相冲突或交错，客观地说，《21 世纪议程》的实施效果并不明显，或者说并未达到当初制定时的预定目标。具体原因主要是，因为发展中国家的经济基础过于薄弱，无法实现《21 世纪议程》的设定目标，即实现环境保护和经济社会发展的协调与平衡；更重要的原因是，发达国家并没有很好地履行其向发展中国家进行资金援助和技术援助的国际承诺，而这些国际承诺是发达国家缔约方在 1992 年世界环境与发展大会的会议成果中明确规定的。这就导致国际社会处于不同经济发展水平的国家在环境保护的国际合作方面依然面临很多障碍，直接影响了一些国际环境条约的有效履行和其他国际环境法律文件的实施效果。有鉴于此，很多国家都认为，是时候有必要召开一次新的全球环境会议，总结和回顾 1992 年世界环境与发展大会的指导原则，探讨可持续发展在 20 世纪 90 年代后在国际实践中面临的新问题，探寻其有效解决方案。在此背景下，2002 年 8 月 26 日，国际社会在南非的约翰内斯堡召开了可持续发展世界首脑会议，一般称之为 2002 年"可持续发展峰会"。

这次可持续发展峰会主要通过了两份文件，即《约翰内斯堡可持续发展承诺》《执行计划》。《约翰内斯堡可持续发展承诺》是一项政治性宣言，不具有法律约束力。在该宣言中，参加此次这次峰会的 100 多位国家领导人重申并表达了实施可持续发展的国际承诺，并表示将采取联合行动以便"拯救我们的星球，促进人类发展，实现共同的繁荣与和平"。而《执行计划》被视为是国际社会勾勒出的未来 10~20 年环境与发展趋势的蓝图，在计划中提出了一系列新的、更具体的有关环境保护与发展的目标，并各自设定了相应的时间表。例如，《执行计划》提出，到 2020 年国际社会应当最大限度地减少有毒化学物质的危害；到 2015 年应当将全球绝大多数受到生态损害的渔业资源恢复到可持续利用的最高水平；2015 年以前，全球无法得到足够卫生设施的人口数量应当降低一半；到 2005 年下一代人资源保护战略应当开始实施等具体目标和达到目标的对应时间。

很多学者认为，这次可持续发展峰会探讨了 1992 年世界环境与发展大会十年来未被重视或仍未得到解决的生态环境问题，也是一次过渡性的国际会议。《执行计划》非常关注国际环境保护的一些重要领域，例如，生物多样性保护、环境与人体健康、农业可持续发展、新能源的开发利用等几大领域，也为这些领域目标的实现制定了可操作性强的保障措施。需要说明的是，尽管有少数国家持有不同意见，这些时间表得到了参会的大多数国家的认可，从一个侧面表明了国际社会在国际环境法的基本原则和指导思想方面取得了国际共识。

当然，除了这三次影响广泛的全球性会议，国际社会在 1982 年、2012 年也召开过以环境保护或可持续发展为主要议题的国际性会议，但这些会议无论是影响力还是对国际环境法的发展都无法与上述三次会议比拟。如 2012 年 6 月在巴西里约热内卢召开了联合国可持续发展高峰会议，参会国家也超过了 100 个，但是这次会议并没有像前几次会议一样，在国际环境保护领域取得突破性成果，在此不再赘述。

国际环境法的产生和发展是国际社会对环境问题不断关注，并持续采取包括立法在内的各种行动的结果。毫无疑问，国际环境法的发展也给跨国环境纠纷的解决提供了新的思路和新的途径。随着环境条约不断增多，跨国环境纠纷的解决途径也越发具有灵活性和创新性。因为大多数环境条约规定了各自的纠纷解决机制，虽然有些解决机制是沿用国际法中的传统争端解决机制的做法，但是这些解决机制仍然为一部分跨国环境纠纷提供了解决方案；也有一些环境条约在纠纷解决机制上做了创新，如关于保护臭氧层的《蒙特利尔议定书》就设计了纠纷的预防性机制，这些条约法上的实践丰富了跨国环境纠纷的解决机制。随着国际环境法的进一步发展，其基础理论也逐渐得到巩固和夯实，例如，有关的国际环境法基本原则逐渐完善，甚至有的取得了习惯国际法的地位，都有助于跨国环境纠纷的解决。

第二章　跨国环境纠纷的预防

第一节　预防原则是国际环境法的基本原则

一、预防原则的概念及含义

根据环境问题的治理实践，人们发现有些环境污染和生态破坏会给人类社会和环境本身带来巨大损失，在治理过程中需要付出高昂代价，经过很长时间才能恢复到原来状态。但是也有一些环境问题在许多情况下是无法逆转的，也就是无论采取什么治理措施，经过多长时间，也无法恢复到被污染和破坏前的状态。例如重金属的污染、地下水的污染就很难彻底消除；因为破坏植被造成一个地区的水土流失，甚至发展成为土地沙化，以及野生动物或野生植物物种的灭绝等，也是无法逆转的。鉴于环境问题的这种滞后性和不可逆转性，环境资源法理论中有一个重要的基本原则，就是预防原则。该原则是在全球环境日益恶化和各国环境保护意识普遍增强的情况下，针对环境问题的自然发展特征，考虑到环境问题事后治理的高额成本和巨大风险而提出的，也符合环境科学发展规律的基本要求。

预防原则在国际环境法中的含义根据其发展阶段的不同，有两方面的内容。首先，在环境法理论的演进过程中，根据预防对象的不同，预防原则被进一步划分为风险预防与损害预防。风险预防原则（Precautionary Principle）在国际环境法律文件中有明确含义，例如，按照 1992 年《里约环境与发展宣言》原则 15 的界定，风险预防是指"为了保护环境，各国应按照本国的能力，广泛适用预防措施。遇有严重或不可逆转损害的威胁时，不得以缺乏科学充分确实证据为理由，延迟采取符合成本效益的措施防止环境恶化"。① 由此可以看出,风险预防原则重在"预防",预防的对象是一切可能发生的环境风险。但是,在现实生活中,尤其是在一些环境纠纷案件的司法程序中,对于一项环境污染或损害的事实是否发生的判断,客观上需要确凿的证据,或者有明确的科学依据,这是各国诉讼法等程序性法律明确规定的。但是这种在其他类型案件中的客观标准在环境问题的解决上碰到了障碍。很多环境问题在其发生后具有潜伏期,可能在问题的初期看不出什么异常,但是经过长期积累,一旦爆发,就会发生无法治理、无法恢复的严重环境损害后果。考察数千年的人类文明发展历程,人类与环境问题打交道并没有太多历史经验,毕竟,全球环境问题是进入 20 世纪中期后,由于工业和科技的快速发展极大地提升了人类改变自然环境的能力和速度才集中爆发的。对于漫长的人类文明史来说,环境问题是新问题。同时,人类也不能充当科学实验中的小白鼠,等待有些问题发生后经过"试错"再寻求解决办法。例如,对于转基因问题,自然科学界至今还处于探索中,国际社会至今尚无定论,其对于人类发展的最终影响到底如何,仍处于不确定状态。这种现象被称为"科学不确定性"(Scientific Uncertainty)。但是,如果考虑到这种环境风险的存在及其带来的可能是无法复原的伤害,环境法仍然需要对其负面效应进行预防和应对,这是风险预防原则的核心要素和内在逻辑。

损害预防原则(Principle of Prevention)在国际法上最初指的是一种国家责任,要求国家在环境损害发生之前,采取各种可能措施防止会引起环境损害的活动或行为。在很多国家的国内环境法中,一直有预防原则或者预防为主原则的提法。例如,中国 2014 年修订的《环境保护法》第 5 条规定:"环境保护坚持保护优先、预防为主、综合治理、公众参与、损害担责的原则。"② 这里的预防为主原则主要就是指要采取切实可行的措施,以环境损害事实为防止对象,防止环境损害在现实中发生。这种对预防原则的解读就是损害预防。而在国际环境保护领

---

① 参见《里约环境与发展宣言》原则 15:"In order to protect the environment, the precautionary approaches should be widely applied by States according to their capabilities, where there are threats of serious or irreversible damage, lack of full scientific certainty shall not be used as a reason for postponing cost-effective measures to prevent environmental degradation."

② 参见《中华人民共和国环境保护法》第 5 条的规定。

域，损害预防一般是对国家自然资源主权权利的限制，要求国家承担其管辖或控制下的行为不对其他国家或该国管辖或控制之外的环境造成损害的国家责任。相比之下，国际环境法中对于风险预防原则着墨更多。盖因国际环境问题不会因人为的既定国界而止步，容易造成国家之间的矛盾和争议，甚至发展成为国家或地区间的环境纠纷，影响国家之间的关系和地区稳定甚至国际秩序的稳定，所以国际环境法更倾向于采用风险预防原则。风险预防与损害预防的最大区别是风险预防的防止对象是环境损害发生的风险或者可能性，在防范程度上要比损害预防更进一步，体现了国际环境保护法律的科学性和严谨性。

二、预防原则在国际环境条约中的体现

国际环境条约是国际法主体，其中主要是国家，在环境保护国际合作上的权利和义务的集中体现，也是国际环境法的主要表现形式。在国际条约法中，环境条约根据参加条约的缔约方数量的不同，可以分为双边环境条约和多边环境条约。其中，多边环境条约是国际环境法的原则和制度最为集中的载体。多边环境条约有时也被称为多边环境协定，是缔约国数目较多的一类环境条约。预防原则作为国际环境法的基本原则之一，在不少环境条约中得到了体现。

就预防原则而言，相比来说，较容易也较早被接受的是损害预防原则。在20世纪早期或中期签订的环境条约中，国际社会在环境立法中采取相应措施的条件一般是科学证据已经证明的会造成严重危害的环境问题，或者是有科学证据证明不采取措施将会出现严重环境危害的环境问题。例如，根据1946年《国际捕鲸管制公约》第5条第2款的规定，如果作出要求有关成员国修改捕鲸计划和行动的决定，应当有明确的科学调查结果支持；根据1972年《防止因倾倒废弃物和其他物质引起海洋污染公约》第15条第2款的规定，对公约附件的修改条件是，必须要有科学的或技术的证据才能考虑进行修改；依照1979年《野生动物迁徙物种保护公约》第3条第2款的规定，要想将某迁徙物种列入公约的濒危迁徙物种名单，只有取得了最佳可得的科学证据后，证明该迁徙物种处于濒临灭绝的危险之中，才能采取行动。

随着时间的流逝，越来越多的环境问题开始在全球范围内出现，此时，若依然固执地坚持必须有充分的科学证据证明某种环境问题存在或环境损害即将发

生，才能采取进一步的行动措施，必然会导致严重的环境损害后果。在这一时期，相对更为严谨的预防——风险预防的概念也一步步得到了国际环境法的认可和接受，并很快适用于一些国际环境法律文件和其他国际"软法"文件中。例如，20世纪80年代，欧洲国家为保护北海海洋环境，召开了第二届国际北海保护会议，会议采纳了德国专家提出的有关海洋环境保护的风险预防建议，在会后发表的《伦敦宣言》中明确阐述了风险预防原则的基本要求："为保护北海免受最危险物质的有害影响，即使没有绝对明确的科学证据证明因果关系之前，也应采取风险防范的措施以控制此类物质进入海洋，这是非常必要的。"这也是国际环境法中第一次对风险预防原则的集中阐释。另一项更著名的多边环境条约，即1985年的《保护臭氧层维也纳公约》在其前言中也提到了"风险预防"措施，因而被认为是较早规定该原则的普遍性国际环境条约。受制于当时的谈判条件，《保护臭氧层维也纳公约》对于预防原则的规定较概括，为了具体实施《保护臭氧层维也纳公约》，国际社会在1987年制定了《关于消耗臭氧层物质的蒙特利尔议定书》，在这个议定书的前言中，更加详细地阐述了为保护大气臭氧层应当采取的风险预防措施，使之更加具体化和可操作。

　　除了海洋环境、大气层保护领域，生物多样性和气候变化领域也是经常爆发科学不确定性纷争的环境问题。由于科学技术的限制，在生物多样性保护的问题上，人类目前所知和可以控制的东西并不多。现阶段，人类仅仅是通过一些数据，大致掌握了一些生物物种消失的速度，至于到下个世纪某个确定的时间，可能会有多少物种消失是无法确切知道的。另外，物种的灭绝不同于其他环境问题，因为一个物种在地球上灭绝或消失后，就永远灭绝或消失了。因其这一特性，生物多样性减少也被国际环境法列为典型的不可逆转的环境损害。作为生物多样性保护的最重要环境条约，1992年《生物多样性公约》在其序言中这样写道："……注意到生物多样性遭受严重减少或损失的威胁时，不应以缺乏充分的科学定论为理由，延迟采取旨在避免或尽量减少此种威胁的措施……"2000年，《生物多样性公约》的缔约方大会通过了《生物多样性公约卡塔赫纳生物安全议定书》，该议定书规定了有关改良活生物体的贸易进出口措施，这些措施也直接运用了风险预防原则。

　　在气候变化问题上，国际社会的争论一直非常激烈，意见冲突也很尖锐。尽管随着科学技术的发展进步，科学界目前在气候变化上取得了一些一致意见，但各国政府在达成减少温室气体排放的政治决策上，步伐要比前者迟缓得多。在社会科学范畴，考虑到政策和法律实施所需要的明确性，各国的政策制定者和立法者希望对于要解决的气候变化问题有确切的答案，但关于气候变化科学确定性问题的棘手程度又远远超出了他们能够理解的范围，这就造成不少国家的国内环境资源法中明确适用了风险预防原则的法律很少。但是，在环境保护的国际法上，尤其是在有关气候变化的多边环境协定中，风险预防原则取得了比国内环境立法现状更令人满意的成就。例如，1992 年《联合国气候变化框架公约》第 3 条第 3 款规定："各缔约方应当采取风险预防的措施，预测、防止或使气候变化的原因最小化，并消除其不利后果。当存在严重或不可逆转的威胁时，缺乏充分的科学确定性不应当被用做延迟采取类似措施的理由，同时也要关注应对气候变化的政策和措施应当是符合成本的，确保以最低的代价获取全球利益。"这是目前国际环境条约中对于风险预防原则的最明确的阐释和应用。

　　预防原则是国际环境法中的一项重要基本原则，充分体现了预防理念在国际环境保护中的宝贵价值。这既是由环境问题的特性决定的，同时也符合经济学上的成本-效益考量。对于跨国环境纠纷来说，预防原则同样重要。如果能通过一定的制度设计，预防或避免跨国环境纠纷的出现，不仅能节约国际资源，也能更好地促进国际环境合作，有利于国际和地区的和平发展。事实上，在国际环境法的发展过程中，通过环境条约的制度性安排，确实出现了以预防和避免跨国环境纠纷出现为主要目标的制度。对于这些体现了预防原则的国际环境法律规则和制度，学术界有必要进行深入研究和分析，这对于减少环境纠纷实际发生的数量大有裨益。

第二节　跨国环境纠纷的预防方式

　　基于环境问题的特点和国际环境合作的需求，预防原则在国际环境保护中具有重要地位。同时，在跨国环境纠纷的处理或解决程序中，预防原则同样重要。在实践中，通常可以通过一些规则和制度的实施，最大限度地避免跨国环境纠纷的发生，减轻其对国际关系的冲击。大致说来，目前的环境国际条约通常采用信息公开与交流、事先通知磋商以及遵约制度来预防环境纠纷的出现。下文将通过对环境条约的规则分析，结合一些案例，分析跨国环境纠纷的预防之道。

一、信息公开与交流

这里的信息，主要是指环境信息。环境信息，简单地说，是与环境保护有关的一切信息。在学术界，至今还没有对环境信息的统一定义，主要是因为"环境"的外延太过于广泛，无法对"环境"作出统一定义，对"环境信息"作出界定也不容易。目前，关于环境信息的概念，有几种不同观点。有人主张，只要是关于环境管理、保护、改善或使用等方面的信息，都属于环境信息；还有人主张，应根据国际法上的一项公约，即《关于在环境事务中获取信息、公众参与决策和司法救济的公约》（《奥胡斯公约》）中的定义来确定环境信息的范围。然而该公约对环境信息的界定非常宽泛，例如，根据《奥胡斯公约》的有关规定，环境信息包括环境、生物多样性的状况和对环境发生或可能发生影响的各种因素（如行政措施、环境合同、计划项目及用于环境决策的成本-效益和其他基于经济学的分析和假设等）在内的一切信息。在国内立法方面，我国于 2007 年通过了《中华人民共和国环境信息公开办法（试行）》，其中第 2 条根据环境信息主体的不同，对环境信息采用了二分法，其规定是："本办法所称环境信息，包括政府环境信息和企业环境信息。政府环境信息，是指环保部门在履行环境保护职责中制作或者获取的，以一定形式记录、保存的信息。企业环境信息，是指企业以一定形式记录、保存的，与企业经营活动产生的环境影响和企业环境行为有关的信息。"由此可见，目前无论是国内法还是国际法，都没有关于环境信息的统一概念。环境信息的外延和环境的外延一样广泛，所以到底什么信息或什么内容属于环境信息的范围，取决于特定背景下或特定立法对于环境信息的具体判断标准。

了解和把握准确、及时和充分的环境信息不仅是环境保护的客观需求，也是国际环境法实施的重要条件，同时也是（潜在）跨国环境纠纷当事方进行互相了解、沟通的最主要渠道。正是因为环境信息如此重要，所以不少环境条约都在有关缔约方的义务中规定了收集、提交和交流环境信息的内容。部分条约，例如，1959 年《南极条约》，还将环境信息的收集作为一项主体权利赋予缔约方。《南极条约》第 7 条规定，缔约国有权指派本国观察员，观察员有权在任何时间对进入南极地区的相关人员、船只、住所、装置和设备进行视察，还可指派观察员在南极进行空中视察。① 另一项重要的国际环境条约——1992 年《联合国气候变化框架公约》也有不少关于环境信息的采集、公开和交流、沟通的条文。例如《联合国气候变化框架公约》第 1 条第 1 款要求缔约国承诺，向缔约国大会定期提供关于《蒙特利尔议定书》未管制的所有温室气体和各种"源"的人为排放和各种"汇"的清除的国家清单。② 此外，该公约第 12 条就上述信息的提供做了更详细的规定。1992 年《生物多样性公约》第 7 条规定，缔约国应查明和监测对保护和持久使用生物多样性至关重要的生物多样性组成部分，这也是关于生物多样性领域的重要环境信息。

缔约方围绕环境信息展开的交流活动也是环境条约义务的重要内容。考察不同国际环境条约的规定，有权进行环境信息交流的主体类型并不固定。例如，大多数国际环境条约要求国家与国家之间应通过一定方式进行环境信息交流，也有条约规定国家和国际组织间要针对条约指定的环境信息进行信息交流，还有环境条约规定信息也可在国家、国际组织和非政府国际组织间交流等。但从总体情况看，环境信息的交流主要是在国家之间进行的，即使有的条约规定国际组织参与信息交流，很多时候也是为了国家之间进行信息交流提供平台或使之更加便利。现阶段国际环境条约对应当交流的环境信息范围的规定也不太相同，大体包括：环境监测的数据、国家的整体环境状况、特定环境因素、国家的有关环境政策和法律法规、环境保护组织机构信息、特定污染物的技术信息、环境紧急事故的处理机制和程序等。例如，根据 1982 年《联合国海洋法公约》的规定，需要交流

---

① 参见 1959 年《南极条约》第 7 条第 1~4 款的规定："1. 为了促进本条约的目标并保证本条约的条款得到遵守，各个代表有权参加本条约第 9 条所提及的会议的缔约国有权指派观察员，进行本条所规定的任何视察。观察员应为指派他们的缔约国的国民。观察员的名单应通知每个有权指派观察员的其他缔约国，观察员的任命终止时，应发出同样的通知。2. 按照本条第 1 款的规定指派的每一观察员，有在任何时候进入南极洲的任何或所有地区的完全自由。3. 南极洲的所有地区，包括在此地区内的一切工作站、设施和设备，以及在南极洲的货物或人员装卸点的一切船只和飞机，应随时接受按照本条第 1 款指派的任何观察员的视察。4. 任何有权指派观察员的缔约国得在任何时候对南极洲的任何或所有地区进行空中视察。"

② 《联合国气候变化框架公约》第 1 条"定义"中，对于"源"和"汇"的规定是："源"指向大气排放温室气体、气溶胶或温室气体前体的任何过程或活动。"汇"指从大气中清除温室气体、气溶胶或温室气体前体的任何过程、活动或机制。

的环境信息规定在该公约第 61 条第 5 款的内容中，要求缔约国通过负有管理职责的有关国际组织，经常提供和交换可获得的科学情报、渔获量及统计数字、其他有关养护鱼的种群的资料，并尽可能使所有缔约国参与信息交流。《联合国海洋法公约》第 244 条第 2 款则强调各国和负有相应管理职责的国际组织有义务向发展中国家传播和转让海洋科学研究的相关信息和资料。可以看出，该公约规定的环境信息交流不仅仅是缔约国的一项义务，也是公约所设立的有关国际组织的专业职责。

在环境信息公开和交流方面，还有一种更引人注目的发展动向。除了国家、国际组织和非政府国际组织，有些环境条约还赋予了社会公众或自然人在环境信息方面的知情权，这是对环境信息公开和交流主体的一种扩展。例如，1991 年《关于在跨界背景下环境影响评价的埃斯波公约》第 2 条第 6 款就规定，如果一个缔约国可能会受到其他缔约国将要采取的行动或计划造成的重大不利影响，计划的制订国应当使有可能受到影响的非本国社会公众有机会参与对该活动的环境影响评价程序，并应当采取措施保证这个参与机会与本国公众享有的机会大体相当。要公示的信息包括可能造成非本国居民的环境受到损害危险的工程、行动及其最新进展情况。虽然《关于在跨界背景下环境影响评价的埃斯波公约》的缔约国数目不多，条约的影响力也不如《联合国气候变化框架公约》等全球性环境公约那么广泛，但这种关于社会公众和自然人可以获取其他国家环境信息的立法动向值得关注和进一步展开研究。

还有一部分国际环境条约规定了缔约方的信息公开义务，这种义务和跨国环境纠纷的预防或避免是直接相关的，或者说，作出这些规定，就是希望缔约国之间就有可能产生争议的问题进行信息沟通，避免潜在的环境纠纷发生。有的环境条约要求缔约方在条约缔约方大会上作国家报告，其直接目的是监督缔约方实施条约的状况，间接目的则是避免出现因某缔约国违约造成的环境争端，或在缔约国之间引发矛盾升级或纠纷加剧。例如，1946 年的《国际捕鲸管制公约》以及 1991 年的《南极环境保护条约议定书》两项环境条约不约而同都有如下规定，要求缔约方提供由有权的国家监督机构所做的关于违反情况的报告并在缔约国之间进行交流。这一类环境信息交流制度的目的很明显，主要着眼于帮助缔约方评估履行条约的影响。如果某项环境条约要求信息公开和交流，环境非政府组织和其他受影响群体也有可能增加监督条约实施的新途径。然而，也有学者对这种信息公开和交流并无太大信心，认为这主要依赖于报告者的努力程度和报告的准确性，而在这方面许多国家做得并不好。①

二、事先通知与磋商

自全球环境保护的议题成为国际社会的关注焦点以来，经过实践检验，有一些国际环境领域容易产生跨国界的环境争端或争议，例如，跨界水资源的开发利用与污染防治、海洋环境保护及其生物资源养护、固体废物尤其是危险废物的跨国运输和处理、民用核能开发利用及核污染、核泄漏事故处理等领域。对于这些跨国环境纠纷高频爆发的特定领域，国际社会在长期的实践中也形成了一些习惯性做法或制度。这些惯例做法或规则主要是事先通知与磋商。其主要含义是指从事上述有可能损害环境活动的实施国通过一定程序事先告知可能会受到其计划影响、遭受环境损害威胁的国家或地区。具体来说，通知程序一般会辅之以双方或多方的磋商或协商活动，以便采取一些协同的预防措施，避免或降低跨界环境损害事故的发生，也防止国家之间或不同国家间的企业、个人等主体因开发利用资源或排放污染产生环境纠纷。这种程序规则目前在国际法上并无统一名称，有的环境条约将之界定为"事先知情同意"程序或制度，有的则称之为"事先通知义务"。笔者认为，考虑到国家领土主权观念在国际社会根深蒂固的影响力，适用"事先知情同意"的领域不宜太多。例如，在危险废物的跨国转移与处置领域、核事故通知及紧急援助等领域，因为危险废物或核事故可能带来的严重环境损害风险，可以适用"事先知情同意"程序，而在其他领域，采用"事先通知磋商"程序更为妥当。

近年来发生的一起典型跨国环境纠纷案——乌拉圭河纸浆厂纠纷案，就涉及这种程序规则在国际实践中的应用。这是发生在南美洲阿根廷和乌拉圭两国之间的一起环境纠纷，2006 年 5 月阿根廷将该纠纷提交国际法院，2010 年 4 月国际法院就该纠纷作出了最终裁决。该案是国际法院晚近受理的一起跨国环境纠纷，

---

① ［英］帕特莎·波尼、埃伦·博伊尔著：《国际法与环境》（第二版），那力、王彦志、王小钢译，高等教育出版社 2007 年版，第 198 页。

对国际环境法的发展，尤其是国际水资源的合作开发利用及水资源保护有重要影响。笔者在此对该案中的"事先通知"制度进行探讨和分析。

　　该案的主要案情如下：乌拉圭河是南美洲拉普拉塔河的支流，也是一条多国河流，自北向南流经巴西、阿根廷和乌拉圭三国，总长约 1600 公里，在阿根廷与乌拉圭两国间形成两国的界河。为了共同开发利用乌拉圭河，阿根廷和乌拉圭在 1961 年就缔结了边界条约，并根据双方的边界条约在 1975 年签订了《乌拉圭河条约》。该条约主要规定了乌拉圭河的航行、港口、人员、财产安全与救助、水资源、河底资源和其他自然资源的利用与保护、联合管理以及争议解决等问题。2002 年，乌拉圭为发展本国经济，引入西班牙一家公司在本国投资，计划在乌拉圭河靠近乌拉圭一侧建设一座纸浆厂。乌拉圭政府依据《乌拉圭河条约》也将该投资建厂计划通知了阿根廷。在随后的两年里，两国政府就纸浆厂的建设及其对乌拉圭河的影响进行了多轮谈判和协商。2005 年，另一家芬兰公司也计划在乌拉圭河乌拉圭一侧投资建设另一家纸浆厂，乌拉圭政府批准了这家芬兰公司建设纸浆厂的环境批准书。同样地，阿根廷强烈反对建设该纸浆厂，双方进行了包括首脑会晤在内的高级别谈判，但都没有达成一致意见。最终，阿根廷决定通过司法方式解决该纠纷。阿根廷在向国际法院提交的申请书中，指出乌拉圭政府在 2003 年 10 月单方面批准在乌拉圭河边建设一座纸浆厂，然而却没有按照 1975 年《乌拉圭河条约》的规定事先与阿根廷协商。阿根廷主张，尽管阿根廷就此事多次向乌拉圭政府提出各种形式的抗议，"乌拉圭政府仍然拒绝按照规定行事"。不仅如此，乌拉圭政府后来又批准在乌拉圭河畔建造第二座纸浆厂，"使纠纷进一步恶化"。阿根廷认为，这些直接建在乌拉圭河边的纸浆厂，将会污染河水水质，对乌拉圭河的生态环境造成破坏，进而影响到河对岸 30 多万名阿根廷居民的生活，还将对乌拉圭河的生物多样性和渔业资源产业产生危害，并危及阿根廷一方的沿河旅游业，对当地经济造成严重伤害。[1]

　　国际法院在 2010 年 4 月作出的裁决中，认为乌拉圭违反了 1975 年双边条约《乌拉圭河条约》规定的事先通知与磋商等程序性义务，但没有违反条约中的实质性义务，例如，预防环境损害和保护环境等。作为对违反《乌拉圭河条约》程

---

[1]　万霞编著：《国际环境法案例评析》，中国政法大学出版社 2011 年版，第 106 页。

序性义务的救济，宣告乌拉圭违反条约即可，无须追究赔偿等国际责任。国际法院在判决中还进一步指出，纠纷双方均有义务继续监测两国之间的界河和保护乌拉圭河，并采取各种措施为此目标进行合作。

该纠纷中双方争议的焦点在于《乌拉圭河条约》所确立的事先通知义务的具体内容。阿根廷方面认为双边条约中的事先通知义务包含否决权，也即阿根廷拥有对乌拉圭所采取的建设计划的否决权，其实质是认为"事先通知"义务就是"事先知情同意"。进一步分析，就是如果阿根廷明确反对，乌拉圭就不能批准在两国界河周围建设纸浆厂。而显然在该案中，乌拉圭并不认同阿根廷一方对"事先通知"义务的这种理解。乌拉圭坚持认为，《乌拉圭河条约》规定的事先通知义务侧重于是否履行了通知义务，是否作出了通知行为，并不等于赋予了被通知方对其他国家的自然资源主权权利的否决权。本案中，乌拉圭已经通过《乌拉圭河条约》所设的乌拉圭河管理委员会（即阿根廷和乌拉圭根据双边条约共同组建设立的乌拉圭河的流域管理机构）给阿根廷提供了必要信息，并应阿根廷方的要求展开多轮双边磋商、谈判，已经履行了条约义务。乌拉圭建造纸浆厂不需要事先征得阿根廷的同意。而国际法院的判决事实上支持了乌拉圭方对事先通知义务的理解，即"事先知情"或"事先通知"这个在跨界环境损害纠纷中经常提及的程序性规则并不必然包含"同意"的意思，更多的是磋商义务。

此外，在前文第一章所述的较早期的"拉努湖仲裁案"中，即使是有关法国和西班牙两国共同的水资源——拉努湖的资源利用，在法国已经将工程计划告知西班牙的情况下，西班牙也无权阻止该水利工程计划的实施。"拉努湖仲裁案"的仲裁庭明确指出，法国没有义务等待西班牙同意后才进行拉努湖的工程施工。这个案例已经明确了这一点：在国际公共资源的利用上，要求一国等待他国同意后方能进行有关活动，不仅缺乏国际法支持，而且容易构成对他国自然资源主权的侵害，是与国际法的"国家主权平等"原则背道而驰的。因此，"乌拉圭河纸浆厂纠纷案"中，针对"事先通知"义务的立场和态度，国际法院与拉努湖仲裁案中仲裁机构的态度与立场并无明显不同，显现了国际社会在该程序性规则上一以贯之和尊重传统的一面，其实质是尊重国家主权平等原则这一国际法的根本性原则。

当然对于该纠纷的最后决定，国际法院并非所有法官都同意上述看法，也有法官发表不同意见，反对国际法院对于《乌拉圭河条约》的解释，认为事先通知义务应当是事先知情同意而非简单的通知与协商义务。持有异议者的基本理由是缔约方所采取的对于界河利用的工程措施可能会影响到另一方利益时，必须进行谈判协商；如果谈判无法取得一致意见，则提议采取措施的那方在国际法院作出裁决前负有不得建设的义务。① 其实，无论学术界和司法实务界对事先通知义务的内容秉持何种观点，对于该程序性规则到底有没有包含征得对方"同意"的意思，都不妨碍在实践中对于该规则目的的理解。事先通知义务的目的是环境损害风险的预防，是预防发生严重影响国际关系或地区关系的环境纠纷，为相关国际法主体提供一个交流意见的平台，可以借此平衡各方利益，同时表明国际社会作为一个整体，反对国家对其领土内的那部分资源享有不受约束的、随心所欲的自由裁量的权利。②

但是，也有一些国际环境条约中规定的"事先通知"义务，是明确包含了"同意"在内的。例如，1997 年《关于危险废物越境转移及其处置的巴塞尔公约》中规定，出口危险废物的国家进行废物国际贸易，不仅有义务告知过境国和进口国，每一次还应当取得过境国和进口国的事先同意；如果危险废物属于根据有关规定严禁非法贸易、非法出口的危险废物，应当由出口国收回。又比如，针对存在巨大环境损害风险的有毒化学品国际贸易，国际社会在 1998 年制定了《在国际贸易中对某些危险化学品和杀虫剂采用事先知情同意程序的公约》，公约名称就明明白白彰显了"同意"的必要条件。在这种有毒化学品国际贸易中，相关国家的明确同意是进行贸易的前提条件。在该公约的适用过程中，联合国环境规划署和联合国粮农组织都在不同场合表示过该程序规则的适用条件，即事先知情同意程序只适用于被明确禁止的或被严格限制的危险化学品和杀虫剂。因此，处理跨界环境损害纠纷时，如果需要援引"事先通知"义务，需要仔细斟酌，谨慎判断。对于跨界环境损害活动，需要考虑到其适用的具体条约是哪一项，适用的具体程序规则是什么，而不是随意解释，混淆"事先通知"程序性义务的具体要求。

---

① 万霞编著：《国际环境法案例评析》，中国政法大学出版社 2011 年版，第 106 页。
② 万霞编著：《国际环境法案例评析》，中国政法大学出版社 2011 年版，第 109 页。

三、遵约制度

在国际法领域，关于国际条约有一个基本原则，即"条约必须遵守"或"有约必守"原则。它之所以被视为是国际法的重要原则，是由国际法本身的特点决定的。国际法（以国际条约为主要表现形式）主要是享有主权的民族国家之间在自愿承担国际义务的基础上达成的惯例或协定。因为国际社会并没有国内社会那种具有强制管辖权的国际机关体系来保障国际法的遵守与执行，因此，各国能否善意履行其所承担的国际义务在很大程度上决定着国际法是否能有效实施，决定着国际法律秩序是否具有稳定性。自现代意义上的国际法形成以来，国际法律文件和一系列国际法的案例都毫无例外地强调"有约必守"原则的重要性，例如，1945 年《联合国宪章》第 2 条规定，各会员国应秉承善意，履行其依据宪章所担负的义务。另一项关于"条约法"的公约，即 1969 年《维也纳条约法公约》第 26 条也规定，只要是有效的条约，对于所有当事国都具有约束力，必须由各当事国善意履行。在国际法领域，如何更好地促进国际法的遵守和实施，一直都是一个颇具现实意义的研究课题。国际法的不少分支都发展出适合本领域的有关条约的遵守或实施的制度理论。这些制度理论有时被统称为"遵约制度"。

在环境保护的国际法领域，遵约制度是指通过国际环境条约在缔约方之间以及缔约方与条约内设机构之间的合作，加强缔约方履约能力，以促进条约的遵守，并处理不遵约的一种新型的避免争端的履约保障程序和机制。遵约制度是国际环境条约实施机制的一部分，在已经签订或已经批准实施的国际环境条约中，近些年来有不少条约都构建了遵约制度规则。根据实施的主体和范围的不同，国际环境法的实施可以分为国际实施和国内实施两种类型。国际实施主要是指作为国际法主体的国家和国际组织通过采取一定的方式或措施，履行或遵守环境条约规定的行为，当然也包括对不遵守条约或者未履行环境条约义务的国家或其他主体的申诉、控告、举报以及国际司法、仲裁和条约机构对上述行为的处理。因此，从这个角度看，国际环境条约的遵约制度可以视为环境条约国际实施机制的一个组成部分。①

---

① 王晓丽著：《多边环境协定的遵守与实施机制研究》，武汉大学出版社 2013 年版。

　　不少环境类条约的遵守涉及民族国家的自然资源主权以及具体条约义务的履行与监管，由于历史原因，往往具有敏感性和复杂性。这种特点决定了在环境条约的谈判过程中直接确定遵约规则难度颇大。因此，为了谈判的顺利进行，多数国际环境条约本身不会详细规定有关条约遵守的具体规则，实践中最常见的是授权条约的重要机构——缔约方会议（Conference of the Parties，简称 COP），① 制定相关的条约遵守的制度和程序。因此，根据环境条约授权，通过缔约方会议决议的组织形式，在适当的时机推出条约的遵约制度，成了一段时间以来国际环境保护领域的常见现象。

　　根据现有文献考察，第一个建立遵约制度的国际环境条约是 1987 年《关于消耗臭氧层物质的蒙特利尔议定书》。在危险废物的跨国界运输和处理领域的代表性条约《控制危险废物越境转移及其处置的巴塞尔公约》在 2002 年建立了相对简单的遵约规则；2005 年《气候变化框架公约京都议定书》通过了自己的遵约程序条款。其他建立了遵约制度的环境条约还包括：《生物多样性公约的卡塔赫纳生物安全议定书》《在国际贸易中对某些危险化学品和农药采用事先知情同意程序的公约》等。② 这些条约和有意向增加遵约规则的其他环境条约具有一些共性：大多条约属于参加国家数目众多的多边环境协定。如《关于消耗臭氧层物质的蒙特利尔议定书》的缔约国有 190 个。③ 其他建立了遵约制度的环境条约也多是缔约国数目众多、影响力广泛的全球性环境公约。从条约遵守以及实施效果分析，双边条约或缔约国稀少的区域性或封闭性条约无法为这些全球性环境公约提供有益经验，为保障其条约实施效果，建立一整套遵约程序是最合理的选择。这是国际立法者和条约组织机构都乐见其成的事情。对于参加了环境条约的缔约国来说，无论其最初缔结、加入或批准条约的动机如何，一旦加入后，最理想的状态就是条约能够运转良好，能够调整某一领域的国际环境关系。这样，作为缔

----

　　① 有些条约的缔约方机构也被称为 MOP，是 Meeting of the Parties 的简称。

　　② 与其他几个同样规定了遵约制度的环境公约相比，《关于消耗臭氧层物质的蒙特利尔议定书》在遵约制度上更具现实意义。因为它不仅仅是规定在字面上的程序规则，在实践中该遵约制度已经依照法定程序处理了一批不遵约案例。

　　③ 因为有加入和退出条款，国际环境条约的缔约国数目会出现变化，这个数字是截至 2016 年年底的统计数字。

约国之一，可以享受到国际环境法治带来的进步成果。可以设想，一项环境条约生效后，不遵守或消极履约的国家越来越多，必然会损害到大多数缔约国对条约的预期利益，这也是很多国际环境条约的缔约方会议能够顺利通过遵约制度的根本性原因。

遵约制度一般由三方面的规则体系构成：一是遵约的基本规则体系，包括行为主体、行为规则等，可以指明条约的规制对象、规制方法，此规则体系决定着遵约和违约的动力、行为和程度；二是遵约判定规则体系，包括对当事方遵约或不遵约行为的收集、分析、评估等规则；三是不遵约反应规则体系，包括对确定不遵约的当事方的程序应对措施等。① 遵约制度的实施机构主要是各个多边环境协定建立的条约机构，包括缔约方会议，以及一些执行委员会或促进委员会等。每个环境条约的实施机构可能在名称和分工上有所不同，如《消耗臭氧层物质的蒙特利尔议定书》称之为遵约委员会，《定都议定书》称之为遵约委员会，还有促进分支机构和强制执行分支机构。

就遵约制度的启动方式来说，一般有三种：第一种是缔约国针对其他缔约国向条约机构提出；第二种是缔约国考虑到本国履约的实际情况而主动提出；第三种则是由国际环境条约的条约机构，如条约秘书处或专家评审机构结合掌握的缔约国的遵约情况而提出。例如，关于《京都议定书》遵约程序的运行，"《马拉喀什协议》第 24/CP.7 号决定"的附件规定，遵约委员会作为有权机构，应通过秘书处接受专家评审组根据《京都议定书》第 8 条提交的报告中所指的，或下列各方提交的履行问题以及作为报告主体方提出的任何书面意见：任何缔约方就与本方有关的事宜提交的履行问题；任何缔约方针对另一缔约方而提交的有证据支持的履行问题。同时，秘书处有权提醒上述所提履行问题涉及的缔约方提供所需有关材料。② 这些规定的内容基本涵盖了上述三种遵约制度的启动程序。同时，还有一种特殊情形，即如果一个缔约方事先向缔约方会议声明，其已经采取了所有可行手段仍无法履行《京都议定书》规定的控制措施，则不能对其启动不

---

① 关于环境条约遵约部分的内容，详见王晓丽著：《多边环境协定的遵守与实施机制研究》，武汉大学出版社 2013 年版。

② 参见"《马拉喀什协议》第 24/CP.7 号决定"附件一的规定。

遵约的程序。这种类似规定也出现在一些其他环境条约中。

在实践中，遵约制度发挥了积极作用。以保护臭氧层领域的代表性公约——《关于消耗臭氧层物质的蒙特利尔议定书》为例，其遵约制度处理过如下几种不遵约的案例：第一类是俄罗斯联邦等国的不遵约案件，第二类是拉脱维亚和立陶宛的不遵约案件，第三类是一些东欧国家"轻微"的不遵约案件。

归纳起来，遵约制度具有几个典型特征，使得它成为近些年来国际环境保护领域制度创新的代表性规则。首先，遵约制度具有预防性的特征。在发生了有可能导致违反国际环境条约义务的情况之后，通过一定程序避免更严重后果出现，起到了预防环境纠纷现实发生的效果。其次，遵约制度具有非对抗性的特点。从遵约制度的理论含义和条文内容上看，其制度设计的目标不是以惩罚不遵约为主，而是以促进遵约、减少违约为主要制度目标。典型表现是即使是处理不遵约行为，其在程序上更强调非对抗性，在处理方式上以激励、诱导手段为主，以惩罚性、强制性措施为辅。最后是遵约制度具有内生性的特点。遵约制度是在特定环境问题产生后，为了解决这些全球环境问题，国际社会通过各种平台，签订了以不同环境问题为调整目标的各类环境条约。遵约制度正是产生于这些特定国际环境条约中，并结合具体环境条约的内容和特点，逐渐成形。它与所依托环境条约的适用范围、拟解决的环境问题、该环境问题的独有特点、缔约国数目及大多数缔约国的经济发展水平等密切相关。这种依托于不同环境条约的实施机制具有不同于传统国际法争端解决机制和损害赔偿机制的独特特征。因为传统的国际争端解决机制经过国际法长时期的发展和各种争端案件的实践检验，已经发展成为国际法中独具特色并在一定范围内具有普适性的制度体系，例如，关于后文将要阐述的国际争端的外交解决和法律解决等制度就是如此。相比这些较为成熟完善的纠纷解决机制，遵约制度虽然在国际环境保护领域有了初步的规定和少量的实践案例，但仍有很多理论和现实障碍需要在国际环境保护事业中慢慢克服，逐渐完善。

第三章 跨国环境纠纷的外交解决

国际法中的争端解决机制主要包括和平方法和强制解决方式两大类。在第二次世界大战结束后，强制性的争端解决机制的适用范围渐渐缩小，而随着和平解决国际争端基本原则的确立，用和平手段解决国际争端成为国际纠纷解决的一大趋势。和平解决国际争端包含两种具体方式，一种是法律解决方式，一种是外交解决方式。本章主要阐述跨国环境纠纷的外交解决方式，下一章则分析跨国环境纠纷的法律解决方式。

第一节 外交解决方式概述

从国际争端含义的广泛外延看，跨国环境纠纷作为广义的国际争端的一种，毫无疑问可以适用国际法中的争端解决机制。自 1945 年联合国这个全球最大的政府间国际组织建立以来，在其宪章性文件《联合国宪章》中明确提出，国际争端应当通过和平方式解决，从而在国际法上基本排除了武力解决国际争端的方法（少数国际法允许或规定的例外情形除外）。在国际法中，和平解决国际争端也成为一个重要的基本原则。国际法中的和平解决国际争端的方法最主要的是外交解决方式和法律解决方式。本章主要集中阐释和论述外交解决方式在解决跨国性的争端或纠纷，尤其是环境领域的跨国纠纷中的功能和效用。

国际争端的外交解决方式，在有些论著中也称之为政治解决方式，一般是指在国际争端发生后，通过谈判、协商、斡旋、调停或调查、和解等途径和方法寻求国际争议的和平解决，当事方之间达成纠纷解决方案，从而解决矛盾的争端解决方式。外交解决方式具有历史悠久的特点，可以说自人类社会开始出现国家以来，在不同的国家之间发生争端后，各国首先寻求的就是以谈判协商为主要表现形式的外交手段来解决它们之间的纠纷或矛盾。从文献典籍中的记载看，无论是中国古代社会，还是西方古希腊、古罗马等古代文明都有不少关于外交手段解决国家之间争端的案例和文献。

外交解决方式拥有一些区别于其他纠纷解决方式尤其是法律解决方式的特征，这些特征同时也是长期以来该种解决方式持续得到应用的重要原因。首先，外交解决方式具有灵活多样性。其解决途径包括纠纷当事方直接进行谈判或协商的方式，也包括通过第三方的介入和参加对纠纷进行斡旋等方式，甚至还包括国际组织加入解决程序促成纠纷有效解决等方式，从而灵活运用国际社会的各种力量推动跨国纠纷的解决。而国际争端解决的法律方式，包括的种类相对单一，主要有仲裁和司法诉讼两种，并且其纠纷解决程序也大多是法定的。两相对比，外交方式的灵活性和多样性就具有明显优势。其次，外交方式达成的解决方案通常不具有法律强制性，能充分体现纠纷当事方尤其是国家的意愿，争端当事国可以利用这一点把握纠纷解决的主动权。例如，当事方可以根据纠纷解决的发展态势变化随时中止或暂停解决程序，直到最终达成解决纠纷的协定、方案或协议。需要说明的是，在上述过程中，无论是否有第三方力量介入，争端当事国的主权一般都不会受到太多外部干涉或影响，国家能充分利用这种优势，结合本国的具体国情从容解决纠纷。最后，外交方式解决争端一般需要较长时间。这是和上述第二点特征紧密联系的，既是其特点，也是外交解决方式经常被诟病的缺陷之一。因为外交方式达成的纠纷解决方案法律强制性，其执行或遵守主要依靠纠纷当事方自觉或自愿履行。如果任何一个当事方在争端解决过程进行中甚至争端解决方案达成后突然反悔，停止外交解决程序或不履行解决方案，另一方可以选择的救济办法非常有限，主要依靠国际舆论对反悔一方施加压力，在国际法上并无其他更有效手段。这就造成一些通过外交方式解决的跨国纠纷，往往无法一次性地根本解决，而是旷日持久地拖延下去，国际纠纷也随着国际形势和政治力量的变化而面临新的挑战。例如，朝鲜核问题的六方会谈就是一个典型例证。虽然对朝核问题六方会谈到底是什么性质的国际争端解决方式还存有争议，但主流观点认为其主要属于有第三方介入的外交调停方式，中国在其中也是起到重要作用的第三国。但是，这个争端解决过程多次被朝鲜或美国一方的突发事件而打断，不得不中止程序，重启外交谈判。迄今为止，围绕朝鲜核问题的国际争端仍然悬而未决。

但是，客观地说，世界上不存在任何完美或毫无瑕疵的纠纷解决机制。对于外交解决方式在国际纠纷解决中的功能和价值，应该全面、理性地分析。而具体到跨国环境纠纷，更需要结合近些年来国际环境条约的发展趋势来分析。因为国际环境法是国际法发展时间相对较短的新分支学科，其主要法律渊源是国际环境条约。因为国际社会当前面临的全球性环境问题多种多样，所以国际环境保护的范围也异常广泛：从大气层到海洋环境，从土壤污染到化学品生产和贸易，从多国河流到野生动植物物种保护……环境问题天然具有跨国界属性，就像大气污染不会因为国家之间的领土边界横亘面前而停止继续扩散一样，因此国际法主体尤其是主权国家间在环境问题治理上必须秉承合作原则，这也是国际合作原则成为国际环境法基本原则之一的深层次原因。在这种背景下，无论是国家间因为共同参加的某项国际环境条约的实施造成的纠纷，还是虽然没有环境条约，但是因为国家间具有的共同的自然因素，如两国共同拥有同一条界河造成的环境纠纷，都离不开国家之间的合作。退一步看，即使是纠纷当事国最终选择法律解决手段，国际仲裁机构的裁决或司法机构的判决的执行也需要国家精诚合作方能落到实处。因此，灵活多样、非强制性的外交解决方式在跨国环境纠纷的解决上具有巨大发展潜力。实践中，国际环境立法的快速发展也验证了这一点。以近 30 年国际社会缔结的环境条约为例，绝大多数环境条约规定了外交解决环境纠纷的条款或条文。以外交方式中最常用的谈判和协商为例，有学者考察了近些年国际社会签订的 51 项国际环境条约，发现其中共有 40 个条约规定了争端解决条款，其中，有 36 个条约规定了谈判或协商的方法。而且大部分条约将谈判或协商列为第一位的争端解决方式。① 这些条约基本涵盖了近 30 年以联合国为代表的国际组织在全球环境保护领域促成的最重要环境公约，条约内容也覆盖了国际社会最为关注的全球性环境问题的范围，同时，中国也是其中大部分环境公约的缔约国。从这一点即可看出，虽然通过法律方式解决国际纠纷是很多国际法学者孜孜

---

① 朱鹏飞著：《国际环境争端解决机制研究》，法律出版社 2011 年版，第 86 页。

以求的理想和愿望，但古老的外交解决方式在当代跨国环境纠纷的处理中仍然具有不可替代的重要功能。

第二节　谈判与协商

在解决跨国纠纷的外交方式中，谈判和协商是经常使用的方法。谈判和协商总体来讲，是对产生矛盾和不同意见的事项进行集中讨论或辩论，以求得纠纷的和平解决。

一、谈判与协商的含义

谈判，在国际法中也常被称为外交谈判，是一种古老的解决争端的方法。贝索法官在"巴勒斯坦特许权案"的反对意见中对谈判有如下界定："谈判是利益相对立的代表间的辩论与讨论。在讨论中，各方提出理由并反驳对方的论据。"[①] 可见，谈判在本质上是当事方就其互相对立的观点进行商谈并寻求一致解决意见的过程。早在古代，各地区之间的交往涉及的纠纷就已经开始采用谈判来解决。到近代时，外交谈判更常见，并且已经形成了相对固定的一套谈判程序。自 19 世纪末期以来，国际条约大量涌现，很多条约中规定了有关外交谈判的内容，如：1899 年和 1907 年的《海牙和平解决国际争端公约》、1919 年《国际联盟盟约》、1928 年《日内瓦和平解决国际争端议定书》以及 1945 年的《联合国宪章》等。这些调整国家间关系的重要公约都纷纷将外交谈判作为和平解决国际争端、维护地区和国际稳定局势的重要方式，充分体现了国际法对外交谈判的重视。

与谈判相比，协商（有些著作中也称为磋商）在国际法领域的发展过程相对较短，对其含义和程序，不同学者也有不同看法。学术界大多认为，在 20 世纪中期以前，协商并不是解决国际争端的独立方法，而只是谈判的一个中间组成部分，是为了达到谈判的目的，为谈判创造有利条件而进行的。但在 20 世纪中期

---

① Mavrommatis Palestine Case, PCIJ, Series A, No. 2 (1924), p. 91；转引自《国际公法学》课题组编写：《国际公法学》，高等教育出版社 2016 年版，第 441 页。

49

后，随着国际局势的变化和以联合国为代表的国际组织的影响日益扩大，协商逐渐从幕后走到前台，形成了自身的特征，并为一些重要的国际条约认可和肯定。值得一提的例子是 1978 年的《关于国家在条约继承方面的维也纳公约（草案）》，其中规定了国际争端的解决机制，就含有关于协商的专门内容。在现代国际法中，通过协商的方法解决国际纠纷已经为国家的实践和国际文件所确认。[1] 而且，谈判和协商在含义上具有相近性，在程序上也具有重合的特点，我国很多学者都主张不对二者做过多区分。如我国知名国际法学者王铁崖教授主编的《国际法》教材中，对谈判和协商的含义和关系有如下观点：谈判和协商是两个或两个以上的国家为了有关冲突、矛盾或争端得到谅解或求得解决而进行的直接交涉，包括澄清事实、阐明观点、消除隔阂和误会、增进相互的了解和信任，以寻求双方都能接受的解决办法。[2] 持有类似观点的我国学者还包括周忠海教授、曹建明教授、周洪钧教授等。

但是，也有学者对谈判和协商的关系有不同观点。如英国学者梅丽尔斯在其代表作《国际争端解决》中就认为，协商是为了预防争端真正出现而进行的双方或多方的沟通，在协商进行时许多相关决定并未形成。协商的本质是谈判的一种特殊表现，当一个国家的政府预计其决定或行动有可能损害到另一国家的利益时，会选择协商作为沟通手段与可能的受害国进行讨论，从而营造一个避免纠纷或争端出现的调整或适应过程。[3] 我国也有学者认为，谈判与协商是不同的外交解决手段。与谈判相比，协商的特点包括：第一，协商的运用时间可以是在争端发生后也可以是在争端发生前，而谈判一般是在争端发生后的事后救济方式；第二，协商过程中双方地位大多平等，体现出友好互谅的精神，但在谈判过程中虽然双方地位在法律上是平等的，但难以避免当事方之间在实力因素方面的影响；第三，协商不排除第三方的加入（但第三方在协商中的作用和斡旋与调停中第三方的作用有所不同），而谈判往往排除第三方介入；第四，当事方对于协商的结

---

① 周忠海主编：《国际法》，中国政法大学出版社 2004 年版，第 702 页。
② 王铁崖主编：《国际法》，法律出版社 1995 年版，第 573 页。
③ ［英］梅丽尔斯著：《国际争端解决》（第五版），韩秀丽、李燕纹等译，法律出版社 2013 年版，第 5~23 页。

果更倾向于尊重而自觉遵守，而对谈判结果的遵守当事方更多的是出于对法律承诺的重视等。① 可见，对于诸如协商是否真正具备了自身不同于谈判的特征，是否构成了不同于谈判的一种独立的外交解决争端方式，以及谈判和协商的关系如何等问题，无论是国内还是国外国际法学界，都尚无统一观点，仍值得进一步研究。

二、谈判与协商的形式与程序

谈判一般是在谈判参与者之间直接进行，这种"直接性"主要是相对于斡旋或调停中出现的第三方而言，谈判是在纠纷当事方之间进行。至于谈判的具体方式，可以是当事方之间面对面进行的，也可以是通过书面通信或其他沟通方式直接进行。考虑到现代社会通信技术手段的快速发展与更新，谈判的传统形式也会随之发生变化，大体趋势是谈判将变得更加方便和便利。国际上，谈判主体主要有以下几种：

（一）国家

根据传统的国际法理论，谈判主体主要是国家行为体，即主权国家。千百年来，无论古今中外，由主权国家的代表——各国政府参与的双边谈判和多边谈判不计其数，对减少或降低国际纠纷对国际和平秩序带来的损害和冲击贡献良多。国家之间的谈判常常由当事国的外交部部长或外交部门官员进行。有时候，也会由政府首脑在谈判的初始阶段参与进来，而后续的具体谈判则交由外交部部长或外交官具体参与。当然也有政府首脑全程参与的多边谈判，一般出现在事关全球共同利益的重大议题的谈判场合。如，2002 年在南非约翰内斯堡召开的全球可持续发展峰会，就有一百多个国家的领导人参会，这些国家的领导人在会议进行期间进行了多项（轮）规模不等的谈判。政府首脑或国家领导参与的谈判，一般效率会较高，因为这种谈判避免了行政部门参与谈判可能会带来的官僚主义作

① 《国际公法学》编写组：《国际公法学》，高等教育出版社 2016 年版，第 442 页观点综述。

风。这种高规格谈判有许多成功的例子，如在第二次世界大战后期围绕联合国的设立和安理会的决策机制召开的国际谈判中，美国、英国、苏联等国的领导人直接参与谈判，为战后联合国的如期建立和正常运转做了良好的铺垫。但是，国家高层领导参与的谈判也有一些局限性，如：容易吸引世界舆论的过分关注、缺乏外交部门谈判的必要外交转圜空间等。因此，政府首脑或国家领导人参与的高规格谈判也有失败的例子。在冷战时期，美国和苏联领导人之间的谈判通常被视为是交织着"希望和恐惧的混合体"。因为在公开的关注下，对这种会议会有一种不太现实的预期，除非产生一个几乎是不太可能出现的新协定，否则会被视为是失败的。①

（二）政府间国际组织

在 20 世纪 50 年代后，更多种类的谈判主体也开始出现，如国际组织、非政府行为体等。国际组织最初是以国家集团的形式出现在谈判桌上。其主要原理是：单个国家的外交影响力差别较大，相对于那些实力远胜自己的大国，一些国家不那么有能力影响事态的发展。因此出于利益的驱动，在谈判期间，它们会与其他国家联合。联合的形态有两种：一种是正式地通过共同加入的政府间组织或同盟来实现；另一种是通过临时的联盟来实现。在涉及跨国环境纠纷时，这种诉诸国家集合形式的谈判还有其必然性。例如，在大气层的臭氧空洞问题上、在越界大气污染的问题上，单独的两个或几个国家之间的谈判对于问题的解决并无实质意义。因此，国家间通过正式的国际组织或者临时性的国家联盟进行谈判就不足为奇了。随着国家数目的增多，彼此之间的关系更加错综复杂，这些官方实体在外交谈判过程中扮演的角色也越来越重要。国际组织可以在技术性的信息交换中发挥单独国家无法胜任的作用，同时还可以通过一定的集体行动为国际行为提供指导。这些指导原则一旦被多次重复使用，进而得到确立，会成为国际交往的规范或"软法"性质的规则，反过来可以为后来参与国际谈判的当事方（包括

---

① J. G. Merrills, International Disputes Settlement, 3rd., Cambridge University Press, 1998, pp. 9-10.

主权国家和其他国际组织）提供可参照的标准。

但是，国际组织（尤其是在国际谈判中发挥重要作用的政府间国际组织）参与谈判与协商也会招致一些抱怨，如有些国家会认为国际组织对其主权的侵蚀。以欧盟为代表，一些国际组织出现了向"超国家主义"方向发展的苗头。在实践中，这就意味着一些成员国不能总是逃避那些没有经过其同意就作出的决定的束缚。欧盟委员会在欧洲联盟各成员国面前力量强大，主导通过了包括货币领域在内的一系列欧盟决定，这些决定直接影响着各成员国的国内货币政策。一些成员国一方面怀疑欧盟能否成为其参与国际谈判的有效渠道，另一方面又为这些有约束力的组织规则对其国内政策的影响忧心忡忡。这反过来也削弱了成员国对国际组织在其参与国际谈判中的促进作用的怀疑。最新的例子是英国已经通过一次全民公投决定退出欧洲联盟。尽管英国与欧盟的"脱欧谈判"还在僵持状态下踟蹰不前，但这也从一个侧面提出了也许不太新颖但一直没有很好解决方案的议题：如何通过国际法规则有效调整国际组织与成员国之间的关系？

（三）非政府行为体

不同于传统的外交谈判与协商中的基本主体，即主权国家和 20 世纪后半期后逐渐为国际社会所熟知的政府间国际组织，非政府行为体在谈判和协商中的形象是随着 20 世纪 70 年代后期全球公民社会的思潮慢慢显现的。20 世纪 60 年代末发端于欧洲和美国的社会运动，参加者大多是学生及普通民众，高举"民权""反战""平等"等旗帜，背后是对当时欧洲和美国政府决策的不满，期望通过街头集会等形式直接反映普通公民对一些国际和国内大事的观点和意见。在政治学和经济学的经典理论中，一般认为：非政府行为者在存在重大政府失灵的领域获得更显著的地位，如保护私人经济利益、保护具有公共利益性质的环境资源以及个人和团体的利益等。尽管学术界对非政府行为体的正当性（legitimacy）尚没有一致认识，但对非政府行为体在国际舞台和外交谈判中的作用，很多学者都承认并对这些现象撰文进行评析。

在国际实践中，非政府行为体包括非政府组织、私人实体或其他形式的私人团体等多种形式，其中以非政府组织最典型。在全球政治、贸易等领域，非政府行为体都有参与国际谈判与协商的例子。① 因为本书主要是讨论环境保护领域的问题，因此笔者在此主要以环境保护方面的非政府行为体为例对其进行说明。在国际环境保护领域，活跃着不少非政府行为体，例如：世界自然保护同盟（International Union for Conservation of Nature and Natural Resources，IUCN）、绿色和平组织（Green Peace）、世界自然基金会（World Wild Fund，WWF）等。这些非政府行为体通过参与环境保护行动、参加环境会议、参与环境条约谈判等行为在全球环境保护领域发挥了自己独有的作用，甚至影响到一些多边环境条约的谈判和签订。

过去很长时间以来，国家和国际社会总是将这些非政府行为体视为一般的抗议团体而不屑一顾。然而，随着非政府行为体在国际上影响力的不断上升，这种状况已经得到了改变。现在非政府组织通常会在有关特定议题的国际谈判中代表跨国公众团体发表意见，或者参与到有关的国家代表团中通过国家代表团的渠道传达其建议。尽管主流的国际法学界依然坚持认为非政府组织并不是国际法的主体，不具备以自己名义行使国际权利、承担国际义务的资格，但不可忽视的是，随着公民社会思想的进一步发展，在事关全球共同利益的一些特定领域，如环境保护，非政府行为体将会越来越多地出现在外交谈判和协商的国际舞台上。

三、环境条约纠纷解决程序中的谈判与协商

环境条约是国际环境法的主要法律渊源，也是国际社会进行环境保护的法律依据。自 20 世纪初期以来，在不同阶段，国际社会已经通过了很多环境条约。这些环境条约的时间跨度很广，如从 1902 年的《保护农业益鸟公约》到 2010 年后对一些典型多边环境公约，如《生物多样性公约》，以"议定书"的形式不断进行补充和细化，体现了国际环境立法在漫长时间历程中的不断演进和变化。一些环境条约中就当事方（主要指缔约国）在履行条约过程中，因为条约的解释或

---

① 经常被提及的一个例子是在 2003 年世界卫生组织关于香烟的谈判中，参加《国际禁烟框架公约（草案）》谈判的日本代表团中就包括日本国际烟草公司的相关代表，他们的身份是拥有该公司三分之二股份的日本大藏省志愿。他们对日本代表团的谈判立场影响巨大，导致日本在谈判中反对全面禁止香烟广告和禁止误导性标识。因此在谈判中，日本代表几次提出，一项"合理"的条约应在其中承认吸烟的某些积极方面，如缓解紧张。

适用而引起的纠纷如何解决作出了规定。当然，也有一些环境条约在纠纷解决机制领域并未着墨，允许缔约国依照国际争端解决的一般国际法规则，如《联合国宪章》有关国际争端和平解决的条文，解决其纠纷。① 鉴于环境条约是当下跨国环境纠纷解决过程中适用的主要法律规则渠道，在此部分笔者将以一些代表性环境条约的纠纷解决条款为研究基础，分析其中的谈判与协商手段，并结合实例评估谈判与协商方式在跨国环境纠纷解决中的功能与作用。

在规定了纠纷解决规则的环境条约中，明确提及可通过谈判或协商或谈判的协商方式解决纠纷的条约主要有：1979 年《长距离越界空气污染公约》、1982 年《联合国海洋法公约》、1985 年《保护臭氧层维也纳公约》、1989 年《控制危险废物越境转移及其处置的巴塞尔公约》、1992 年《联合国气候变化框架公约》、1992 年《生物多样性公约》、1994 年《联合国关于在发生严重干旱和/或荒漠化的国家特别是在非洲防治荒漠化的公约》、1997 年《国际水道非航行利用公约》、1998 年《关于在国际贸易中对某些危险化学品和农药采取事先知情同意程序的鹿特丹公约》和 2001 年《关于持久性有机污染物的斯德哥尔摩公约》等。由此可见，谈判与协商作为传统争端解决方式中的重要措施，在大多数国际环境公约中都被采纳或接受。即使是一些环境条约创造性地规定了遵约制度，如《关于在国际贸易中对某些危险化学品和农药采取事先知情同意程序的鹿特丹公约》和《关于持久性有机污染物的斯德哥尔摩公约》，不仅将遵约制度（有些学者称之为"不遵守情事程序"）规定在条约约文中，同时也明确提出，谈判或协商也是解决缔约国因履行条约而引起的纠纷的重要方法或手段。

如前文所分析，谈判和协商具有预防纠纷发生的特点，这也是众多环境条约将谈判或协商或二者兼而有之作为纠纷发生后首先采取的矛盾化解之法的根本原因。以 1979 年《保护野生迁徙动物物种公约》为例，该公约特别强调和表达了

① 没有在条约中规定纠纷解决内容的环境条约包括但不限于：1902 年《保护农业益鸟公约》、1911 年《保护和保存海报皮毛公约》、1946 年《国际捕鲸管制公约》、1950 年《国际鸟类保护公约》、1952 年《北太平洋公海鱼类保护公约》、1963 年《禁止在大气层、外层空间和水下进行核武器试验条约》、1971 年《关于特别是作为水禽栖息地的国际重要湿地公约》、1972 年《保护世界文化和自然遗产公约》、1972 年《保护南极海豹公约》、1978 年《国际植物新品种保护公约》、1983 年《国际热带木材协定》等。

对谈判的重视。公约在纠纷解决部分规定：如果两个或两个以上缔约方之间因该公约条款的解释或适用而引起的争端应当由各方通过谈判解决；如果争端不能通过前述方式解决，在争端各方的同意下，可以将争端提交仲裁，特别是提交设在海牙的国际常设仲裁庭仲裁，并且当事方应当受仲裁裁决的拘束。有的环境条约则对协商特别重视，如1973年的《濒危野生动植物物种国际贸易公约》作为第一个在国际贸易领域对野生动植物物种及与此相关的生物多样性问题进行规范的重要环境条约，一向深受国际社会和各国关注。在该公约的纠纷解决条款部分，就有如下内容：如果两个或两个以上的成员国就该公约的各项规定的解释或适用发生纠纷，则涉事的成员国之间应当进行协商；如果纠纷不能通过前述协商程序解决，在当事国同意的前提下，可以将纠纷提交仲裁，特别是提交设在海牙的国际常设仲裁庭仲裁，纠纷当事方应当受仲裁裁决的约束。虽然两个公约一个强调谈判，一个强调协商，但其共同点很明显，都是将谈判或协商作为缔约国纠纷提交法律解决方式的前提条件，即只有在谈判或协商未能有效解决缔约国之间的纠纷的情况下，才可以在纠纷当事国的同意条件下，将其提交国际常设仲裁机构仲裁。

这种解决纠纷的方式或模式在国际环境条约的纠纷解决规定中并不是偶然出现，而是一种常见现象。如《保护臭氧层维也纳公约》《生物多样性公约》等条约中也有类似条款，都是首先阐明缔约方应通过谈判或协商解决彼此之间的纠纷，如果谈判或协商未能奏效，则可以寻求包括法律解决方式在内的其他纠纷解决渠道。这可以理解成是一种纠纷解决程序中的前置程序，虽然考虑到国际法的性质和国家主权的强大影响力，这种前置程序无法像在国内法的程序中那样体现鲜明的强制色彩，但其内在逻辑与精神和国内法中的纠纷解决前置程序是一致的。

值得关注的还有一种较为特殊的对于谈判与协商的应用方式。在1979年《关于指导各国在月球和其他天体上活动的协定》中，对于协商义务的应用是这样的规定：一个缔约国如果有充分合理的理由预见到另一缔约国未能履行依照该协定应负的义务，或者有充分合理的理由相信另一缔约国将会妨害其在该协定规定下应享有的权利时，则可要求与该缔约国举行协商。获知此要求的缔约国应当立即开始协商程序，不得延迟或拖延。任何其他缔约国如提出类似要求，应当有权参加该协商程序。每一参加此协商的缔约国，应当对任何纠纷寻求可以互相/或彼此接受的解决办法，并应当体现所有缔约国的权利和利益。① 当然，在该协定的纠纷解决规则中，也有如果协商未果，可寻求包括联合国秘书长在内的斡旋或调停的方式继续解决纠纷。② 在该项条约中，虽然没有直接规定发生争议或纠纷的当事方必须要采取协商方式解决纠纷，但是赋予了缔约国一项重要权利，即一旦一个缔约国有合理理由估计另一缔约国将会违约而引起它们之间的纠纷，该缔约国就可以提出协商要求，而相对的缔约国必须对此种协商要求进行回应，开始协商。这种规定其实对缔约国通过协商方式解决纠纷规定了更为全面和具体的程序要求，在一定意义上也说明了协商和谈判方式在该条约纠纷解决中的举足轻重的地位。

进入 20 世纪 90 年代后，在有关核安全和降低核损害对环境的负面影响的环境条约中，还有一种新的有关谈判和协商的应用方式，即强化谈判和协商在条约机构内部的应用，这也是一种值得观察和研究的趋势。1994 年《核安全公约》在纠纷解决部分有以下内容：如果两个或两个以上缔约方之间在公约的解释或适用方面产生争议或纠纷，缔约方应当在缔约方会议的范围内协商解决此种分歧。并且，《核安全公约》只给缔约国提供了这样唯一的纠纷解决方式。③ 缔约方会

① 参见 1979 年《关于指导各国在月球和其他天体上活动的协定》第 15 条第 2 款："一个缔约国如有理由相信另一缔约国未能履行依照本协定所负的义务或相信另一缔约国妨害其在本协定规定下所享有的权利时，可要求与该国举行协商。接获此种要求的缔约国应立即开始协商，不得迟延。任何其他缔约国如提出要求，应有权参加协商。每一参加此等磋商的缔约国，应对任何争议寻求可以互相接受的解决办法，并应体念所有缔约各国的权利和利益。上项磋商结果应通知联合国秘书长，并由秘书长将所获情报转送一切有关缔约国。"

② 参见 1979 年《关于指导各国在月球和其他天体上活动的协定》第 15 条第 3 款："如果协商结果未能导致一项可以互相接受而又适当顾及所有缔约国权利和利益的解决办法，有关各国应采取一切措施，以他们所选择的并且适合争端的情况和性质的其他和平方法解决这项争端。如果在开展协商方面发生困难或协商结果未能导致一项可以互相接受的解决办法，任何缔约国可无须征求任何其他有关缔约国的同意要求联合国秘书长协助解决争端。一个缔约国如果没有同另一有关缔约国保持外交关系，则应自行选择由其自己出面参加协商或经由另外的缔约国或秘书长作为中间人参加协商。"

③ 参见 1994 年《核安全公约》第 29 条："在两个或多个缔约方之间对本公约的解释或适用发生分歧时，缔约方应在缔约方会议的范围内磋商解决此种分歧。"

议（Conference of Parties，COP；或 Meeting of Parties，MOP）是国际条约全体缔约国代表组成的会议组织，其性质一般是该国际条约的最高决策机关。缔约方会议近些年在国际环境保护领域的发展引人注目，它在环境条约的遵约机制和纠纷解决机制领域都充当着不可忽视的角色，以至于一些研究国际组织法的学者认为，缔约方会议是国际组织在新时代条件下的发展形式，代表着国际组织法在条约框架下的细化发展趋势。而以《核安全公约》第 29 条为代表的关于谈判与协商方式在缔约方会议框架下的运用，因为目前尚无实际案例发生，其运作效果到底如何，与传统的以国家之间为背景的谈判和协商程序有何不同等，这些问题都无法结合国际案例进行分析。但这并不妨碍我们从学理角度对其进行大胆研判：这将是传统的谈判和协商方式在条约机构中的最新应用。缔约方会议在谈判和协商中如何操作和作为？如何平衡产生纠纷的缔约国和其他有不同意见的缔约国之间的矛盾？如何评估缔约方会议与纠纷当事国在谈判和协商中的关系？缔约国会议充当的角色是类似于斡旋者或调停者等第三方的角色吗？这种纠纷解决方式与斡旋和调停有何根本性区别？这一系列的疑问在这种纠纷解决规则出现后将会浮现，学术界应对此进行密切跟踪和关注。

当然，尽管诸多环境条约非常重视谈判与协商在纠纷解决程序中的作用，也并不意味着其局限性就完全被忽视了。谈判与协商的最大风险是因为其没有法定的程序规则和强制约束力，所以容易造成程序拖沓冗长，导致纠纷久拖不决。在环境保护领域这种局限性更会被放大，因为跨国环境纠纷如果得不到及时处理和解决，很多将会造成严重的环境损害甚至不可逆转的环境损害。鉴于此，一些环境条约已经开始对谈判和协商程序设置时间限制或前置程序限制，经过一定时间或特定程序后，如果纠纷仍未有效化解，则当事方应尽快寻求其他纠纷解决方式。这是环境问题对谈判与协商规则提出的挑战和客观要求，如果立法者想要发挥谈判和协商这两种古老的纠纷解决方式在全球环境问题领域的出色作用，将无法回避环境纠纷解决中效率与公平之间的平衡困局。可以说，众多环境条约，如《关于消耗臭氧层物质的蒙特利尔议定书》《联合国海洋法公约》《核安全公约》等在纠纷解决方面的探索和创新（如果有的话）也是在为解决法律领域这一传统矛盾提供有益经验。

第三节　斡旋与调停

谈判和协商是国际纠纷解决过程中非常重要的方法，也被实践证明在不少国家间的纠纷、国家与个人（含跨国公司等法人）之间的纠纷、不同国家公司或自然人之间的纠纷解决中发挥了重要作用。但是，国际纠纷形成的原因千差万别，纠纷的表现形态千姿百态，纠纷解决的关键症结自然也各不相同。有时，纠纷当事方可能由于种种原因，不愿意进行谈判或协商；而有时候，一项纠纷的解决，可能仅仅依靠纠纷当事双方或多方的直接接触或磋商是无法理清的。这时如果能引入纠纷当事方都信赖的第三方力量，帮助纠纷当事方化解恩怨、理顺矛盾，甚至从中穿针引线，促成纠纷解决方案的达成，也不失为一种巧妙且实用的跨国纠纷解决方式。斡旋与调停就是具有这种属性的纠纷解决手段。在纠纷当事方不能通过谈判或协商解决矛盾时，第三方的帮助可以打破僵局，有效缓解对立情势。在国际交往的历史中，不乏通过斡旋或调停获得解决的解纷，如 20 世纪 60 年代中期，南亚半岛的印度和巴基斯坦冲突频频，当时的苏联政府就充当了斡旋者的角色，提议双方在苏联的塔什干进行会晤并坐下来平心静气地解决冲突。印巴双方接受了苏联的斡旋，并在苏联政府的调停下，发表了著名的"塔什干宣言"，解决了它们之间的纠纷。

一、斡旋和调停的基本含义

斡旋是指第三方不介入具体的争端，主要运用外部手段促成当事方从事谈判以解决纠纷或争端。斡旋者主要由主权国家充当，有时候也可能是具有外交身份或国际影响力的个人。纠纷当事方可以主动邀请斡旋者参与，斡旋者也可以自愿且积极主动参与纠纷解决。需要明确的是，无论是哪一种斡旋，纠纷当事方都有选择接受与否的义务，哪怕是第三方主动提出斡旋，纠纷当事方也没有必然接受的国际义务。当然，第三方也不存在对他国之间的纠纷进行斡旋的义务。因此，可以看出，斡旋，无论从纠纷当事方的角度，还是第三方参与者的角度，都具有任意性。在实践中，斡旋受到国际政治形势的影响也较大，与整体国际局势和地区局势都有密切联系。

这里讨论的关键点主要是斡旋的手段，因为这是斡旋区别于调停的关键因素。国际法上并没有专门的规范性文件规定或列举斡旋的方式包括哪些，只能从案例中寻找规律性的斡旋手段。根据历史上的一些跨国纠纷通过斡旋解决的案例，斡旋者通常采取对纠纷当事方进行劝导、提供可能的谈判场所或平台、与当事方通信或保持联络充当纠纷解决的"桥梁"等措施，这些被称为外部手段。所有这些措施的主要甚至唯一目的是促成争端当事方直接谈判或协商。

而对于调停的含义，不同的教科书或著作也有不同认识。马克思主义理论研究和建设工程重点教材《国际公法学》一书的观点主张：调停与斡旋形成对照，调停也是经由第三方介入以解决争端的方法，不过调停中的第三方介入程度较深，调停人的作用不仅限于促成争端当事国开始谈判，而且以更积极姿态参与谈判，提出其认为适当的争端解决方案作为谈判基础，帮助解决争端。① 可见，与斡旋相比，调停中第三方的作用更加重要，甚至可以说是不可或缺。调停者可以全面参加纠纷当事方的纠纷解决进程，可以提出解决方案。这从侧面说明了在调停中，调停者和当事方对于彼此的评估和选择至关重要，甚至可以说纠纷解决的成败在很大程度上取决于调停者的努力和调停水平的高低。

二、斡旋或调停的类型

虽然历史上，在一些跨国纠纷的处理中会应用斡旋和调停，并取得了成效，但学术界对于其类型的研究其实还停留在较初步的阶段。笔者认为，为了梳理斡旋和调停在纠纷解决中的功能及其局限性，可以根据斡旋者或调停者的不同主体属性，将其进行类型划分。在国际法的实践中，充当斡旋或调停者的主要有这几类主体：国家、国际组织和个人。其中国家和国际组织进行斡旋或调停的案例要多于个人调停者，而个人参与跨国纠纷的调停通常是因为其国际威望或声誉，有时也因为其曾担任特定国际组织领导人或某国前任领导人等特殊的经历而参与纠纷斡旋或调停。

（一）第三方为国家的斡旋或调停

国家是国际法的基本主体，国际交往活动的中心主要由国家之间的关系构

---

① 《国际公法学》编写组：《国际公法学》，高等教育出版社 2016 年版，第 443 页。

成。在跨国纠纷中，国家之间产生的纠纷也占很大比例，因此，国家为其利益或国际关系目标考虑，会成为其他国家纠纷发生后的斡旋者或调停者。这样的例子并不鲜见。在20世纪80年代初期爆发的英国和阿根廷之间的"马岛之争"纠纷中，美国就充当了斡旋国家。美国当时的国务卿黑格积极在两国之间进行活动，希望这场因岛屿而酿成的纷争不要继续恶化，而是以双方和解收场。虽然最终这场纠纷没有因美国的积极斡旋而取得和平解决，而是恶化成了"马岛之战"，但也不能因此抹去美国在此争端中的第三方作用。学界一般认为，国家对于成为国际纠纷的斡旋者或调停者，其实是非常慎重的。毕竟，国际局势充满了变数，无法保证斡旋一定会成功；如果失败了，参与斡旋的国家也会有一定的外交权威的损失。但是，如果纠纷的当事国和斡旋国家存在一定的密切关系，国家可能会冒着调停可能失败的风险，仍然进行斡旋。英国和阿根廷之间的"马岛之争"就是如此。当事方的一国是英国，英国一向是美国的亲密盟友，也是美国在北约的伙伴国；另一当事国阿根廷，和美国同属美洲国家组织成员国，也是美国在美洲重要的合作伙伴。如果两国发生纠纷，对美国的利益有实质性影响。这是美国为什么选择在其中充当调停者的根本原因。

当然，国家对跨国纠纷进行调停有时候不是因为当事方与其有盟友关系或其他相关联的亲密关系，而是出于外交考虑，如扩大本国影响力，或改善与某当事国的关系等原因。在20世纪50年代中期，刚刚分立没有多久的印度和巴基斯坦因为克什米尔地区而产生纠纷，苏联为了维护与其南部边界毗邻地区的稳定和和平，也为了提高在南亚地区的影响力，就积极对双方进行了调停。另一起著名的国际纠纷也有国家参与调停。在1979年伊朗德黑兰人质危机事件中，当事方美国和伊朗的直接谈判和协商渠道因双方的尖锐对立而不可能进行，最后，是阿尔及利亚参与了该争端的斡旋。美国和伊朗在僵持了相当长时间之后，意识到解决争端的必要性和紧迫性，都接受了阿尔及利亚的调停。在该事件中，一般看法是阿尔及利亚进行调停的主要原因是改善与美国的关系并提高阿尔及利亚在美国社会和美国公众中的过往形象。①

---

① Saadia Touval & I. William Hartman, International Mediation in Theory and Practice, Westview Press, 1985, p. 8.

（二）第三方为国际组织的斡旋或调停

国际组织是国际法发展到近现代以来的产物，是国家基于特定目的、通过协定约定国际权利与义务形成的国家集合体。国际组织，尤其是在国际社会各方面活动中起到重要作用的政府间国际组织，已经具有了国际法主体的资格，可以国际组织的名义，参加国际活动，享有国际权利，并以自己名义承担国际法上的义务。国际组织的这种特征，决定了其在跨国纠纷解决中的不可忽视的作用。采用包括斡旋和调停在内的各种方法，和平解决包括成员国之间纠纷在内的国际争端，也是不少国际组织的重要宗旨或目的，规定在其章程性文件中。例如，《联合国宪章》就规定了在国际争端的和平解决领域，联合国大会、安全理事会和秘书处负有重要职责。① 联合国建立后，曾多次参与国际争端的斡旋和调停，其中不乏成功的例子。不止一任联合国秘书长曾在地区纠纷或热点区域爆发冲突时进行斡旋和调停。一些全球性经济组织或金融组织，在履行其职责过程中，也对与其工作相关联的地区纠纷进行调停，并取得了不错的结果。如下文将要详细论及的世界银行对印度和巴基斯坦因为印度河水资源利用和分配而产生的纠纷进行调停的案例，就是这方面的典型例子。

一方面，除了像联合国这样的全球性国际组织，还有一些区域性国际组织，甚至非政府组织也在特定情形下充当纠纷解决中的第三方，积极解决冲突。如美洲国家组织对于其成员国之间发生的纠纷就曾多次出手进行调停，非洲统一组织为了避免大国对非洲事务的干预，也在成员国之间发生纠纷后采取斡旋措施等。② 另一方面，按照传统的看法，非政府组织一般很少出现在国家之间纠纷的解决程序中，但在 1984 年 6 月，叙利亚和以色列达成协议，停止冲突并交换战

---

① 参见《联合国宪章》第 12 条的规定："一、当安全理事会对于任何争端或情势，正在执行本宪章所授予该会之职务时，大会非经安全理事会请求，对于该项争端或情势，不得提出任何建议。二、秘书长经安全理事会之同意，应于大会每次会议时，将安全理事会正在处理中关于维持国际和平及安全之任何事件，通知大会；于安全理事会停止处理该项事件时，亦应立即通知大会，或在大会闭会期内通知联合国会员国。"其他还包括第 14 条、第 34 条、第 36 条、第 99 条等。

② 非洲统一组织后来经过改革和演进，被非洲联盟所取代。

俘，这一来之不易的和平局面就是国际红十字会参与调停的成果。①

（三）第三方为个人的斡旋或调停

国际法上个人的法律地位问题一向是众说纷纭的议题，至今尚无定论。但是在国际纠纷的解决中，历史上确实出现过个人斡旋或调停成功的先例。但并非任何个人或自然人都能够有这样的资质或能力。一般来说，能够作为第三方参与跨国纠纷解决的个人具有如下特点：一是根据国际条约的授权，以专家或知名人士身份取得斡旋的资格，如1936年的《美洲国家斡旋和调停条约》的做法；二是个人在国际政治领域或外交领域曾非常活跃，或曾担任国家领导人或国际组织领导人职位，即使年事已高，不再有外交身份，但其可以凭借在国际舞台的多年影响和权威声音，对国际争端进行斡旋和调停。如卸任的联合国秘书长、美国政界名人亨利·基辛格等。

三、斡旋和调停的局限性

斡旋和调停作为重要的国际争端解决方法，已经和正在为国际纠纷的和平解决发挥作用，未来也必将在跨国纠纷的解决中得到应用。但是，斡旋和调停在跨国纠纷中的重要性也受到其缺点的制约，这一点在近些年缔结的多边环境条约中就能看到，很多环境条约舍弃了斡旋和调停作为纠纷解决方法，这也是斡旋和调停在跨国环境纠纷解决中不易为人所关注的重要原因。概括说来，其局限性主要包括：

第一，斡旋和调停无法保证总是公正对待纠纷当事方的利益。从上述关于斡旋和调停的类型分析可以看出，斡旋和调停主体是多样的，也没有统一的程序或固定的做法，这就导致斡旋和调停具有一定的随意性，无法充分保证在纠纷解决中兼顾双方利益，公正斡旋尤其是国家充当第三方时，有时与当事国的关系是紧密还是疏远会影响斡旋建议的可接受性。当然，在法学背景下讨论公正或公平是一个复杂的问题，因为绝对的或纯粹的公正是很难实现的。但是，有时就是这种无法公正对待纠纷当事方的利益导致了调停失败。如英国和阿根廷的"马岛之

---

① 张江河：《试论斡旋和调停》，载《法律科学》1985年第1期，第65页。

争"中，美国作为斡旋者，一开始尚能保持相对中立的立场，但随着事件的发展和斡旋的深入，美国开始出现偏袒英国的苗头，这令纠纷的另一当事国阿根廷非常介意，可以说是调停失败的主要原因。因此，如何保证作为第三方的斡旋者在斡旋和调停中能不偏不倚，兼顾双方或多方利益，是这一外交解决争端方式面临的最大障碍。

第二，斡旋和调停可能会效率低下，无法很快解决纠纷。斡旋和调停作为外交解决方式，具有其共同特征：斡旋者提出的解决方案不具有法律约束力，纠纷当事方可以随时反悔，这时斡旋或调停就会失败。有时一项纠纷会在这种反反复复中久拖不决，浪费大量资源。例如，中东地区的以色列和巴勒斯坦之间的纠纷，形成原因复杂，纠纷旷日持久，并且因一些突发事件不时爆发或加剧，不同国家、国际组织和个人都曾对该纠纷进行过斡旋，但由于双方积怨太深，立场和观点迥异，至今也没有得到根本解决。这也从一个侧面说明，斡旋和调停的适用纠纷范围有限，并非所有纠纷都适合采用斡旋和调停这种"和稀泥"式的纠纷解决办法。

第三，合适的斡旋者或调停者并不容易寻到。一方面，从国际关系理论的视角进行分析的话，在跨国纠纷发生后，不管是国家、国际组织还是自然人，主动站出来，勇于进行斡旋调停的情形并不常见，原因是作为斡旋者或调停者，其在本质上进行的是具有公共利益性质的行为，同时还要承担失败带来的声誉受损的风险。这使得国际社会的"见义勇为"者需要谨慎考虑。另一方面，经过前文的分析，在国家充当第三方进行调停斡旋时，需要考虑到与纠纷当事方的盟友关系等，但这种考虑又可能受制于"不公正"行事的限制，因此，有时不容易找到合适的斡旋调停者。

四、跨国环境纠纷解决中的斡旋和调停
——以印度和巴基斯坦印度河水资源纠纷为视角的分析

大多数国际环境条约规定了纠纷解决条款，其中有少量环境条约提到了斡旋或调停在纠纷解决中的应用。其他很多是采用模糊的"其他和平方式"来代替。当然，如果没有明确列举，斡旋和调停属于和平解决纠纷的"其他方式"。不过这种立法形式也说明了，相比谈判或协商，甚至下一节将要阐述的调解或调查等

解决方式，斡旋或调停在跨国环境纠纷解决中并不具有特别重要的地位。

虽然在条约中被提及的频率不高，然而，在国际环境保护的实践中，还是有一个非常典型的跨国水资源纠纷是通过斡旋和调停方式解决的。这个案件就是发生在 20 世纪中期南亚两个国家——印度和巴基斯坦——之间的印度河水资源纠纷。鉴于国内对于该纠纷进行介绍的文献资料不是很多，笔者在此对该纠纷的解决尤其是斡旋和调停在其中的关键性功能进行分析。

印度河是位于南亚地区的一条重要河流，源于喜马拉雅山的雪山溶水，有 7 条主要的支流，主要流经印度西北部和巴基斯坦大部地区，小部分流域面积分布在中国西藏地区和阿富汗。自南亚地区文明诞生之后，印度河的主要功能是用于农业灌溉。其间虽然发生过不同地区间因水资源使用造成的小型冲突，但大多通过当地的非正式程序得到了解决。但到了 19 世纪中期后，随着南亚地区各国农业的不断发展，对印度河水资源的需求也在不断增加，这就使得水资源纠纷开始出现。早在 1947 年巴基斯坦建国之前，印度和原巴基斯坦地区就存在水资源纠纷。印巴分立后，因为两国的政治边界穿过印度河流域，客观上加剧了两国的水资源纠纷。这种边界划分使印度成为印度河水系 6 条河流中 5 条河流的上游国，使巴基斯坦成为这 5 条河流的下游国家。印度获得了部分水量丰富的上游源头，而巴基斯坦则成为水量短缺的下游国。① 1947 年后，双方因河水的利用引起的冲突加剧，巴基斯坦国内一度呼吁通过战争解决冲突，但也有人担心战争会导致这一新国家的灭亡，因为在与印度对峙的地区，巴基斯坦一方并不具备战略优势。双方最开始同意通过谈判协商方式解决争议，并在 1948 年 5 月签署了《德里协议》，其主要内容是东旁遮普（印度所有）保证，在没有向其提供足够时间以寻找替代性水源之前，不会突然停止或减少向西旁遮普（巴基斯坦所有）供水。尽管《德里协议》并没有解决双方的根本性矛盾，但其描绘了印巴双方这次水资源争议的大致轮廓，并提供了一份具有暂时约束力的协议。随后的三年，因情况变化导致巴基斯坦在 1950 年开始公开批评《德里协议》忽视巴方利益，并计划将纠纷提交国际法院或联合国安全理事会解决，但印度拒绝第三方参与该争端解

---

① ［苏丹］萨曼·M. A. 萨曼等著：《南亚国际河流的冲突与合作》，胡德胜、许胜晴译，法律出版社 2015 年版，第 41 页。

决，同时坚持应持续履行《德里协议》。①

适逢印度和巴基斯坦双方都在此时向世界银行提出了贷款申请，且申请项目内容与印度河流域相关联，时任世界银行行长的尤金·布莱克决定利用这个契机调停双边的纠纷。作出这个决定后，世界银行立即为纠纷的斡旋开始准备工作，成立了印度河流域工程师小组，并提出了基于技术和工程角度的问题解决预案。最开始，工程师小组打算借鉴美国田纳西河流域的管理经验，抛开历史上的谈判或政治经验的影响，将印度河作为一个整体进行考虑。同时世界银行声明，不会对该纠纷进行裁决，而是希望成为印度和巴基斯坦在该纠纷解决中达成协议的一个有效渠道。这个声明成功打消了印度对第三方参与解决争端的疑虑，表示愿意接受世界银行的斡旋工作。

自 1951 年 11 月至 1954 年 2 月，世界银行对这项因为印度河水资源分配使用的跨国环境纠纷进行了多轮斡旋，包括提出了一系列非正式协议以保证双方在斡旋期间不会减少对另一国实际用水的供应。这些协议是临时性的，也不具有法律效力，但保证了在斡旋尚未结束之前纠纷不至于恶化。在斡旋中，世界银行提出了一项双方联合开发印度河流域水资源的解决方案，但该计划没有得到任何一个当事国的赞同。在 1952 年年底时，世界银行建议印度和巴基斯坦各自提出自己的解决建议。约一年后，两国提交了各自的计划（解决方案），但双方的计划内容差异巨大，无法调和。最终，世界银行吸取了前面工作的经验，创造性地设计出一个定量划分两国之间水资源的建议，条件是每一国不得干涉另一国开发利用印度河流域水资源的计划。工程师小组经过调查研究，提出了印度河 6 条河流可用供水量的大致数据，以此为基础，根据分水公式，在两国之间进行分配。戏剧性的是，这种抛弃了流域概念，反而回到了 19 世纪前的按照"用水量"分配水资源的做法，却得到了印度和巴基斯坦的先后支持。② 1956 年 5 月，世界银行

---

① Aloys Arthur Michel, The Indus Rivers: A Study of the Effect of Partition (New Haven: Yale University Press, 1967), p. 219.

② 虽然这种支持表现得并不明显，但是相比此前世界银行提出的几种方案，印度对这种水量分配提议并没有提出明确反对，至少是支持的；而巴方一开始对此有疑虑，在世界银行考虑了巴方的担忧并承诺设计一个工程系统来替代巴基斯坦对东部河流的使用后，巴基斯坦也接受了修改后的解决方案。

发布了一项备忘录，在原有的替代水工程中增加了蓄水大坝项目，并初步计划建设蓄水大坝的财政渠道通过世界银行的额外融资来解决。最终，1960 年 9 月 19 日，印度和巴基斯坦两国领导人在卡拉奇签订了《印度河条约》，两国间持续了十多年的因水资源开发和利用而引起的这项环境纠纷，终于画上了句号。①

这个案件是国际河流法和国际环境法中跨国水资源纠纷通过斡旋调停方式得以解决的成功案例。纠纷最终得以解决取决于以下几个因素：一是对该纠纷进行斡旋的第三方——世界银行，是一个合适的斡旋者。世界银行是第二次世界大战后成立的全球性金融机构，其职责是为各国（主要是发展中国家）提供有关基础建设设施或项目的中长期贷款。纠纷发生时，纠纷当事国印度和巴基斯坦都在世界银行有贷款需求，这是该案中斡旋者和纠纷当事国之间的特殊关系，这种关系保证了纠纷当事国对斡旋者提议的慎重态度。当然，这种关系有其偶然性，无法复制到所有需要斡旋的跨国纠纷中。二是世界银行对纠纷解决抱有既务实又灵活的态度。跨国纠纷的解决涉及因素方方面面，尤其是跨国环境纠纷，往往和国家领土主权、自然资源主权等权利混杂在一起，容易被各种政治因素干扰，这是跨国环境纠纷不易得到解决的主要原因。在这种背景下，世界银行考虑到印度河对纠纷当事国的重要意义，既不忽视历史上印度河水资源的习惯分配原则，也不排斥当时较新颖的将整个河流体系作为一个整体流域看待的观点（虽然基于流域概念提出的斡旋方案没有被当事国接受），而是积极进行各种尝试，不断调和双方矛盾，拉近原本差异巨大的双方立场。最终以务实的态度，创造性地提出了"水量分配"的解决基调，并辅之以蓄水大坝工程的建设方案，打消双方的最后疑虑，使《印度河条约》得以顺利签订。三是纠纷当事国有解决纠纷的愿望和现实需求。矛盾爆发时，距离印巴分立的政治事件尚不遥远，印度和巴基斯坦都需要在新的现实条件下发展本国经济。如果因为水资源纠纷造成双方交恶甚至宣战，对于任何一方来说都是最不乐意看到的局面。和平解决因印度河河水产生的纠纷，是印巴双方当时面临的共同需求。这也是该纠纷能得到斡旋解决的重要背景条件。

---

①　需要说明的是，针对《印度河条约》中的一些特别条款，其中主要是和纠纷解决密切相关的金融支持条款，除了印度和巴基斯坦，世界银行也是签约方。

虽然斡旋和调停在环境条约的纠纷解决机制中并不是最重要的解决方式，但印巴印度河水资源纠纷通过斡旋成功解决的先例也说明，斡旋或调停在跨国环境纠纷的解决中有巨大的适用空间。该纠纷的解决固然有其时代和条件的偶然性，但谁能保证下一个跨国环境纠纷就不具备其他适合斡旋或调停的有利条件呢？因此，对斡旋或调停这一传统的纠纷解决方式如何在国际环境法中发挥作用，需要学术界进行持续关注和深入研究。

第四节　调查与调解

一、调查

（一）调查的含义和适用范围

调查（Inquiry），又称"查明事实"（fact-finding），一般是指在事实不清的国际争端的解决中，争端当事方同意一个与纠纷无任何关系的调查机构/组织，通过一定方式对争端原因进行调查，以查明是否存在当事方声称的情势，以帮助解决纠纷的争端解决方式。调查是国际争端和平解决的另一种外交方式，最早由1899 年的《和平解决国际争端海牙公约》正式提出，但当时仅作为一种辅助方法存在。经过 1904 年多革滩纠纷后，调查成为国际社会非常关注的一种纠纷解决方式。① 在 1914 年的"布莱恩和平条约"中，调查制度是解决争端的最重要的外交方法。第一次世界大战后的《国际联盟盟约》和第二次世界大战后的《联合国宪章》都规定，可以通过调查和平解决国际争端，调查逐渐被认为是解决国际争端的重要方式。

调查主要适用于因事实不清而导致的国际纠纷。这些纠纷因事实不清导致当

---

① 多革滩事件发生在 1904 年日俄战争期间，俄国的波罗的海舰队在途经北海多革滩时，炮击英国的渔船，造成了几名英国渔民死亡，还有英国船只受损。英国要求俄国赔偿，俄国不同意形成纠纷。双方对纠纷发生的原因各执己见。后来由英、美、俄等五国组成国际调查小组，查明事件是由俄国波罗的海舰队指挥官的错误判断造成的。最终以俄国赔偿英国 6.5 万英镑结束争端。

事方观点不同，所以解决纠纷的首要条件是澄清纠纷的事实原因，一旦纠纷的事实原因真相大白，纠纷基本就得到了解决。所以，调查方法对事实不清的国际纠纷的解决具有重要的价值。

（二）调查的独立性与调查机构的组成

学术界对于调查这种纠纷解决方式的讨论主要集中在两个关键问题上。其中第一个是关于调查是否一种独立的争端解决方式。在调查应用在纠纷解决的初期阶段，一般认为它不具有独立性，仅仅是作为争端解决的其他方式，如谈判、协商、调解、仲裁或司法解决的辅助手段，帮着查明事实，确定责任。在多革滩事件通过一个国际调查小组得以顺利解决后，调查的独立性逐渐开始得到确认。但由于调查的根本性质是发现事实，而发现事实后不可能马上就结束了争端解决过程，还需要进一步通过谈判、协商等程序确定或沟通当事方对解决方案的接受态度，因此，事实上，作为一种争端解决方式，真正独立的调查是不可能存在的。国内的学者们，如梁西教授、曹建明教授、周洪钧教授等在其著作或论文中，大多将调查作为一个单独的部分，或者将调查与调解并列作为一部分，通过这种方式承认调查的独立性。

另一个关于调查的讨论主要是有关调查机构或组织的。对于尚不明朗的事实的查明，主要由纠纷发生后成立的国际调查机构或组织进行。可以说，这种调查机构或组织决定着调查这种争端解决方式的成败。在国际实践中，调查机构的性质一般都是临时设立的，常设性的调查机构，不管是国际调查委员会还是国际调查小组都很少见。而从包括调查方式的国际条约的规定看，一般倾向于向国际调查机构的组织权交由缔约国自己以协议的方式决定。但也有个别例外情况。如国际条约中，只有"布莱恩和平条约"规定了国际调查委员会的组成方式，规定调查委员会应由五名成员组成，其中三名来自第三国的国民，其他两名由纠纷当事国各自推荐一名组成。调查机构在纠纷事实查明后大多会被解散，其提供的解决建议也不具有法律约束力。在19世纪末后，随着国际组织的兴起，也出现了调查机构由国际组织行政首长担任主席或由特定国际组织的行政首长指派特别代表团担任的情况，如在联合国框架内，联合国秘书长就可以担任或指派特别代表团进行国际纠纷的调查。这体现了国际社会的"组织化"对国际纠纷解决机制的影响。

（三）调查与跨国环境纠纷的解决

具体到国际环境保护领域，在跨国环境纠纷的解决方式中，调查的重要性并未体现太多。规定了调查方式作为纠纷解决手段的环境条约主要是关于南极及其环境资源保护的四个条约：1959 年《南极条约》、1980 年《南极海洋生物资源养护公约》、1988 年《南极矿物开采活动管制公约》和 1991 年《关于环境保护的南极条约议定书》。除此之外，还包括 1992 年《东北大西洋海洋环境保护公约》和 1997 年《国际水道非航行利用法公约》。除了最后一个公约，即《国际水道非航行利用法公约》对调查程序有详细的规定之外，其他五个条约即使规定了调查作为缔约方纠纷解决的方式之一，内容也非常概括和简单。而《国际水道非航行利用法公约》规定的调查，一般被认为是强制调查，至少在调查的发起程序上具有强制性。因为该公约规定，纠纷当事方通过列举的和平方式在 6 个月后还不能就纠纷达成协议的，任何一个缔约方有权将纠纷提交实况调查委员会（该公约规定的国际调查机构名称）进行调查，除非当事方另有解决协议;① 条约还规定了调查机构的具体组成和调查工作程序。对于调查结果和调查机构提出的纠纷解决方案，当事方应秉承善意考虑，没有必须接受的强制性义务。在具体的跨国环境纠纷案例中，尚没有通过调查或主要通过调查方式得到解决的先例。

二、调解

（一）调解的含义与特征

调解（Conciliation）是国际争端的另一种外交解决方式，有时也称为"和解"。

---

① 参见《国际水道非航行利用法公约》第 33 条"争端的解决"第（3）、（4）款："3. 在符合第 10 款的运作情况下，如果在提出进行第 2 款所述的谈判的请求 6 个月后，当事一方仍未能通过谈判或第 2 款所述的任何其他办法解决争端，经争端任何一方请求，应按照第 4 款至第 9 款将争端提交公正的实况调查，除非当事各方另有协议。4. 应设立一个实况调查委员会，由每一当事方提名一名成员加上由获提名各成员推选的另一名不具有任何当事方国籍的成员组成，并由后者担任主席。"

对于何为调解，国际法学会有一个界定，认为：调解是一种解决任何性质的国际争端的方法，通过当事方自行设立的常设或临时的委员会解决争端，委员会的职责是应当事方请求，公正调查争端的事实，界定当事方易于接受的解决方案的条件或向当事方提出解决争端的建议。① 由此定义可以看出，调解有如下几个特征：一是调解适用的纠纷或争端范围十分广泛，几乎可以适用于任何类型的争端；二是调解一般需要特定机构或组织主持进行，个人进行的调解按照该定义是不存在的；三是调解的侧重点包括纠纷事实的调查和向当事方提供纠纷解决的提议，所以有学者认为调解是调查方式和调停方式的结合。② 从调解的界定和对其特征的总结来看，调解是一种复合性的外交争端解决方式，在实践中必然存在着与其他方式的结合或兼容，这也会造成对调解的具体程序以及调解的功能的不同理解。

（二）调解的基本程序

调解并无法定或固定的具体步骤，根据国际实践中曾经使用过调解方式的案例经验和国际条约中涉及调解的一些规则，调解一般由以下基本步骤构成：

首先是调解程序的启动。调解程序一般通过两种方式启动：第一种是纠纷产生后，当事方（不管是双方还是多方）都同意采用调解手段解决纠纷，通过订立有关调解的协议，启动调解程序。当然如果当事方之间此前就签订有包含调解在内的双边条约或多边条约，则可以依照条约规定的彼此之间纠纷的解决方式，按照调解程序有序展开。第二种是由纠纷当事方一方启动调解程序。这种启动相比第一种，略微复杂一些。这种调解一般被称为强制调解。因为就调解的产生历史来看，调解是建立在双方或多方都对采用该方式解决纠纷达成合意的前提下，也就是说，调解需要当事方共同同意，任何一个当事方，哪怕是国力强盛的大国，也无权强迫另一方接受以调解解决纠纷的意愿，除非该当事方本身认同。在这种理论基础上形成的调解，即使是在多边条约中，也一般体现了纠纷当事方共同的

---

① 参见国际法学会《国际调解程序规则》（1961年）第1条。转引自［英］梅丽尔斯著：《国际争端解决》（第五版），韩秀丽等译，法律出版社2013年版，第74页。
② 德国国际法学家沃尔夫冈认为，调解是集调查与斡旋于一身的争端解决方式。参见［德］沃尔夫冈·格拉夫·魏智通主编：《国际法》，吴越、毛晓飞译，法律出版社2001年版，第753页。

意愿。但是，在 20 世纪 30 年代，国际社会逐渐出现了强制调解，最开始只是零星出现在一些缔约国不太多的区域性条约中，但后来随着一些多边条约的规定，如 1949 年《日内瓦和平解决国际争端总议定书》的规定，强制调解慢慢浮现。①进入 20 世纪 60 年代后，多边条约中出现了越来越多的关于强制调解的规定。像是 1978 年《关于国家在条约方面的继承的维也纳公约》、1982 年《联合国海洋法公约》等。虽然因为这种调解方式具有一定的强制性，影响到民族国家的主权观念，并导致对调解的外交争端解决方式属性的质疑而备受争议，但不可否认的是，强制调解仍然是调解在国际法领域不断发展的新趋势。

其次是调解机构的组成。跨国纠纷的调解成败与否很大程度上取决于调解机构的能力，因此，调解机构的组成是调解程序的核心程序。在国际实践中，调解机构大多被称为"调解委员会"（有时也称之为"调解小组"），调解委员会一般是由三名或五名委员组成，委员大多是国际法学者、外交家或与纠纷领域有关的技术人员。从国别来看，为公平起见，委员一般由当事方各指定或推荐一名或两名，另一名则由第三国国民担任。这种调解委员会的组成方式和仲裁庭的组成有些类似，最早起源于 1907 年《海牙和平解决国际争端公约》规定的做法。3 ~ 5 名委员组成的调解机构进行调解，既可以对纠纷进行专业性讨论，避免仓促对纠纷作出决定；也可以保证一定的公平和意见集中，避免当事方对调解程序的质疑和指责。当然，在个别案例中，也出现过单人调解的情形，但是因为单人调解容易和调停混淆，也容易因一人作出最终的调解决定而导致当事方对调解决定公平性的怀疑，这种由一人充当调解者的现象基本绝迹。

最后是调解的具体过程和形成调解结论。调解的具体流程和国际仲裁的程序有相似性，可以是由口头程序与书面程序共同组成。但是，不同于仲裁的是，国际条约通常授权调解机构自己决定工作方法和步骤。因为调解往往还需要进行调查，所以调解机构往往还需要召集和听取有关证人或专家的意见，甚至到当事国进行实地调查（在得到当事国同意的前提下）。调查阶段结束后，调解机构会听

---

① 参见 1949 年《日内瓦和平解决国际争端总议定书》关于强制调解的规定："两个或两个以上缔约国的各种争端，凡不能以外交方法解决者，除了依第 39 条的规定作出保留者以外，均应依本章所规定的条件，提交调解程序。"

取当事方的观点，提出和平解决纠纷的建议。有些条约为了避免调解程序拖沓冗长，还规定了调解的时效。① 在调解程序的最后，调解委员会通常会提出无法律约束力的调解建议或结论供纠纷当事方考虑。当事国可以考虑接受调解建议，和平解决争端；当然当事国也可以不接受调解结论。国际法上有个别条约创设了一种特殊的"调解程序"，即调解委员会的调解建议是具有法律强制力的。② 但是很多学者否定这种程序是真正意义上的调解。

（三）调解与跨国环境纠纷的解决

在国际社会近些年通过的有关环境资源保护的多边环境条约中，有不少规定了通过调解方式解决缔约国之间因为环境条约的履行或遵守而产生的纠纷，这种纠纷说明了传统的调解方式在跨国环境纠纷的解决中仍然具有重要地位。需要说明的是，大多数环境条约是将调解与其他和平解决争端的方式共同作为纠纷解决方式一同适用的，也就是并列适用。如在 1985 年《保护臭氧层维也纳公约》规定，如果因为公约的解释或者条款适用而引起争议，当事方必须首先通过谈判解决争议。如果谈判没有取得成效，则双方可以共同寻求通过第三方的斡旋或者调停来解决争议。为了解决没有达成一致意见的纠纷，当事国可以进一步宣告，它们接受国际仲裁或者国际法院的管辖。最后，如果当事方已经接受了互不相同的解决程序，或者各个当事方不接受任何解决程序，则各当事方有义务将争端提交调解，除非当事方能够同意使用其他争端解决方法。除此以外，《保护臭氧层维也纳公约》还对调解程序的调解委员会的设立和组成做了规定，虽然这种规定很简单，但是已经包含了调解委员会组成的基本要素。

除了《保护臭氧层维也纳公约》，其他环境条约也有关于调解解决环境纠纷的规定。例如，1992 年《生物多样性公约》、1992 年《联合国气候变化框架公约》和 1994 年《防治荒漠化公约》等。其中《生物多样性公约》是以"条约－

---

① 可参见 1949 年《日内瓦和平解决国际争端总议定书》的规定："除非当事国各方另有约定外，调解委员会的工作应于委员会受理争端之日起六个月内结束。"

② 这种特殊的调解可参见 1981 年《建立东加勒比海国家组织条约》第 14 条规定："成员国同意接受调解程序作为有法律约束力的程序。调解委员会在解决争端中的任何决定或者建议对成员国应是终局的和有法律约束力的。"

附件"的形式规定的调解程序，另外两个条约是通过条约的缔约方会议（COP）协议的方式规定的。在调解的具体方式和时间上，气候变化公约和防治荒漠化公约都规定，纠纷发生后，在当事方通知对方存在争端之日起 12 个月后就启动调解程序。而生物多样性公约和《保护臭氧层维也纳公约》则对调解启动的时效没有做具体规定，但明确要求，如果纠纷没有通过其他解决方式得到解决，则必须要通过调解解决纠纷。后两个公约可以理解为是强制调解，虽然这种调解方法达成的纠纷解决建议不具有法律约束力。

　　另一个需要提及的环境条约是 1997 年《国际水道非航行利用法公约》。该公约规定了独特的争端解决机制。在公约第 32 条规定了不歧视当事方利用国内救济方法解决纠纷后，公约在第 33 条详细列举了包括谈判、协商、调查（与调解相结合）及其他方法在内的纠纷解决方法，同时还提到了这些方法的适用顺序。纠纷发生后，首先可以采用谈判方法解决争议，而后可采用其他方法。如果有现实需要，任何纠纷当事方都可以提起强制性的实况调查程序。这种实况调查程序由三人组成的委员会进行，当事方各任命一人，另一人来自第三方国民并担任委员会主席。调查结论是没有约束力的报告，且该报告及其附带的理由的调查结果列入"看起来有利于公平解决争端的建议"，当事方应当"善意"考虑该建议。① 由此可见，《国际水道非航行利用法公约》规定的纠纷解决程序中，名义上是调查程序，且机构名称是"实况调查委员会"，但该三人委员会的实质功能和调解程序中的调解委员会职能并无太大差别，笔者认为也应属于调解程序。②

----

　　① 参见 1997 年《国际水道非航行利用法公约》第 33 条"争端的解决"第 10 款的规定："10. 不是区域经济一体化组织的缔约方在批准、接受、核准或加入本公约时，或在其后任何时间，可向保存人提交书面文件声明，对未能根据第 2 款解决的任何争端，它承认下列义务在与接受同样义务的任何缔约方的关系上依事实具有强制性，而且无须特别协议：（a）将争端提交国际法院；和（或）（b）按照本公约附录规定的程序（除非争端各方另有协议），设立和运作的仲裁法庭进行仲裁。"

　　② 参见 1997 年《国际水道非航行利用法公约》第 33 条"争端的解决"第 3、4 款的规定："3. 在符合第 10 款的运作情况下，如果在提出进行第 2 款所述的谈判的请求 6 个月后，当事一方仍未能通过谈判或第 2 款所述的任何其他办法解决争端，经争端任何一方请求，应按照第 4 款至第 9 款将争端提交公正的实况调查，除非当事各方另有协议。4. 应设立一个实况调查委员会，由每一当事方提名一名成员加上由获提名各成员推选的另一名不具有任何当事方国籍的成员组成，并有后者担任主席。"

然而，该公约的争端解决机制一直备受诟病，其中引起批评的主要原因就是其争端解决机制的过分强制化。虽然国际纠纷解决的强制性一直有加强的趋势，但是如果忽视传统外交解决方法的灵活性，一味强调纠纷解决机制的强制性，会被视为是对国家主权的侵蚀，引起国际社会各国的反对，降低条约的缔约国数目，最终也不利于国际法的发展和国际社会的和平稳定。

除此之外，在 1982 年《联合国海洋法公约》中，也有不少关于调解的规定。但是，鉴于《联合国海洋法公约》纠纷解决机制在跨国环境纠纷解决中的重要性，本书将在后面章节专门分析和阐述，对于其调解程序也将在该章节中作为《联合国海洋法公约》纠纷解决机制的一部分进行论述。

第四章　跨国环境纠纷的法律解决

第一节　法律解决方式概述

跨国纠纷的法律解决，就其含义来说，是相对于跨国纠纷的外交解决或政治解决方式而言的，一般是指通过仲裁或司法（近些年一些条约开始出现准司法方式）判决来解决当事方之间的争议或矛盾的方法。在跨国纠纷尤其是国际纠纷的解决中，法律解决方式是非常重要的环节。通过法律方式解决纠纷，是国际法规定的和平解决国际争端基本原则的内容之一，也是国际法尤其是国际条约的重要功能之一。

法律方法解决纠纷具有以下几个方面的特点：

首先，在适用范围上，法律方法解决跨国性纠纷，主要是法律性质的纠纷或混合型纠纷。这些纠纷的起因很多是因当事方之间在法律权利或义务上发生了冲突而造成，应用以国际法为主的法律方法进行解决，要比外交方式更为适当。

其次，在纠纷解决适用的依据上，顾名思义，法律方式主要应用的是法律规则，而不是国际道德或国际礼仪、社会习俗等。具体来说，主要是国际法规则，包括国际条约、国际惯例及国际法上的一般法律原则、基本原则等，也会借鉴包括国际法上的一些经典判例、重要国际组织的会议决议等在内的规范性文件。在国际法的历史上，一些纠纷的解决有时会参考某些国内法的做法，但并不构成规律性做法。

再次，法律方法解决纠纷，离不开相对完善的机构。这一点不同于外交解决方式。无论是仲裁还是司法解决，都会有仲裁机构或法院或法庭等临时性或常设性国际机构根据法定程序，按照既定规则解决纠纷。而在外交解决方式中，有时根本无须机构参与，如谈判与协商；有时就算有机构参与，如调查或调解，这些机构也都是临时设立，没有完善的工作程序与组织规则，无法与仲裁庭或国际司法机构相比。

最后，法律方式解决纠纷，一般是终局性的，且其决定具有法律约束力，当事方应当遵从。这是法律方式与外交解决方式的最大不同之处，也是法律方式的最大优点。虽然受到国际法"软法"性质的局限，法律方式解决跨国纠纷的强制性还存在许多不完善之处，但与外交方式相比，已经是刚性较强的争端解决方式了。

除此之外，法律方式解决跨国纠纷一般是当事方在纠纷解决过程中的最后选择，无论结果如何，当事国在其纠纷经过法律程序解决后，一般都不会再诉诸其他争端解决方式。一些国际条约在纠纷解决机制中规定了外交解决方式应成为法律解决方式的前置程序，即纠纷发生后，当事方应首先选择谈判、协商、斡旋、调停、调查、调解等外交方式进行解决，在这些方式失败后或失败后特定时间，方可以选择法律方式解决其纠纷。但是，也有一些条约，并没有强调这种不同纠纷解决方式适用的先后顺序，而是由当事方通过协商确定选择何种方式解决纠纷，如《国际水道非航行利用法公约》的争端解决机制。

国际社会已经设立了包括常设仲裁法院、国际法院、国际海洋法法庭等机构，通过法律方式解决国际法主体间产生的纠纷。这些机构的一些章程性条约也会规定受理纠纷的基本规则和所适用的法律等。一些国际法主体，主要是主权国家，在加入相关的多边条约时会对这些仲裁机构或司法机构的管辖规则作出说明或声明，一旦发生约定的纠纷，就可以根据选择合适的机构通过法律方式解决纠纷。如联合国框架下的国际法院，就有《国际法院规约》，全面规定了国际法院在解决国际争端方面的管辖权、程序、判决及其执行等问题；《联合国海洋法公约》则在第十五部分详细规定了包括国际海洋法法庭在内的机构受理有关海洋权益纠纷的各种规则。这些都是通过国际条约的形式对法律方式解决国际纠纷作出的明确规定，相比外交方式，更明确，更清晰，减少了不确定性和随意性，体现了国际法在和平解决国际争端方面程序立法的威力，增强了国际法的权威性。当然，这些规定目前还远未臻于完善，也带来了管辖权竞合等方面的问题，后文会进行具体分析。

第二节 国 际 仲 裁

一、国际仲裁的含义与历史演进

无论在国内法还是国际法中，仲裁都是化解纠纷的一种重要法律手段。一般来说，仲裁是指在纠纷或争议发生后，当事方根据协议或约定（仲裁协议），将其纠纷提交第三方的法定机构（仲裁机构），由该机构对其纠纷进行裁决，并承认裁决的法律约束力的争端解决方式。对于国际仲裁而言，与国内法的仲裁有几点区别：一是其纠纷主体往往具有涉外性，或纠纷本身具有跨国性；二是仲裁机构的组成不同，仲裁员的选任与国内法中也不同，仲裁员往往具有不同国籍和背景；三是仲裁依据和适用的法律均不同，国际仲裁的依据是仲裁协议或当事方缔结的条约中的仲裁条款，适用法律一般是国际法。

人类社会采用仲裁解决纠纷具有漫长久远的历史，根据史料考证，早在公元前5世纪的古罗马时期，斯巴达和阿尔戈斯之间的条约就规定，如果在伯罗奔尼撒城邦或其他城邦国家之间产生分歧，应当通过仲裁解决；如果在已经结成盟约的城邦之间，无法达成协定，则应当将纠纷交由共同选择的一个中立城邦国家来裁决。① 在古希腊，如果当时的城市国家之间发生纠纷，一般会将纠纷交给共同同意的友好城市国家出面裁决。在中世纪，佛罗伦萨等城市国家之间都曾采用仲裁方式解决过有关边界冲突、交换战俘、因战争而导致的赔偿等纠纷。因为宗教在中世纪的庞大影响，当时欧洲的很多纠纷，都由教皇参与仲裁进行解决。

不过，学术界认为，严格意义上的现代仲裁，应当是主权国家出现后才真正形成的，古代和中世纪的仲裁与现代意义上的仲裁并不完全一致。通说认为，近代意义上的国际仲裁源于1794年英国和美国之间缔结的《杰伊条约》。该条约的主要内容是要解决两国之间在边界划分、国民归属及战争赔偿等方面的争端，这

---

① Srecko Lucky Vidmar, Compulsory Inter-state Arbitration of Territorial Disputes, Denver Journal of International Law and Policy, 2002, Vol. 31, p. 90.

些争端应被呈送给混合委员会通过仲裁方式决定。根据《杰伊条约》，设立了三个混合委员会，分别受理英美边界纠纷、英国债权人对美国提出的赔偿请求纠纷和美国公民因在英国海战中遭受损害而对英国提出的赔偿请求纠纷。虽然《杰伊条约》在当时的美国国内造成了轩然大波，主导谈判的杰伊大法官被指责为叛国者，连当时的总统华盛顿也受到了波及，但是，将视角转换到今天，该条约在仲裁领域的成就是无法取代的。《杰伊条约》创造性地设立了仲裁委员会，标志着现代仲裁的开端。自那时起，国际仲裁开始成为解决国际争端的重要方式。

在 19 世纪末期和 20 世纪初期，国际仲裁迎来了又一次的重大发展契机。1899 年和 1907 年在荷兰海牙召开了两次世界范围内的和平会议，其会议成果分别是 1899 年《海牙和平解决国际争端公约》和 1907 年《海牙和平解决国际争端公约》，在"海牙两公约"中，国际仲裁作为解决国际纠纷的重要手段，其程序规则和组织规则都得到了进一步确认。1900 年，国际社会设立了常设仲裁法院，仲裁机构开始以类似于常设司法机构的组织形式出现在国际舞台，避免了过往历史中在国际纠纷发生后方才开始组建临时性仲裁庭的局限性，巩固了国际仲裁的地位。进入 20 世纪后，国际仲裁出现在更多的双边条约和多边条约的谈判内容中，并作为解决缔约方之间可能会出现的纠纷的方式方法，体现在正式的约文内容中。其中，代表性的国际条约包括：1919 年《国际联盟盟约》、1928 年《和平解决国际争端总议定书》、1945 年《联合国宪章》等，都规定了国际仲裁作为国际争端解决的重要方法。据国内学者的统计，截至 1939 年，在国际联盟秘书处登记的包含有仲裁的双边条约有 250 项之多。① 在联合国成立后，联合国也致力于进一步规范国际仲裁的相关程序和组织规则。在 1958 年，联合国国际法委员会制定了一项关于国际仲裁的条约草案——《仲裁程序示范规则草案》，其中为仲裁的基本规则和问题勾勒出了相对完整的框架。至此，可以认为，国际仲裁已经成为跨国纠纷解决的重要法律方式，其地位也得到了国际社会的普遍认可。

二、国际仲裁的依据

仲裁是建立在自愿管辖基础上的一种法律解决方式，也就是说，若是想通过

---

① 陈致中：《国际仲裁在解决国际争端中的作用》，载《中山大学学报》1986 年第 1 期，第 28 页。

仲裁解决当事方之间的纠纷，需要当事方的同意或一定的合意。通过国际仲裁的方式解决纠纷，当事方之间应当有进行仲裁的法律依据。这个依据在仲裁法上被称为仲裁协议。仲裁协议，简而言之，就是为了解决纠纷，当事方之间约定通过仲裁的方式和平解决争议或矛盾的书面依据。仲裁协议是进行国际仲裁的前提条件，也是国际仲裁合法性的重要评价标准。根据种类的不同，仲裁协议可分为仲裁条约（或仲裁协定）和仲裁条款两种形式。

第一种是仲裁条约，有时也称之为仲裁协定。为了预防与解决纠纷，当事方在纠纷发生之前，就通过订立条约或协定，规定将通过仲裁的方式解决与对方发生的争端或纠纷，这就是仲裁条约或仲裁协定。因为是为了解决纠纷而专门制定的仲裁协定，因此，这种仲裁协议的内容往往非常具体和全面，通常会包括当事方对于仲裁方式解决可能出现的纠纷的各个方面的规则：仲裁事项范围、仲裁庭如何组成、仲裁适用的法律、仲裁的具体程序和步骤、仲裁地点选择、仲裁的费用、仲裁裁决的承认与执行、当事方在仲裁过程中的具体权利和义务等。专门的仲裁条约或仲裁协定作为仲裁依据，具有明显优势：能够在一定程度上预防纠纷；即使真正发生纠纷了，也不用仓促讨论解决途径，而是有条不紊地依照仲裁条约或协定的内容进行仲裁；事先约定的仲裁事项和程序较为完善，有助于高效和公平地解决纠纷；当事方对仲裁裁决的接受程度也相对较高，能够提高纠纷解决的执行力等。

第二种是仲裁条款。仲裁条款是指当事方之间没有专门的有关纠纷进行仲裁的条约或协定，而是在有关的条约中加入通过仲裁方式解决纠纷的内容，作为双方或多方对于可能产生纠纷将通过仲裁解决的合意，从而成为采用仲裁方式解决争议的法律依据。国际法上承认仲裁条款的效力，只要载有仲裁条款的国际条约是合法有效的即可。不过，与仲裁条约或仲裁协定相比，仲裁条款在内容的详细及全面程度上要略逊一筹。一般限于条约的结构或约文数量，仲裁条款大多只对仲裁的主要事项，如仲裁事项范围、仲裁庭的组成、主要程序等作出原则性规定。因此，为了顺利解决当事方的纠纷，往往还需要通过条约附件的形式规定仲裁协议的其他内容，或者在纠纷发生后，当事方之间签署特别协议，对仲裁条款中没有提及的具体问题进行约定。

三、国际仲裁的基本规则

(一) 仲裁庭的组成

仲裁的一大特点是当事方可以选择仲裁员组成仲裁庭，来裁决其案件。这是仲裁不同于司法方式的重要特征，也是仲裁制度的重要内容。一般来说，国际仲裁的仲裁庭通常由五名仲裁员组成，也有三名仲裁员组成的仲裁庭，很少出现一人仲裁的情形。在五名或三名仲裁员组成的仲裁庭中，纠纷当事国可以分别指定两名或一名仲裁员，最后一名则由纠纷当事国共同指定或由已经选任的仲裁员共同指派。仲裁庭的庭长一般由该名共同指定或共同指派的仲裁员担任。仲裁庭具有相对稳定性，一旦组建完成，在最终裁决作出之前，应保持不变。当然，如果因为仲裁员死亡、辞职或被解职等出现仲裁员职位空缺时，要按照原来的指定程序重新指派仲裁员，填补空缺。仲裁员大多由经验丰富、学识渊博的国际法专家学者担任，也不排除律师或案件所需的技术专家担任仲裁员。尤其是在一些新型的跨国纠纷，如在跨国环境纠纷中，因为这类纠纷通常具有专业技术特点，现实中有时会邀请具有环境保护等领域专长的技术人才担任仲裁员。

(二) 仲裁的事项范围

不同于国内仲裁或民商事仲裁，国际仲裁的事项范围一般是适合通过仲裁解决的国际争端或涉外性质的纠纷。结合国际仲裁的案例实践，可以对国际仲裁的事项范围作出如下大致总结：一类是有关国际条约解释或适用的争端，它们大多属于法律性质的争端，可以提交国际仲裁；还有一类是当事方认为可以提交仲裁的其他争端或纠纷。这一类事项范围很广泛，一般认为，除涉及国家主权等重大利益、国家或民族独立、国家荣誉或第三国的利益、本质上属于一国国内管辖事项等不宜通过仲裁解决的事项外，其他争端或纠纷在当事方同意的条件下，均可通过仲裁解决。

(三) 仲裁适用的法律

仲裁适用的法律主要由申请仲裁的当事方通过仲裁协议来约定，具有自主选择的特点。与一般国内法的仲裁不同，国际仲裁适用的法律规则主要是国际法，包括一般性国际法原则、国际条约等，但是也不排除有时会适用国内法。在有关跨国大气污染的防治方面，20 世纪初期发生在美国和加拿大之间的"特雷尔冶炼厂仲裁案"适用的主要是当时美国国内有关空气污染的法律和习惯法，以及少部分国际法和国际惯例。也有一些仲裁条款或仲裁条约，为了给予纠纷当事方充分的自由选择权，不对仲裁适用的法律或规则作出明确规定，而是交由它们通过约定的方式选择适用法律。有时仲裁协议也会规定，当事方如果没有就仲裁适用的法律作出约定，仲裁庭可以依据"公允""善良"等原则进行裁判。[1]

（四）仲裁裁决的效力

国际仲裁的裁决通常是书面的，在仲裁庭审理（这种审理通常是不公开的）后，由仲裁员按照多数意见作出，经过仲裁庭庭长签字确认，注明作出裁决的具体时间后，告知申请仲裁的纠纷当事方。国际仲裁一般允许仲裁员对仲裁裁决附有单独意见或不同意见。仲裁裁决是终局的，一经正式宣告并通知纠纷当事方即开始生效。[2] 仲裁裁决对当事方具有法律约束力，纠纷当事方应善意地诚实遵守和执行仲裁裁决。这是国际仲裁区别于外交解决方式的最大不同之处。

是否仲裁裁决一经作出，就无法更改，必须得到履行？仲裁裁决是否会因为存在某些瑕疵而导致失效？《仲裁程序示范规则草案》对此的回答是否定的。该

---

[1]　参见 1958 年联合国国际法委员会制定的《仲裁程序示范规则草案》第 10 条规定："在当事双方之间对于适用的法律没有任何协议的情况下，法庭应适用：1. 不论普通或特别国际协约，确认诉讼当事国明白承认之规条者；2. 国际习惯，作为通例之证明而经接受为法律者；3. 一般法律原则，为文明各国所承认者；4. 司法判例及各国权威最高之公法学家学说、作为确定法律原则之补充资料者。如果当事双方之间的协定有规定，法庭也可以按公允及善良原则作出裁判。"此处关于仲裁适用法律的规定与《国际法院规约》关于国际法院裁判适用的法律具有相似性。

[2]　对于仲裁裁决是否终局的，国际法学者们也存在争议。如英国的梅丽尔斯认为，仲裁裁决是有约束力的，但不一定是终局的。它可以因当事方采取的进一步程序而被解释、修改、纠正、上诉或者无效。这些程序是否被允许，如果允许的话，新的案子是否可以由原来的仲裁庭审理，还是需要交由其他新的机构审理，比如国际法院，部分取决于一般国际法，但是主要取决于仲裁协议的条款如何规定。参见 ［英］梅丽尔斯著：《国际争端解决》（第五版），韩秀丽等译，法律出版社 2013 年版，第 128 页。

仲裁示范性规则列举了几种仲裁裁决失效的情形：一是仲裁庭越权仲裁。仲裁庭必须严格按照仲裁协议的规定，正确行使当事方授予其的纠纷裁决权，超越权限作出裁决会导致仲裁裁决失效。这是国际仲裁中裁决失效的最主要原因。二是仲裁员有受贿行为。无论是国内法上的仲裁，还是国际仲裁，仲裁员的选任都有一定标准，一般要求仲裁员应品格高尚，秉持正义原则进行判断。如果仲裁员有受贿行为，就是严重违反仲裁协议的约定，当事方可以对其作出的裁决提出质疑，甚至导致裁决无效。三是严重违反仲裁程序。在法律中，程序正义的重要性丝毫不亚于实体正义，程序正义是保证实体正义的有效工具。仲裁程序一般规定在仲裁条款中，或者由申请仲裁的当事方通过约定明确。如果仲裁过程严重偏离了基本的程序规则，如，当事方在公平出席仲裁庭的机会上存在严重失衡，会导致仲裁裁决失效。最后一种是仲裁协议无效。仲裁协议是进行国际仲裁的法律依据，也是纠纷发生后通过仲裁方式解决的前提和基础。仲裁协议在形式上一般要求是书面的，包括专门的仲裁条约或仲裁协定；在内容上通常是当事方真实意愿的体现，不能因受欺骗、胁迫等原因而签订仲裁协议。如果仲裁协议无法真正反映当事方的意愿，就完全背离了国际仲裁的宗旨和原则。在此基础上作出的仲裁裁决，对当事国当然没有法律约束力，完全可以被认定为无效。

四、跨国环境纠纷与国际仲裁

在国际环境保护领域，仲裁是很重要的纠纷解决手段。在当今环境保护领域使用频率较高的五十多项环境条约中，有接近四分之三都规定了纠纷解决条款，其中绝大部分规定了仲裁解决环境纠纷的手段。国际环境保护领域的仲裁制度，不仅数量多，而且具有一定的创新性。据考察，在三十三项环境条约中，有二十六项多边环境条约附有专门规定仲裁解决纠纷的附件；其他七项虽然没有专门的仲裁附件，但大多在条约中列入了非常详细的关于仲裁的条款。① 这些专门的仲裁条款附件及条约中的详细规定，有一些形成了在环境保护领域利用仲裁解决争

---

① 直接在条约中列入仲裁条款的多边环境条约主要有：1979 年《欧洲野生动物和自然环境保护公约》、1992 年《东北大西洋海洋环境保护公约》、1994 年《防止野生植物非法贸易的共同措施协定》等。转引自朱鹏飞著：《国际环境争端解决机制研究》，法律出版社 2011 年版，第 143 页。

端的独具特点的做法，被视为是国际仲裁在跨国环境纠纷解决中的新发展。

仲裁方式之所以不约而同成为众多环境条约青睐的纠纷解决方式是有其原因的。仲裁方式与外交解决方式相比，其裁决具有约束力，对于纠纷当事方来说，选择仲裁意味着纠纷得到根本性解决的可能性大大提高，其执行预期也随之提高。许多环境纠纷，尤其是跨国环境污染事故造成的纠纷，纠纷的责任追究及后续的赔偿事宜等都可以通过法律程序慢慢进行，但是对于环境污染造成的事故却需要迅速和得力地处理，否则会造成污染的进一步扩散或恶化，甚至引起二次污染。仲裁的这种特点能够适应环境问题治理的这种属性，因此在国际环境保护领域得到了应用。

相比司法解决纠纷的方式，仲裁可以赋予纠纷当事方更多的自主选择权，如在仲裁庭的组成中，纠纷当事方可以选择或推荐己方信任的仲裁员。不同于其他传统意义上的跨国纠纷或国际争端，跨国环境纠纷裁决中的一大难题是需要有技术方面的专家参与，尤其是资源保护、生物多样性、环境污染、海洋工程等领域的专家能够在环境纠纷的关键问题上提供专业技术意见。这样背景的仲裁员有时无法在以法学家和律师为主的仲裁员名单中寻找到，需要纠纷当事方自己进行推荐，而仲裁方式就为解决这一问题提供了制度上的可行性，这是司法解决无法比拟的。当然，部分环境条约已经清醒认识到解决跨国环境纠纷的仲裁员的知识背景的特殊要求，已经对此作出了对应规定。如1997年《京都议定书》在其纠纷解决条款中，就提出了设立技术类专家咨询小组，为《京都议定书》在履行过程中因条约适用或解释而产生的纠纷提供指导性建议。

需要注意的是，在环境保护纠纷的解决规则中，仲裁方式的应用出现了"强制仲裁"或"准强制仲裁"的趋势。如在1994年《防止野生植物非法贸易的共同措施协定》中，规定有：缔约方不能解决的争端，应当提交仲裁机构。1969年《国际干预公海油污事故公约》、1991年《禁止进口危险废物和控制其在非洲越境转移的巴马科公约》等也有类似规定，缔约方如果在一定期限内没有通过其他方式解决纠纷，就应当按照条约或条约所附的仲裁附件的规定提交仲裁解决。这种情形也不需要纠纷当事方另行订立仲裁协议等，可以直接按照条约规定进入仲裁程序。这无疑属于强制仲裁。另外，还有一些条约，如1983年《大加勒比地区海洋保护和开发公约》规定，缔约国之间就本公约或其任何议定书的解释或适用发生争端时，有关缔约国应通过谈判或以它们自行选定的任何其他方式解决争端；如果相关缔约国不能通过前款规定的方式解决争端，则各缔约国应达成协议依照附件仲裁的规定将争端提交仲裁，除非公约的其他议定书有不同规定。①在这些环境条约框架下，缔约国被赋予了通过其他方式，如谈判协商、斡旋调停等外交方式解决纠纷的权利，但是如果不能奏效，则要达成仲裁协议，将纠纷提交仲裁。这也是具有一定强制性的仲裁，但是，和前述《防止野生植物非法贸易的共同措施协定》的仲裁条款不同的是，纠纷当事方可以有一定选择权，如果想避免仲裁程序，当事方可以采用"无法达成仲裁协议"的方法进行规避。

也有一些环境条约将仲裁方式与其他纠纷解决方式并列，共同作为纠纷发生后当事方的救济途径选项。但是一旦选择了仲裁，就成为环境纠纷的强制性解决办法。不同于前述"强制仲裁"的做法，这种选择需要纠纷当事方达成合意才具有强制性。如果纠纷发生后，一当事方作出了选择仲裁解决的声明，另一当事方也作出了同样选择，那么仲裁方式就在当事方双方的纠纷中成为强制性解决办法。如果双方都不选择仲裁或只有一方选择仲裁，则不适应仲裁方式解决纠纷。如1992年《生物多样性公约》、1991年《关于环境保护的南极条约议定书》、1994年《为保护和可持续利用多瑙河进行合作的公约》、1989年《控制危险废物越境转移及其处置的巴塞尔公约》、1985年《保护臭氧层维也纳公约》等关于纠纷解决的规定中，都有类似的条款。②

这些可适用于跨国环境纠纷解决的仲裁条款，具有不同程度的强制性特点。这些规定是否与仲裁在管辖上的自愿性不相一致？是否影响到了国家主权尤其是国家自然资源主权的行使呢？从条约法的角度可对其进行分析。国际条约是国际

① 类似的环境条约还包括：1972年《防止倾倒废物及其他物质污染海洋公约》、1980年《南极海洋生物资源养护公约》、1986年《南太平洋地区自然资源和环境保护公约》等。

② 如1985年《保护臭氧层维也纳公约》第11条"争端的解决"第1、2、3款的规定："1. 若缔约国之间在本公约的解释或适用方面发生争端时，有关的缔约国应以谈判方式谋求解决。2. 如果有关的缔约国无法以谈判方式达成协议，它们可以联合寻求第三方进行斡旋或邀请第三方出面调停。3. 在批准、接受、核准或加入本公约或其后任何时候，缔约国或区域经济一体化组织可书面向保存国声明，就未根据上述第1款或第2款解决的争端来说，它接受下列一种或两种争端解决办法为强制性办法：（1）根据缔约国会议首届会议通过的程序进行仲裁；（2）将争端提交国际法院。"

法主体，其中主要是国家，为了某种特定目的达成的有关国际权利和国际义务的书面协定。可以说，条约的本质是国家之间的契约；多边环境条约是国家之间为了保护地球环境资源而达成的彼此间的契约。这些仲裁条款是基于一个一个的多边环境条约而存在的，其适用于否，取决于国家对该条约的态度。如果一个国家选择加入或核准某项环境条约，对于其中包含的带有一定强制性的仲裁条款应当也有充分认识。条约法上允许国家在加入条约时提出保留，在理论上国家也可以通过条约保留选择是否接受强制仲裁，这也是对缔约国国家主权包括自然资源主权的尊重。① 条约的实施尤其是强制实施一直是国际法学的一大难题，对于国际环境法来说，其实施也是理论和实践中的一大困难。多边环境条约在事关全人类的重大共同利益——全球环境保护——问题上，尝试进行加强仲裁方式实施效果的探索，是值得肯定的。

第三节　司法/准司法方式

一、跨国纠纷司法解决的含义及其历史演进

在跨国纠纷的处理过程中，通过司法方式或准司法方式查明纠纷事实、分清当事方责任，从而解决纠纷，也是纠纷当事方的一种选择。跨国纠纷的司法解决，概括地说，是指在尊重当事方意愿的基础上，将纠纷提交给常设国际司法机构，由司法机构按照法定程序，依据国际法作出对当事方有法律约束力的裁判过程。它属于跨国纠纷法律解决方法的一种，通常和国际仲裁并称为法律解决方式。但是，司法方式也具有一些不同于国际仲裁的特征。和前者相比，司法方式的法定化色彩更浓重，纠纷解决机构通常是常设性的而非临时设立，其判决或裁定在国际社会的影响力也相对更大。

通过司法方式解决纠纷具有悠久历史，人类社会很早以前就开始依靠司法手段定纷止争。例如，早在公元前 17 世纪，古巴比伦的《汉谟拉比法典》就记载

---

① 近些年来，一部分国际条约为了条约的完整性和实施效果，在条约中规定不允许保留。

有通过法律裁判方式解决纠纷或争议的文字。在古罗马时期，法律体系虽然没有现代社会完整和全面，但是，这并不妨碍司法手段成为罗马市民之间解决矛盾和纠纷的常用手段。虽然欧洲在中世纪时期，因宗教力量的影响，世俗社会的法律进程停滞不前，但以宗教法规为代表的法律法条依然在纠纷解决中发挥着重要作用。在19世纪末期，通过司法审判解决国际争端开始成为一股潮流。1900年，依照第一次海牙和平会议的决定，国际社会成立了常设仲裁法院。当然，常设仲裁法院并不是今天真正意义上的法院，它其实更接近于一个仲裁机构，它可以为选择仲裁方式的纠纷当事方提供有资格的仲裁员名单。然而，当时的常设仲裁法院在程序和适用法律上还存在一些瑕疵，有学者认为它不能被视为真正的国际司法机构。国际社会希望建立一个真正的国际司法机构的设想是在第一次世界大战后才得以实现。在1919年，根据第一次世界大战结束后召开的和平会议——《巴黎和平会议》的决议，人类历史上第一个全球性、政治性的国际组织——国际联盟成立了。根据其章程性文件《国际联盟盟约》第14条的规定和授权，国际联盟行政院在1920年12月通过了《国际常设法院规约》，根据此协定，国际常设法院终于于1922年2月15日在荷兰海牙正式成立。这是人类历史上具有里程碑意义的大事，因为国际常设法院是人类历史上第一个真正意义的国际司法机构。虽然在实践中因为多种现实因素的制约，加上第二次世界大战突然爆发，国际常设法院在存续了二十多年后就不复存在，但其解决国际争端案件的实践为后续的国际法院积累了宝贵的经验和教训。[1]在第二次世界大战结束后，伴随联合国这个普遍性国际组织在国际舞台上出现，国际法院也在国际常设法院的基础上成立。学术界一般认为，国际法院与国际常设法院的关系是一种国际组织的继承关系。但从条约法方面的实证考察来看，国际法院及其规约与联合国和《联合国宪章》的关系要比国际常设法院与国际联盟的关系更加紧密，因为根据《联合国宪章》的规定，《国际法院规约》是其不可分割的一部分。由于联合国的国际影响力更强，会员国数目更多，国际法院在国际社会的影响力也要比国际常设法院

---

① 据统计，国际常设法院在存续期间，供受理案件66件，其中诉讼案件38件，咨询案件28件，法院发表判决书32件，发表咨询意见书27件，在法院外调解案件12件，平均每年处理案件4件左右。参见陈世材：《国际法院的透视》，中国友谊出版公司1984年版，第4页。

更加深远。

在此后的几十年里，国际法院一直担当着国际纠纷主要解决机构的重任，它作出过不少案件判决，并就有关的咨询案件作出了很多回复意见，这些都对国际法的发展起着举足轻重的推动作用。然而，在20世纪80年代后，国际法领域出现了一个令人瞩目的现象：司法或具有准司法性质的国际组织或区域组织越来越多，国际纠纷的解决也呈现出较明显的司法化倾向。甚至有学者断言："国际争端解决正在从政治协商更多地向法院式司法裁决方向发展。"① 目前看来，各种国际法庭或拥有国际纠纷管辖权的准法庭正不断涌现，包括世界贸易组织的争端解决机制、根据《联合国海洋法公约》设立的国际海洋法法庭等。② 司法解决方式在跨国纠纷中的应用不仅仅体现在数量的增加上，还体现在其有关规则的创新上。新成立的司法机构或法庭，往往在管辖权上有一定突破，强制管辖倾向更加明显，机构更加独立，专业性和技术性特点突出等。如国际法学者 Romano 所说："国际司法带来了一系列的制度和程序，在总体上为国际社会提供了独一无二的公共物品，以和平方式取代战争和外交强制来解决国际纠纷，更多地推动国际法的执行和在全球范围内实现法律的治理。"③

二、跨国纠纷司法解决方式的基本规则

（一）司法机构的管辖权

如果一项跨国纠纷要通过司法方式得到解决，纠纷当事方面临的首要问题是到哪一个国际法庭提起诉讼请求，这就要了解司法机构的管辖权。管辖权是程序

---

① Stefan Voigt, Max Albert, and Dieter Schnittchen, International Conflict Resolution, Introduction, Mohr, Siebeck 2006, p. 2.

② 据统计，目前国际社会有各种国际司法机构和准司法机构约96个，如果以常设性作为标准大约有20个，其中有15个是在近十几年里建立的。现今大约有4000个双边或多边条约订立有仲裁或司法解决国际争端的条款，有200多个国际法官在各种常设的国际法庭中任职。参见 Laurence Bossion de Chazournes, Sarah Heathcole, The Role of the International Adjudicator, American Society of International Law proceedings, April 4-7, 2000, p. 129；转引自王林彬著：《国际司法程序价值论》，法律出版社2009年版，第4页。

③ Cesare P. R. Romano, the Price of International Justice, in the Law and Practice of International Courts and Tribunals 4, 2005 Koninklijke N, Leidon, The Netherlands, p. 282.

法中的一个基本概念，一般是指司法机构能够受理和审判特定案件的法定权限。在国内法中，司法机构的管辖权问题一般由该国的国内法明确规定。而在国际法中，国际法庭的管辖权是一个相对复杂的议题。由于国际社会是一个"平权社会"，本质上不存在国内法中类似于"最高法院"这样的司法机构，故国际法庭的管辖权大多是通过一定的国际法（主要是国际条约）分别规定的。如前所述，目前国际法庭的种类和数量都在增加，一些新出现的国际法庭根据设立该法庭的条约确定其管辖权，与较早设立的国际法庭的管辖权就出现了一定的冲突。① 概括言之，国际法庭的管辖权呈现出分散性和与条约紧密结合的属性。

因为不同的司法性或准司法性国际机构的管辖权或多或少有所不同，无法概括其管辖权的共同特点。国际法院通常被认为是此领域最具国际权威性的机构，在此通过对国际法院管辖权的剖析，透视国际司法机构的管辖权基本内容。

首先，在对人管辖方面，国际法院主要受理国际法主体（主要是国家）之间的争端或纠纷，少量人权法庭或国际劳动法庭可受理个人或自然人作为诉讼主体的争端或纠纷。这是由国际法的主体制度和国际法的特征决定的。国家是国际法的基本主体，跨国纠纷中最主要的一类就是国家之间的纠纷，即国际争端，因此，国际法庭主要受理以国家为主体的案件也就不足为奇了。如按照《国际法院规约》的规定，国际法院在行使诉讼管辖权时，只有国家才能称为国际法院的诉讼当事方。具体来说，国际法院的诉讼当事国主要包括三类：第一类是联合国的会员国；第二类是不属于联合国的会员国，但根据《联合国宪章》第93条第2款的规定，成为《国际法院规约》当事国的国家；第三类是既不是联合国会员国，也不是《国际法院规约》的当事国，但其可以根据联合国安理会的决定，通过预先向国际法院书记处交存一份国家声明，表明愿意根据《联合国宪章》《国际法院规约》《国际法院规则》的规定，接受国际法院管辖，保证执行国际法院的判决及履行相关义务的国家。如果这些国家之间发生了纠纷，它们作为纠纷当事国在国际法院的地位是平等的。除此之外，其他国家、国际组织、跨国公司或个人都不能成为国际法院的诉讼当事方，不能就其纠纷或争端向国际法院提起诉讼请求。

---

① 关于国际法庭管辖权冲突的问题，在后文中有专门章节阐述。

其次，在对事管辖方面，国际法院主要受理涉及国家之间有关国际权利义务的纠纷或争端，但也不排除个别人权法庭等可以受理自然人针对一国政府或国际组织提起的关于侵犯人权等方面的诉讼请求。根据《国际法院规约》的规定，国际法院管辖的案件范围有三个方面：第一类是自愿管辖，是指在当事方发生纠纷后，可以通过签订特别协议，将纠纷提交国际法院，国际法院则根据纠纷当事国之间的特别协议，取得管辖权，受理案件。需要说明的是，自愿管辖的争端包括所有类型的国际争端，不仅仅局限于法律性争端。国际法上影响巨大的案件"北海大陆架案"就是如此。20世纪60年代，德国（当时的联邦德国，也称为"西德"）和丹麦、荷兰两国因为大陆架划界产生纠纷，在1967年通过德国和丹麦之间的特别协议、德国和荷兰之间的特别协议，将上述欧洲三国之间的海洋权益纠纷提交给国际法院。国际法院依据自愿管辖原则，受理了该项纠纷。第二类是协定管辖，又被称作约定管辖。如果两个以上国家共同参加了国际条约或多边协定，在这些条约或协定中规定有各方在纠纷产生后同意提交国际法院解决的条文，当事方就可以根据这些条约或协定中的争端解决条款将案件提交给国际法院。如果条约或协定关于纠纷解决的内容过于简单，当事方也可以借鉴自愿管辖中的特别协议，另行订立专门的司法解决条款进行约定。例如，历史上引起严重外交风波的"德黑兰外交事件"就是如此。1979年伊朗扣押了美国驻伊朗大使馆的外交官和领事馆的官员作为人质，事发后两国通过试图谈判协商解决纠纷，但这些努力最终都宣告失败。后来，美国根据《维也纳外交关系公约》《维也纳领事关系公约》《美国和伊朗友好经济关系和领事权利条约》等多边条约和双边条约中有关纠纷解决条款在国际法院提起诉讼请求。国际法院依据协定管辖原则受理了该案。第三类被称为任择强制管辖。按照《国际法院规约》第36条的规定，对于条约的解释、任何国际法问题、构成违反国际义务的任何事实、违反国际义务从而产生的赔偿的性质和范围等纠纷或争端四类事项，《国际法院规约》成员国可以在事前发表声明，对于愿意接受同样义务的任何其他当事国，接受国际法院的管辖为并承认其具有强制性，不需要再订立特别协议。对于"任择强制管辖"中的"任择"如何理解一直是国际法院管辖权中的一个困惑。通常认为，这里的"任择"是指纠纷当事国可以自己决定是否作出声明；一旦纠纷当事国选择作出声明，在声明接受的范围内，国际法院就具有了强制管辖权，因此被称为

"任择强制管辖"。在国际海洋法上具有里程碑意义的"英挪渔业案"就是国际法院依照任择强制管辖立案的。①

（二）司法机构的诉讼程序

根据不同的国际条约或多边协定的规定，各个国际法庭的诉讼程序并不完全一致，但也有一些共同性。一般来说，国际法庭的诉讼程序大体包括：起诉、审理、调查或采取临时措施（也称之为特别程序，不一定所有法庭或所有案件都进行该程序）、作出判决、执行判决等。笔者在此也以国际法院的诉讼程序为例进行阐述。

第一步，在案件起诉环节，纠纷当事方依据不同种类的管辖权向国际法院提交案件，管辖权依据不同，提起诉讼的方式也不同。例如，在自愿管辖下，纠纷当事国协商后通过特别协议或特别协定形式提起诉讼；② 在协定管辖和任择强制管辖下，纠纷当事方任何一方都可以通过包括详细阐明管辖权依据的申请书形式在国际法院提起诉讼，国际法院通知纠纷另一方。

第二步，在案件审理程序中，国际法院将其分为书面程序和口头程序两个步骤。国际法院确定案件的管辖权后，会通知纠纷当事方在一定期限内提交诉状、辩护状、证据和其他文件资料，一般称之为书面程序。书面程序结束后，国际法院可以开庭讯问代理人、证人、鉴定人、律师和其他案件有关人员。这被称为口头程序。除法院专门决定或纠纷当事方提出要求外，口头程序一般是公开进行的。

第三步，在特别程序中，由国际法院根据案件具体情况决定是否进行该程序。如果决定进行，可以根据案情进展需要，采用包括初步反对主张、临时保全、参加诉讼或共同诉讼、中止诉讼等措施在内的临时措施。其中，初步反对主张是指当事国对国际法院的管辖权或对请求方提请或参加诉讼的反对。反对是否

---

① 英国长期在挪威外海捕鱼，挪威政府提出了"直线基线"划法，这样的话，挪威的领海范围大大扩展，英国的捕鱼就受到了影响。两国就此产生了纠纷。1951 年英国根据任择强制管辖权声明，单方在国际法院起诉挪威政府。

② 在实践中还有一种依据自愿管辖提起诉讼的形式，是由当事一方先行将争端提交国际法院后，再得到另一方认可形成协议，称为"法院延期"。

被采纳由国际法院裁定。临时保全是指在诉讼过程中，经当事国请求，在确有必要的情况下，为了保护争端当事方的利益，国际法院批准采取的紧急措施，如冻结或扣押财产、禁止采取特定行为等。参加或共同诉讼是指案件审理中第三国参加到诉讼程序中。具体又可分为两种情形：一是第三国认为该案的诉讼有可能会影响到该国的法律性质的利益，可以提出请求参加诉讼，国际法院决定是否批准；二是如果该案诉讼涉及条约的解释，该案当事国以外的所涉条约的其他当事国可以请求参加诉讼。一旦国际法院准许其参加，则法院判决中对条约的解释部分同样对该参加国有法律约束力。中止诉讼是指在国际法院的判决宣告前，纠纷当事方已经达成协议不再继续诉讼，国际法院应当事方请求停止诉讼程序。

第四步，国际法院作出判决。在国际法院受理案件后，除非中止诉讼，一般都会作出最终判决。判决书会在法院开庭宣读，并且自宣读之日起开始对纠纷当事国产生法律约束力。一般情况下，判决的作出时间是在书面程序和口头程序结束后，法官们先进行的秘密评议，根据评议结果起草判决书，经过三读后进行表决。为保障审判解雇的公正，国际法院的法官在表决时不得投弃权票。判决书的通过也遵循"少数服从多数"原则，但无论法官是赞同多数意见还是反对多数意见，法官都享有将其个人意见附加于判决书后的权利。在实践中，个人意见分为"个别意见"（Separate Opinion）和"反对意见"（Dissenting Opinion）两种。其中的"个别意见"是指该法官同意判决的结论，但不同意判决的依据和理由；"反对意见"则是指该法官既不同意判决的结论也不同意判决所依据的理由。

第五步，判决的执行。国际法院不同于国内法院，其判决一经作出就是终局判决。在判决书发生法律效力后，当事国必须履行，这是《联合国宪章》和《国际法院规约》规定的纠纷当事国（同时也是联合国会员国）的一项重要国际义务。如果一方拒绝履行判决，另一方有权向联合国安理会提出申诉，安理会可以根据《联合国宪章》赋予的部门职责，作出有关建议或采取措施以执行国际法院的判决。

如果纠纷当事方的一方对判决有异议，那么国际法院的判决是否还有救济途径呢？在实践中，虽然大多数国际法学家都认可国际法院判决的终局性，但这并不意味着国际法院的判决是无法更改或无法调整的，特别是在出现了情势变化的背景下。根据《国际法院规约》的规定，当事国如果对国际法院所做判决的范围或意义有不同意见，可以请求国际法院就判决作出解释；在判决作出后，如果当事国发现了新事实，且该新事实是对案件结果具有决定性影响的，其在诉讼过程中也不可能获知并影响判决的，当事国可以提出申请，要求国际法院复核其所作的司法判决。复核程序与前述的案件诉讼程序基本相同，但复核申请的提出时间是有限制的，必须最晚在新事实发现后的 6 个月内，并自判决之日起不超过 10 年内提出。

自国际法院成立至今，已经受理诉讼案件近百件（含撤销案件），咨询案件二十多件。案件的数量规模当然无法和国内法院的相比，但是考虑到国际法院受理案件的巨大国际影响力度，相比其前身国际常设法院，已经是相当不错的受案量了。国际法院通过司法方式解决跨国纠纷，不仅成功化解了一些国家间的争端，维护了国际稳定与和平，还通过审判案件形成一些有强大影响力的国际司法判例，影响了一些重要的国际法基本原则的发展，甚至促进了国际法新规则的形成。

三、司法方式与跨国环境纠纷的解决

在各国对于环境保护问题越来越重视的背景下，因为环境问题而产生的纠纷如何解决也成了国际法的重要议题之一。在这个方面，1992 年召开的联合国环境与发展大会有一项重要的会议成果——《21 世纪议程》。在这一项面对新世纪新时代的重要国际环境法文件中，联合国倡导并吁请各国将环境纠纷提交给国际法院解决。① 虽然《21 世纪议程》是不具有法律约束力的，但是也反映了联合国对于跨国环境纠纷解决的所有可能途径的关注，尤其是表现了联合国对于各国通过司法方式解决环境纠纷的重视。虽然联合国倡导"在可能的情况下主要通过国际法院解决环境纠纷"，然而在实践中，国际法院受理的跨国环境纠纷数量非

---

① 参见 1992 年联合国环境与发展大会《21 世纪议程》第 39 条第 10 款规定："在避免和解决纠纷方面，各国应当进一步研究和考虑各种办法，以扩大当前可用的技术的范围，并使其更加有效；同时除其他外，考虑到现有国际协定、文书或机构之下所得到的有关经验，并在适当情形下考虑到它们的执行机制，例如避免和解决纠纷的方式。这可以包括就可持续发展领域可能导致同其他国家发生争端的情况交换数据和信息、作出通知和进行协商以及按照《联合国宪章》通过有效的和平方式解决争端的机制和程序，包括在适当情况下提交国际法院解决，并将这些机制和程序写入与可持续发展有关的条约。"

常稀少，甚至有学者认为国际法院受理的案件中没有纯粹的环境案件。不过，梳理国际法院的诉讼案件和一些咨询回复意见，联合国国际法院还是曾经处理过一些与环境密切相关的国际争端。如 1989 年的瑙鲁含磷土地案、1993 年多瑙河盖巴斯科夫–拉基玛洛大坝案（本书后面章节"多瑙河大坝纠纷案"有详细阐述）、2010 年乌拉圭河纸浆厂案等。更重要的是，国际法院已经意识到环境案件的处理和解决在未来的国际关系中具有无法忽视的作用，也主动开始进行调整和变革，如考虑到环境纠纷的特殊性，纠纷解决程序中需要面临的科学与技术知识以及案件证据方面的挑战，国际法院在 1993 年设立了环境分庭，由七位在国际环境事务领域学有专长的法官组成。① 这为国际法院受理跨国环境纠纷提供了组织和平台上的便利。此外，随着国际法庭数目的不断增加，环境纠纷的司法解决平台早已经超出了国际法院这一家的范围，如国际海洋法法庭甚至世界贸易组织争端解决机制都有可能受理跨国环境纠纷。

如前所述，在国际环境条约中，有不少条约都规定了包括司法解决方式在内的环境纠纷解决方式。有一些环境条约规定的司法解决程序非常具体和详细，如 1985 年《保护臭氧层维也纳公约》和 1997 年《联合国气候变化框架公约京都议定书》，明确提到了在缔约国发生纠纷后，可以提交国际法庭（主要是国际法院）通过诉讼方式解决。还有一部分环境条约，在纠纷解决部分规定得较为概括和简略，虽然没有在条文中直接提及司法解决方式，但大多允许或建议纠纷当事方通过国际法中的和平方式解决纠纷。司法方式当然属于和平解决国际争端的方式之一，因此，当事方也可能通过司法方式解决它们之间的环境纠纷。

我们知道，环境纠纷一般与特定的环境问题相联系，或者说，跨国环境纠纷往往就是因为特定的环境问题而产生。例如，跨界大气污染可能会引起国家之间、不同国家的企业或自然人之间因环境权益受损而产生争议；国际河流的上游国家在开发利用水资源时，没有充分考虑下游国家的灌溉或用水需求而导致上下游国家之间产生争议……这些纠纷无论是因为环境污染还是自然资源的开发利用不当引起的，在解决时都需要一定的环境科学知识进行判断和分析。这种客观特

---

① Robert Y. Jennings, The United Nations at Fifty, The International Court of Justice after Fifty Years, American Journal of International Law, Vol. 89, 1995, p. 496.

性对传统的国际纠纷司法解决机制提出了挑战，即这类纠纷的顺利解决不仅仅需要审判者精通和熟悉国际法律法规，还需要审判者具有一定的环境科学知识积累或储备。这也是国际法院在 1993 年决定成立环境分庭的重要原因。如果我们从 1989 年国际法院受理的"瑙鲁含磷土地案"算起，通过司法方式解决跨国环境纠纷已经有足足三十年的历史。虽然这个过程不是一帆风顺的，但结合近十几年来国际环境条约不断探索和发展的实践，同时考虑到国际司法机构及准司法机构的不断扩展，可以预见，通过司法方式解决跨国环境纠纷还有很大的发展空间，这也是开展此领域学术研究的价值所在。

第五章　环境条约的制度性安排与
跨国环境纠纷的解决

第一节　环境条约的制度性安排

　　国际环境保护作为一个热度颇高的议题，在今天早已为国际社会所熟知，也为各国国内民众所熟知。但在 20 世纪 70 年代以前，环境问题、环境保护、资源危机，在世界范围内都是新鲜语汇。1972 年，联合国在瑞典斯德哥尔摩召开了联合国人类环境会议，这是历史上第一次在国际范围内召开以保护环境为主题的国际会议。这次会议后，以联合国为中心的国际组织与世界各国合作，开始进行在国际环境保护领域的多项进程：通过国际会议的各种宣言、决议，促进各国政府通过立法和政策保护环境，在开发、利用自然资源方面采用符合自然规律的、可持续发展的方式；倡导环境友好型的生产、生活方式，推动保护环境的公众参与原则；制定旨在保护各种特定自然资源、解决某项或某几项环境问题的多边环境条约（或与国际环境保护密切相关的国际条约），吸引最大多数国家参加，营造环境保护的良好国际合作氛围等。因此，在 1972 年后，国际环境条约的数量大大增加，覆盖的领域也越来越广泛，从越界大气污染到臭氧层保护，从保护濒危野生动植物物种到保护生物多样性，从保护国际水道和湿地到保护包括公海和国际海底区域资源⋯⋯到 1992 年时，随着联合国环境与发展大会在巴西里约热内卢的召开，国际环境法迎来了其发展历程中的第一个黄金时期。与此同时，国际环境条约也被称为所有类型条约中最受瞩目的类型，受到越来越多的关注与重视。

在这些多边环境条约中，既包括缔约国众多的全球性的国际环境条约，也包括一些区域性的环境条约。这些环境条约大多包括一些有关条约实施和纠纷解决的制度性安排（Institutional Arrangement），这种安排的目的原本是为了充实每一个条约或协定建立的机制中的规范性因素，同时监督国家主体执行和遵守条约义务的行为。① 这种制度性安排的内容一般包括：有关条约实施或纠纷解决的可行方式选择或相关的条约机构安排。环境条约中的条约实施或纠纷解决方式一般包括谈判、协商、斡旋、调停、调查、调解等外交解决方式，以及仲裁、司法或准司法解决方式；条约机构安排一般包括：具有最高决策权的缔约方会议、条约秘书处、其他有关条约实施或纠纷解决的辅助机构，如：法律咨询委员会、科学技术委员会等。一方面，对于谈判、协商等跨国纠纷外交解决方式和以仲裁、司法方式为代表的法律解决方式，环境条约很少会全面列举，大多是根据该条约的立约目的、宗旨原则或技术特点，选择其中几种作为环境条约实施或纠纷解决的可行方式。另一方面，因为环境条约主要是为了应对国际范围内或区域范围内的特定环境问题而制定，相对于传统的以外交、经济、军事、文化、教育等领域的条约，环境条约具有突出的科学技术性特点，为保证履约效果，不少多边环境条约都在机构安排上有决策机构、行政机构、执行机构以及履约资金安排、科学技术支持安排等。而环境条约的制度安排中还有一个创新性举措，即旨在避免跨国环境纠纷和促进条约遵守的遵约制度（详见第二章有关章节内容），条约机构的安排也体现了这一目标。

结合具体的环境条约，在国际范围内建立了制度性安排的国际环境条约主要包括：1971 年《关于特别是作为水禽生境的拉姆萨尔湿地公约》、1972 年《防止倾倒废弃物及其他物质污染海洋的伦敦公约》、1973 年《濒危野生动植物物种国际贸易公约》、1979 年《保护野生迁徙动物物种的波恩公约》、1985 年《保护臭氧层维也纳公约》、1987 年《关于消耗臭氧层物质的蒙特利尔议定书》及其1997 年修正案、1989 年《控制危险废物越境转移及其处置的巴塞尔公约》及其

① Robin R. Churchill and Geir Ulfstein, " Autonomous Institutional Arrangements in Multilateral Environmental Agreements: A Little-Noticed Phenomenon in International Law", American Journal of International Law, 2000, p. 623.

1999 年《关于危险废物越境转移及其处置造成损害的责任和赔偿的议定书》、1992 年《生物多样性公约》及其 2000 年《防止生物技术风险的卡塔赫纳议定书》、1992 年《联合国气候变化框架公约》及其 1997 年《京都议定书》、1994 年《关于在发生严重干旱和/或荒漠化的国家特别是在非洲防止荒漠化的巴黎公约》、1998 年《关于在国际贸易中对某些危险化学品和农药采取实现知情同意程序的鹿特丹公约》等。除了这些全球性环境条约，也有一些区域性环境条约建立了制度性安排，如 1979 年欧洲经济委员会制定的《长程越界大气污染公约》及其一系列议定书、1992 年《保护和利用跨界河流和湖泊的赫尔辛基公约》等。①

　　不同的环境条约在制度性安排上也各有不同。但一般会设立包括缔约方会议、秘书处、执行机构和辅助机构在内的条约机构，履行互相独立又彼此联系的职责。缔约方会议也被称为缔约方大会，是环境条约的决策机构，它由环境条约的全体缔约国组成，以会议形式行使其职责。一般是每年召开一次（也有的是每两年召开一次），地点不固定。缔约方会议可以决定建立环境条约的辅助机构、制定各机构的程序规则、指导秘书处的活动；也可以通过修改环境条约或新的议定书从而扩展或调整缔约方的义务；还能监督缔约方执行条约和遵守条约的行为，并对因为缔约方违约而引起的争议或纠纷作出如何解决的决定。秘书处是环境条约的行政机构，一般是常设的。环境条约很多会充分利用国际社会既有的国际组织资源设立秘书处，如联合国、联合国教科文组织、联合国环境规划署、欧洲经济委员会、世界气象组织等。② 比较特殊的是 1971 年《关于特别是作为水禽生境的拉姆萨尔湿地公约》，它的秘书处由一个环境非政府组织充当，即国际自然保护联盟。执行机构大多是环境条约的执行委员会或执行局，具体执行缔约方会议通过的决定。实践中执行机构一般要和环境条约的辅助机构共同配合方才能完成其职能。环境条约的辅助机构具有多元性，有的是环境条约直接设立的，

----

　　① 因本书主要以全球性环境条约作为研究目标，对于数目众多的区域性环境条约和国家之间的双边环境条约，在此并不详细论述。

　　② 1992 年《联合国气候变化框架公约》通过联合国行使其秘书处职责；1973 年《濒危野生动植物物种国际贸易公约》通过联合国环境规划署行使其秘书处职责；1979 年欧洲《长程越界大气污染公约》及其一系列议定书通过欧洲经济委员会行使其秘书处职能；1972 年《防止倾倒废弃物和其他物质污染海洋的伦敦公约》则通过国际气象组织行使其秘书处职责等。

有的则通过缔约方会议决定设立，甚至有的是在条约之外独立设置。① 其种类也分为如下几种：一是提供咨询的附属机构，如《联合国气候变化框架公约》下的科学和技术咨询机构；二是根据环境条约设立的提供财政资助和技术转让的辅助机构，如《关于消耗臭氧层物质的蒙特利尔议定书》下的多边基金；三是促进环境条约遵守、执行条约、解决缔约方纠纷的辅助机构，如《关于消耗臭氧层物质的蒙特利尔议定书》下的执行委员会②、《联合国气候变化框架公约》下的附属履行机构等。③

针对环境条约的制度性安排问题的讨论，国际法学者们自 21 世纪初期就开始进行。大多数观点认为，这类条约机构不属于传统的国际组织（具有法律人格的政府间国际组织），也不属于盛行于十八九世纪的外交会议；环境条约的条约机构虽然附属于环境条约，但通常是常设机构，且相对传统国际组织，又独立于缔约国，它们可以拥有决策权力和有关缔约国是否遵约以及是否采取相关措施的权力。因此，很多学者称之为"自治的制度性安排"（autonomous institutional arrangements），或者"制度化结构"（institutional structures）。④ 对于这类主要出现在多边环境协定中的条约机构，在其性质的认定上尚存在争议。一种观点认为，这种环境条约机构具有传统的国际组织的特点，如缔约方大会可以根据需要组建必要的附属机构，制定解决纠纷的程序规则，甚至制定和通过条约机构的财政预算计划等，因此应被视为具有国际法律人格的政府间组织。作为环境条约缔约方的国家对这些机构的影响是间接的，即它们无法直接影响缔约方大会的职能，只有通过这些机构本身才能影响其活动。这些特征都是传统国际组织法中政

---

① 例如为了履行《联合国气候变化框架公约》，联合国环境规划署和世界气象组织共同组建了气候变化政府间大会。

② 参见《关于消耗臭氧层物质的蒙特利尔议定书》第 8 条规定："缔约国应当在其第一次会议上审议并通过用来断定对本议定书条款的不遵守情形及关于如何对待被查明不遵守规定的缔约的程序及体制机构。"

③ 参见《联合国气候变化框架公约》第 10 条第 1 款规定："兹设立附属履行机构，以协助缔约方会议评估和审议本公约的有效履行。该机构应开放供所有缔约国参加，并由作为政府代表的气候变化问题专家组成。该机构应定期就其工作的一切方面向缔约方会议作出报告。"

④ Rudiger Wolfrum and Nele Matz, Conflict in International Environmental Law, Berlin：Springer Press，2003，p. 164.

府间国际组织所具有的。① 例如，对于通过 1992 年《联合国气候变化公约》及其《京都议定书》建立起来的一系列条约机构，联合国法律事务办公室认为是建立了"一个具有法律人格的实体或组织"，因为这一条约机构"具有国际组织所特有的要素"。② 但如果深入对比研究政府间国际组织的建立和其所依据宪章性条约的关系来看，环境条约所设立的条约机构应当不具备这种资格和地位。考察国际联盟和联合国等国际组织的设立过程，会发现设立这种国际组织是制定某特定国际公约的主要目的，如国际社会在第二次世界大战后为了设立维持国际与和平的联合国而制定了《联合国宪章》，而环境条约的条约机构的设立则主要是为了更好地履行条约、解决未来可能因条约解释或适用而发生的纠纷，环境条约也称不上是这类条约机构的宪章性法律文件。另外，不同的环境条约的条约机构在设置和具体职能上有很大区别，不具有统一性和一致性，如有的环境条约的缔约方大会拥有巨大权力，而有的则只有很有限的权力，这也不符合传统政府间国际组织在机构上设置上的相对稳定性和规律性。因此，这类条约机构是环境条约的创新，对于国际环境保护和国际组织法的理论发展都有裨益，但将其划归传统的政府间组织也是不太合适的。

第二节　《联合国海洋法公约》的纠纷解决机制

1982 年 12 月 10 日，联合国第三次海洋法会议通过了《联合国海洋法公约》，117 个国家的代表签署了该公约。③ 这次会议被视为建立国际经济新秩序的再一次尝试。该公约在 1994 年 11 月开始生效。公约自面世后，一直被视为是国际海洋宪章，是国际社会寄予厚望的一项重要多边公约。从内容看，《联合国海

---

① Philippe Sands, Principles of International Law: Framework, Standards and Implementation, Manchester: Manchester University Press, 1995, p. 92.

② United Nations Office of Legal Affairs, Arrangements for the Implementation of the Provisions of Article 11 of the UN Framework Convention on Climate Change Concerning the Financial Mechanism, para 4 (Nov. 4, 1993), UN DOC. A/AC. 237/50 (1993).

③ 截至 2008 年 3 月，《联合国海洋法公约》的缔约方已经达到 155 个，其中包括欧洲共同体（现在的欧洲联盟）。

洋法公约》重新构建了第二次世界大战后的国际海洋法律秩序，并且吸收了自
19 世纪以来海洋法的一些习惯性原则，结合当时国际法中对于海洋制度的一些
创新规则，构成了一部重要的造法性国际公约。在《联合国海洋法公约》中，有
两点尤其值得关注：一是《联合国海洋法公约》纳入了有关海洋环境保护和海洋
生物资源养护等方面的国际规则，使得《联合国海洋法公约》在国际环境保护领
域也拥有重要地位；二是《联合国海洋法公约》建立了一个复杂的纠纷解决机
制，该纠纷解决机制成为继国际法院后，解决国际纠纷及跨国环境纠纷（尤其是
非国家主体情形下的纠纷）的重要补充。基于这两点原因，笔者在此对《联合国
海洋法公约》中的制度性安排及其纠纷解决机制做专门的阐述。

一、《联合国海洋法公约》在全球环境保护领域的重要价值

《联合国海洋法公约》在其基本目标的设定上，是要在考虑到国家主权的
基础上，建立合乎时代需要的，便于国际交通进行的全球海洋法律秩序，促进
对海洋的和平使用，促进对海洋资源的平等、高效利用，促进海洋生物资源的
保护、海洋环境的研究、保护和保全。[1] 可以看出，相比传统的海洋法，《联
合国海洋法公约》对于海洋生物资源的可持续利用和保护、海洋环境质量的保
护和保全等问题更加重视。这也是国际环境法在海洋环境保护领域的共同目
标。因此，《联合国海洋法公约》虽然在本质上不是以环境保护为主要或单一
目的的环境条约，但是，任何讨论有关海洋环境保护的问题都无法回避该公约
的重要性。

《联合国海洋法公约》关于海洋环境保护的内容，既是国际法治发展的成果，
也是国际社会在海洋问题上日益增长的环境意识的体现。这种认识上的变化，也
使得《联合国海洋法公约》对于一些长期以来约定俗成的海洋利用行为作出法律
上的调整。例如，在海洋法漫长的发展历史中，向海洋排放污染物一直伴随着
"公海自由"等法律原则而不受国际法限制，以至于沿海国和海洋上行驶的船只

---

[1] 参见《联合国海洋法公约》序言部分："……意识到各海洋区域的种种问题都是彼
此密切相关的，有必要作为一个整体来加以考虑，认识到有需要通过本公约，在妥为顾及所
有国家主权的情形下，为海洋建立一种法律秩序，以便利国际交通和促进海洋的和平用途，
海洋资源的公平而有效的利用，海洋生物资源的养护以及研究、保护和保全海洋环境。"

都将海洋视为天然的垃圾场，其排污行为无法受到限制，尤其是国际法的限制，致使海洋污染现象被称为严重的全球环境问题之一。一方面，《联合国海洋法公约》不再将"向海洋排污"视为默示的自由，对于各种源头的排污行为开始通过国际法规则进行限制，对于海洋环境的整体质量提升具有重要意义。另一方面，在海洋渔业资源捕捞方面，历来存在着船旗国和沿海国的利益博弈。船旗国一般更关心航行自由和捕鱼自由，关心起船队的渔业资源捕捞量，而对海洋渔业资源是否受到不良影响或者某种海洋鱼类是否因捕捞处于濒危境地并不太重视；而沿海国则更关注其海洋疆域的完整和有效管理及控制。但是海洋法的现状是，除了上部分内陆国，大多国家既是船旗国又是沿海国，这种现状导致《联合国海洋法公约》在谈判过程中面临着复杂的局面，谈判国自身对《联合国海洋法公约》的制度设计都存在着矛盾的政策选择，更不要提在海洋利益方面，参与条约谈判的国家都是"寸土必争"的，这是《联合国海洋法公约》的谈判过程尤为漫长的根本原因。①

《联合国海洋法公约》在海洋环境损害的国际法责任领域，也有创新。一般来说，在涉及跨国界的环境损害责任时，国际法通常会利用国际责任理论，追究造成损害的国家（或其他国际法主体）的国际法责任。但海洋的利用行为很多时候是无过错责任，或者是一种危险责任，传统的国际法规则原则无法适用。因此，《联合国海洋法公约》在海洋环境损害的责任规定上，淡化了国家责任的追究，而更重视海洋环境保护的国际合作与调整，无论是船旗国，还是沿海国；无论是港口国还是相关的国际海洋组织和机构，都在这一目标下负有特定的职责。这是国际环境合作原则在海洋环境保护领域的具体体现。

在实践中，《联合国海洋法公约》也体现出了在跨国环境纠纷解决上的重要价值。例如，国际海洋法法庭在成立后，受理了一些国际争端，其中有几项争端经常被学术界拿出来探讨，包括丹麦诉欧盟的"大西洋鲱鱼仲裁"案、爱尔兰诉

---

　　① 第三次海洋法会议于 1973 年开始谈判《联合国海洋法公约》的谈判，到 1982 年 12 月方才通过，历时近十年，在条约的谈判历史上所花费时间之久是较罕见的。

英国的"《大西洋环境公约》仲裁"案①、智利和欧共体之间的"东南太平洋箭鱼种群"案等②，这几项纠纷有的是关于海洋生物资源保护的，有的是关于向海洋排放危险物质的，在本质上都属于国家之间的环境纠纷。

二、《联合国海洋法公约》的纠纷解决机构及其管辖事项

（一）国际海洋法法庭及其分庭

《联合国海洋法公约》第287条规定了四种导致有拘束力裁判的强制程序，包括：按照公约附件六设立的国际海洋法法庭、国际法院、按照附件七组成的仲裁法庭、按照附件八组成的处理其中所列一类或一类以上争端的特别仲裁法庭。③ 此外，根据《联合国海洋法公约》第十一部分的规定，设立海底争端分庭，以解决各当事方因为国际海底区域的资源开发利用而引起的纠纷；根据《国际海洋法法庭规约》，除海底争端分庭外，还有特别争端分庭、专案分庭和简易程序分庭。根据公约第十五部分，《联合国海洋法公约》也可以向争端当事方提供调解的纠纷解决方式，通过成立调解委员会来履行该项职责。因此，《联合国海洋法公约》所涵盖的纠纷解决机构包括：国际海洋法法庭及其海底争端分庭和其他分庭、国际法院、按照附件七组成的仲裁法庭、按照附件八组成的特别仲裁法庭以及提供调解的调解委员会。由此可见，《联合国海洋法公约》为纠纷当事方提供了包括调解、仲裁和司法解决等多种纠纷解决方式的复合性的纠纷解决机构，且其中的仲裁庭还因为所根据的附件内容或纠纷性质不同而不大相同。

上述几种纠纷解决机构中，国际海洋法法庭毫无疑问是《联合国海洋法公

---

① 该案也被称为"MOX工厂"案，后文会有更具体分析。

② 该案也被称为"箭鱼"纠纷案，在本书第一章和第二章都有提及。

③ 参见《联合国海洋法公约》第287条"程序的选择"第1款规定："一国在签署、批准或加入本公约时，或在其后任何时间，应有自由用书面声明的方式选择下列一个或一个以上方法，以解决有关本公约的解释或适用的争端：（a）按照附件六设立的国际海洋法法庭；（b）国际法院；（c）按照附件七组成的仲裁法庭；（d）按照附件八组成的处理其中所列一类或一类以上争端的特别仲裁法庭。"

约》创立的最重要的纠纷解决机构。实际上，在《联合国海洋法公约》的谈判过程中，有国家反对设立专门的国际海洋法法庭，认为国际社会已经有了国际法院，且在很大程度上，国际法院的受案范围也大体包括国家之间的海洋权益纠纷。专门设立国际海洋法法庭，不仅会削弱国际法院的功能与影响力，还可能会造成不同司法机构的判例或案件发生冲突的可能。此外，还有人主张，创设新的机构的高额费用，也很可能与其将来所要解决的纠纷的有限数量不成比例。① 不过，经过多年的谈判，最终主张建立国际海洋法法庭的意见占了上风。国际海洋法法庭的出现大致有如下几个方面的原因：

一是《联合国海洋法公约》的特殊性和复杂性需要专门的法庭进行法律方面的解释和适用。《联合国海洋法公约》的公约文本包括十七个大部分，共 320 条；除公约文本外，还包括八个专门的附件，整体上是一个条文众多、内容庞杂、体系多层的国际条约。公约还包括众多的海洋法术语，包括一些与国家海洋划界、海洋权益密切相关的概念，这些术语和概念大多和海洋地质学、海洋科学等有关联，客观上需要一个权威的法庭对其进行解释。例如，大陆架是海洋法上的一个重要概念，很多国家与海上相邻或相向的其他国家存在大陆架划分的历史纠纷，要解决这些纠纷，就需要对什么是"大陆架"和大陆架的界限有清楚的规则。而且，海洋法是国际法的一个传统分支，已经有漫长的发展历史，在其发展过程中已经形成了一些关于大陆架的国际惯例。《联合国海洋法公约》为了整合全球海洋法律规则，对有些海洋法惯例进行了调整，也有一些惯例在时代的发展中自身发生了演变。这些变化加上海洋法术语本身的复杂性，都是可能引发国际纠纷的导火索，因此，成立专门的法庭对此作出解释，通过判例进一步明确和固定《联合国海洋法公约》的立法成果，都是很有必要的。

二是国际法院在对人管辖上的局限性。根据《联合国宪章》和《国际法院规约》，国际法院仅能受理国家之间的诉讼申请，而其他主体，包括政府间国际组织、法人（如跨国公司）、自然人等都无法在国际法院提起诉讼，甚至是联合国的其他机构也只能在国际法院享有就法律问题向其提起咨询管辖的申请权。这

① 赵理海著：《海洋法的新发展》，北京大学出版社 1984 年版，第 190 页。

种对人管辖的既定模式是在第二次世界大战后通过《联合国宪章》确立的。在国际法院成立后就有国家提出，这种诉讼主体上的限制大大缩小了国际法院在处理国际纠纷领域的作用，呼吁进行修改，放开诉讼主体资格。但是，从技术层面上，如果想改变国际法院这种对人管辖上的现有做法，必须要修改《国际法院规约》和《联合国宪章》。但是，对这两个国际公约的修改是一个极其复杂的过程，迄今为止，对《联合国宪章》的修改还没有实现过。而在现实中，跨国纠纷已经不仅仅是国家之间的纠纷，还包括国家与他国法人或自然人之间的纠纷，如依照《联合国海洋法公约》第十一部分"国际海底区域"的相关规定，国家与他国开发国际海底区域的公司之间有可能会产生纠纷，这种跨国纠纷（不是传统意义上的国际纠纷）国际法院是无法受理的。

三是发展中国家希望建立一个更公平、更高效的国际法庭。考察国际法院成立后受理的案件的有关数据，可以看到发展中国家对国际法院的疏离态度。例如，在1947—1962年，国际法院受理的37起诉讼案中，属于西方国家彼此间的案件是11起，西方国家作为案件原告方提起诉讼的是18起，发展中国家间的诉讼仅有5起，发展中国家作为原告方提起的诉讼案件只有3起。① 尤其是发展中国家作为原告提起的3件案件中的两件，涉及领土托管和委任统治，但是国际法院的判决令案件中作为原告的发展中国家和其他国家很失望。② 在参与《联合国海洋法公约》谈判的国家中，发展中国家成员数目较多，它们希望能成立一个新的法庭，能更有效地保护其利益。虽然时至今日，国际法院留下的负面印象大部分已经消失，很多发展中国家也认可国家法院在解决国际争端、化解国际矛盾方面的重要作用，但观察接受国际法院"任择强制管辖"的国家数目就可发现，这

① 吴慧著：《国际海洋法法庭研究》，海洋出版社2002年版，第14页。另，国际法院受理的发展中国家作为原告方的3起案件中包括国际法院1966年作出判决的"西南非洲案"（埃塞俄比亚诉南非、利比亚诉南非）和1963年作出判决的"北喀麦隆案"（喀麦隆诉英国），这两起案件的判决结果令发展中国家尤其是非洲国家很失望。

② 例如，在"北喀麦隆案"中，喀麦隆请求国际法院宣布，在英国行使对喀麦隆领土的托管过程中，英国存在不尊重托管协定及违反该托管协定义务的行为。但国际法院在1963年作出的判决中认为，它不能对喀麦隆诉讼请求中的实体问题作出判决。

一印象在一些国家仍然没有彻底消除。① 这种怀疑的态度也在《联合国海洋法公约》的有关条款的接受上有显现，如，根据《联合国海洋法公约》第 287 条，缔约国可以选择包括国际法院在内的四种程序中的任意一种解决纠纷，但阿尔及利亚、古巴和几内亚比绍三个国家在各自的声明中没有选择任何一种程序，反倒特意声明不接受国际法院的管辖。②

国际海洋法法庭包括四个分庭，分别是海底争端分庭、特别争端分庭、专案分庭和简易程序分庭。

第一个分庭是海底争端分庭。海底争端分庭是专门为处理《联合国海洋法公约》第十一部分"国际海底区域"内的有关活动所引起的纠纷而设立的。根据海底争端分庭受理案件当事方的范围及其所行使管辖权的强制性，它是一种独特的纠纷解决程序。③ 海底争端分庭的法官是从国际海洋法法庭的 21 名法官中选派 11 名组成，应当能代表世界主要法系和各区域的大致公平分配，国际海底管理局大会对于海底争端分庭的法官选择可以提出自己的建议。分庭法官一般每三年改选一次，可以连任一次。最常见的分庭通常是由 7 名法官组成。

海底争端分庭主要管辖六大类纠纷：一是缔约国之间关于《联合国海洋法公约》第十一部分及其有关附件的解释或适用的争端；二是缔约国和国际海底管理局之间的争端；三是国际海底区域资源开发合同当事方之间的争端，包括缔约国、国际海底管理局或其企业部、特定国家的国有企业、自然人或法人等因海底资源开发合同而产生的纠纷；四是国际海底管理局和符合条件的未来承包者之间的纠纷；五是国际海底管理局同缔约国及其承包者之间关于管理局应依照公约附件三承担赔偿责任的纠纷；最后一类是《联合国海洋法公约》明确规定由海底争

---

① 国际法院的成员国有 195 个左右，但接受国际法院"任择强制管辖"的国家仅有 66 个，其中大部分国家附加了各种适用保留。

② 参见 United Nations Convention on the Law of the Sea：Declarations made upon signature, ratification, accession or succession or anytime thereafter（www. un. org/Depts/los/convention _ agreements/convention_declarations. htm）.

③ A. E. Boyle, The International Tribunal for the Law of the Sea and the Settlement of Disputes, in Joseph J. Norton, Mads Andennas and Mary Footer（eds. ）, The Changing World of International Law in the Twenty-First Century：A Tribunal to the Late Kenneth R. Simmonds（Kluwer Law International 1998）, pp. 122-123.

端分庭管辖的事项。① 根据上述《联合国海洋法公约》对于海底争端分庭管辖事项的有关规定可以看出，海底争端分庭的纠纷当事方不仅仅限于通常国际纠纷中的唯一主体——国家，还有国际海底区域的资源开发企业、相关自然人以及专业国际机构及其附属部门。其受理的纠纷无法用"国际纠纷"来一言概之，相应地，用"跨国纠纷"这一概念更加符合实际。此外，在对人管辖上海底争端分庭具有较大的灵活性，这一点是国际法院无法比拟的。这就使海底争端分庭在受理纠纷的类型和性质上不会受到太多限制，扩展了其受案范围。

虽然在受理纠纷的类型上较为灵活，然而海底争端分庭对上述纠纷的管辖权却是强制性的。尽管《联合国海洋法公约》第 287 条允许缔约国在四种导致有拘束力裁判的强制程序间有自由选择的权利，但公约也明确提出，这种选择"不应影响缔约国在第十一部分第五节规定的范围内和以该节规定的方式，接受国际海洋法法庭海底争端分庭管辖的义务"。② 因此，能成功避开海底争端分庭的管辖事项是非常有限的。更重要的是，海底争端分庭的裁判的执行需要在缔约国境内按照其最高级法院判决或命令的方式执行。③ 但是，国际海洋法法庭的裁判却没有类似的这种对于法庭裁判的高规格执行。因此，有学者认为，《联合国海洋法公约》对于国际海洋法法庭的规定更多地参考了国际法院的模式，但对于海底争

---

① 参见《联合国海洋法公约》第 187 条"海底争端分庭的管辖权"的规定："海底争端分庭根据本部分及其有关的附件，对以下各类有关'区域'内活动的争端应有管辖权：（a）缔约国之间关于本部分及其有关附件的解释或适用的争端。（b）缔约国与管理局之间关于下列事项的争端：（1）管理局或缔约国的行为或不行为据指控违反本部分或其有关附件或按其制定的规则、规章或程序；或（2）管理局的行为据指控逾越其管辖权或滥用权力。（c）第153 条第 2 款（b）项内所指的，作为合同当事各方的缔约国、管理局或企业部、国营企业以及自然人或法人之间关于下列事项的争端：（1）对有关合同或工作计划的解释或适用；或（2）合同当事一方在'区域'内活动方面针对另一方或直接影响其合法利益的行为或不行为。（d）管理局同按照第 153 条第 2 款（b）项由国家担保且已妥为履行附件三第 4 条第 6 款和第13 条第 2 款所指条件的未来承包者之间关于订立合同的拒绝，或谈判合同时发生的法律问题的争端。（e）管理局同缔约国、国营企业或按照第 153 条第 2 款（b）项由缔约国担保的自然人或法人之间关于指控管理局应依附件三第 22 条的规定负担赔偿责任的争端。（f）本公约具体规定由分庭管辖的任何争端。"

② 参见《联合国海洋法公约》第 287 条第 2 款规定。

③ 参见《国际海洋法法庭规约》第 39 条。

端分庭的设置更多的参考却来自欧洲法院的模式。① 据分析，导致二者差异的原因是，在《联合国海洋法公约》谈判的最初设计中，海底争端分庭是国际海底管理局的主要司法机关。虽然最终公约出于经济成本的考虑，将海底争端分庭作为国际海洋法法庭的一个分庭，但其职能并未受到太大限制，从本质上，"海底争端分庭是一个不受国际海洋法法庭支配的独立法庭"。②

从上述分析可以看出，海底争端分庭与国际海洋法法庭虽然名义上有隶属关系，但海底争端分庭在管辖权和裁判的执行等方面和国际海洋法法庭都不大相同。这也从一个角度反映出《联合国海洋法公约》谈判过程中各方博弈的激烈，现在的公约文本其实是各谈判参与国在海洋利益问题上妥协和合作的产物，来之不易。

第二个分庭是特别争端分庭。根据《国际海洋法法庭规约》第 15 条第 1 款的规定，国际海洋法法庭可设立必要分庭，由三名或三名以上法官组成，目标是处理特定种类的争端。③ 但是，《国际海洋法法庭规约》并没有对什么事项或纠纷属于"特别争端"作出明确规定。一般根据国际海洋法法庭庭长的建议设立，法官则从二十一名大法官中选派。虽然没有明确规定，但一般认为，在法官的选派上，仍然应当遵循"代表世界各大法系和公平的区域分配"的内在要求。在实践中，1997 年国际海洋法法庭设立了两个特别争端分庭：一个是海洋环境争端分庭（Chamber for Marine Environment Disputes），由七名法官组成；另一个是渔业争端分庭（Chamber for Fisheries Disputes），由十一名法官组成。2007 年又设

---

① Tullio Treves, The Jurisdiction of the International Tribunal for the Law of the Sea, in P. Chandrasekhara Rao & Rahamtullah Khan（eds.），The International Tribunal for the Law of the Sea: Law and Practice（Kluwer Law International 2001），p. 124.

② A. O. Adede, Law of the Sea-The Integration of Settlement of Disputes under the Draft Convention as A Whole, 72 American Journal of International Law（1978），p. 83; Dolliver M. Nelson, The International Tribunal for the Law of the Sea: Some Issues, in P. Chandrasekhara Rao & Rahamtullah Khan（eds.），The International Tribunal for the Law of the Sea: Law and Practice（Kluwer Law International 2001），p. 51.

③ 参见《国际海洋法法庭规约》第 15 条第 1、2 款的规定："1. 法庭可设立其认为必要的分庭，由其选任法官三人或三人以上组成，以处理特定种类的争端。2. 法庭如经当事各方请求，应设立分庭，以处理提交法庭的某一特定争端。这种分庭的组成，应由法庭在征得当事各方同意后决定。"

立了海洋划界争端分庭（Chamber for Maritime Delimitation Disputes），也是由十一名法官组成。尽管这些分庭的设立并不会减损或削弱国际海洋法法庭在有关问题上的管辖权，但也显示出海洋环境纠纷、渔业纠纷以及海洋划界纠纷是《联合国海洋法公约》实施中出现较多的纠纷类型，三个特别争端分庭的成立也说明了国际海洋法法庭对包括海洋环境纠纷在内的这几种纠纷的重视。

第三个分庭是专案分庭。根据《国际海洋法法庭规约》第15条的规定，国际海洋法法庭可以应纠纷各当事方申请，设立提交法庭的某一特定争端。① 这种分庭也引起了很多争议。一般认为，专案分庭主要是响应纠纷当事方的请求而设立，是一种具有临时性质的甚至带有仲裁色彩的特殊机构。法庭的设立以及法官人数和法官的具体人选，都应由法庭在征得当事各方同意后决定。它意味着，纠纷的各当事方都有权选择至少一名法官，甚至可以是来自本国的一名法官。这种由当事方参与法官选派的模式体现了对纠纷当事方意愿的尊重，但同时也被批评为削弱法庭的司法性质和独立性，容易将法庭推向仲裁的歧途等。② 2000年12月20日，国际海洋法法庭成立了第一个专案分庭，以审理智利和欧共体之间因为东南太平洋箭鱼种群的养护和可持续利用的纠纷。法庭由五名法官组成，其中一名是智利选派的专案法官，另有一名法官来自德国，因此欧共体就没有再选派其他专案法官。这个专案分庭是应智利的请求设立的，当然欧共体随后也以协议行使表示了同意。不过，案件的发展并未向人们展示专案分庭的裁判结果及后续发展，因为在分庭成立后不久，双方就其纠纷达成了一项临时安排，并决定暂停在国际海洋法法庭专案分庭的审理进程，同时也暂停了该案在世界贸易组织争端解决机制专家组的审理进程。③ 该纠纷的最近发展是，在2009年12月，应智利

① 参见《国际海洋法法庭》第15条"特别分庭"第2款的规定："2. 法庭如经当事各方请求，应设立分庭，以处理提交法庭的某一特定争端。这种分庭的组成，应由法庭在征得当事各方同意后决定。"

② Hugo Caminos, The Jurisdiction and procedures of the International Tribunal for the Law of the Sea: An Overview, in Jon M. Van Dyke, Sherry P. Broder, Seokwoo Lee, and Jin-Hyun Park (eds.), Governing Ocean Resources: New Challenges and Emerging Regimes: A Tribute to Judge Choon-Ho Park (Martinus Nojhoff Publishers 2013), p. 265.

③ 该案先后在世界贸易组织争端解决机制和《联合国海洋法公约》国际海洋法法庭专案分庭审理，是一起典型的同一纠纷在两个纠纷处理机构受理的管辖权竞合案件。详细分析参见本书第二章和后续章节。

和欧共体的请求，专案分庭发布命令终止案件审理。2010 年双方通知 WTO 争端解决机构，表示各方将不再在"箭鱼案"中行使任何权利。①

第四个分庭是简易程序分庭。根据《国际海洋法法庭规约》的规定，为了快速、高效处理纠纷，国际海洋法法庭每年都应当设立简易程序分庭②，由包括庭长和副庭长在内的五名法官组成。一般会在两类事项中应用到简易程序分庭：一是《联合国海洋法公约》规定的临时措施，在全庭不开庭的情况下，可以由简易程序分庭代替法庭规定临时措施；二是有关船员和船只的迅速释放。1997 年圣文森特和格林纳丁斯诉几内亚的"塞加号案"最初就是通过简易程序分庭审理的，由于几内亚没有在规定时限内提交其同意决定书，该案最终是由国际海洋法法庭全庭进行了审理。

(二) 仲裁法庭和特别仲裁法庭

《联合国海洋法公约》规定了两种仲裁机构，第一种是仲裁法庭，第二种是特别仲裁法庭。下面分别阐述。

第一种是仲裁法庭。通过成立仲裁法庭，以仲裁方式解决缔约国之间有关海洋问题的纠纷主要是根据《联合国海洋法公约》附件七的规定进行的。③ 按照附件七的规定，每一个《联合国海洋法公约》的缔约国都有权推荐四名仲裁员，仲裁员应当是在海洋事务方面有丰富经验且具有公平、正直和才能出众的专家。④

---

① Chile/European Community, Case removed from the Tribunal's List, Order of 16 December 2009. See also Chile-Measures Affecting the Transit and Importing of Swordfish, Arrangement between the European Communities and Chile, WT/DS/193/4 (3 June 2010).

② 参见《国际海洋法法庭规约》第 15 条"特别分庭"第 3 款的规定："3. 为了迅速处理事务，法庭每年应设立以其选任法官五人组成的分庭，该分庭应以简易程序审讯和裁决争端。法庭应选出两名候补法官，以接替不能参与某一特定案件的法官。"

③ 参见《联合国海洋法公约》附件七第 1 条的规定："在第十五部分限制下，争端任何一方可向争端他方发出书面通知，将争端提交本附件所规定的仲裁程序。通知应附有一份关于其权利主张及该权利主张所依据的理由的说明。"

④ 参见《联合国海洋法公约》附件七第 2 条第 1 款和第 2 款的规定："1. 联合国秘书长应编制并保持一份仲裁员名单。每一缔约国应有权提名四名仲裁员，每名仲裁员均应在海洋事务方面富有经验并享有公平、才干和正直的最高声誉。这样提名的人员的姓名应构成该名单。2. 无论何时如果一个缔约国提名的仲裁员在这样构成的名单内少于四名，该缔约国应有权按需要提名增补。"

为了提高效率，避免仲裁法庭的组成久拖不决，附件七还规定了仲裁法庭的组成时间限制，要求最迟必须在原告提起仲裁申请后 104 天内组成，除非各方另有协议。截至 2016 年年底，已经有近十五项纠纷提交根据附件七成立的仲裁法庭，纠纷类型包括：渔业、海洋环境保护、海洋划界、海洋上的管辖权等。仲裁法庭受理的第一起跨国纠纷是 2000 年的"南方蓝鳍金枪鱼案"，该案是日本、澳大利亚和新西兰之间因为金枪鱼的捕捞配额产生的争端。仲裁法庭最终裁定它没有管辖权，这一裁决大大限制了《联合国海洋法公约》规定的争端解决程序的适用范围，招致了很多批评。例如，英国著名国际法学家阿兰·博伊尔就认为，仲裁法庭在"南方蓝鳍金枪鱼案"中作出的裁决很可能是个错误。[1] 甚至有学者明确指出，该裁定严重侵蚀了《联合国海洋法公约》的主要成就之一，即导致有拘束力裁判的强制程序。[2] 另一起跨国环境纠纷案，"莫克斯工厂案"也被提交到了仲裁法庭，但因为原告方爱尔兰中途撤诉，因此仲裁法庭业内有对该案的实体性问题进行审理。

第二种是特别仲裁法庭。特别仲裁法庭是根据《联合国海洋法公约》附件八的规定设立的仲裁机构，也是《联合国海洋法公约》为了解决缔约方之间因为海洋权益而引发的纠纷所做的制度设计。[3] 在仲裁庭的组成上，每个缔约国均有权在列明的渔业、海洋环境的保护和保全、海洋科学研究、航行以及船只和倾倒造成海洋污染等四个方面的纠纷中提名两名专家作为仲裁员，组成特别仲裁法庭。这些有资格担任仲裁员的专家应当在法律、科学或技术上有专长并享有公平和正直的最高声誉。和仲裁法庭的仲裁员资格相比，特备仲裁法庭没有专门强调他们应具备海洋事务方面的经验，但明确提出了要具有法律、科学或技术等事务方面

---

[1]　Alan E. Boyle, The Southern Bluefin Tuna Arbitration, 50 International Comparative Law Quarterly（2001），pp. 451-452.

[2]　尤瓦·沙尼著：《国际法院与法庭的竞合管辖权》，韩秀丽等译，法律出版社 2012 年版，第 256~257 页。

[3]　参见《联合国海洋法公约》附件八第 1 条的规定："在第十五部分限制下，关于本公约中有关（1）渔业，（2）保护和保全海洋环境，（3）海洋科学研究和（4）航行、包括来自船只和倾倒造成的污染的条文在解释或适用上的争端，争端任何一方可向争端他方发出书面通知，将该争端提交本附件所规定的特别仲裁程序。通知应附有一份关于其权利主张及该权利主张所依据的理由的说明。"

专长。考虑到海洋纠纷的现实，尤其是涉及海洋环境保护和防治海洋环境污染方面的争端，往往需要科学或技术方面的人才提供专业意见，因此，更需要具有科学技术背景的海洋法专家或学者担任特别仲裁法庭的仲裁员。实践中，四份专家名单分别由四个特定的国际组织进行编制并持有，它们分别是负责渔业方面专家的联合国粮农组织、负责海洋环境保护和保全方面专家的联合国环境规划署、负责海洋科学研究方面专家的政府间海洋学委员会、负责航行和海洋污染方面专家的国际海事组织。

《联合国海洋法公约》框架下的特别仲裁法庭在某些方面和纠纷解决中的调查方式或调解方式有一定的相似性。这主要是因为特别仲裁法庭受理的案件往往需要对某些事实或行为是否存在作出判断，需要运用科学或技术的方式进行分析，加以确定，因此，很多学者认为，特别仲裁法庭相比仲裁法庭，相比其他的普通国际仲裁，还具有事实认定的特殊职能。① 这一点在附件八中也有明确规定。《联合国海洋法公约》附件八第 5 条规定，上述四类纠纷的各当事方可以通过协议请求特别仲裁法庭调查引起纠纷的事实。② 并且，特别仲裁法庭对事实的确认，应得到各方尊重。③ 除此之外，如果经争端各方请求，特别仲裁法庭还可以提出相关建议，但是这种建议不是仲裁裁决，不具有裁决的法律拘束力，只是帮助各方对造成争端的问题进行审查和判断。

(三)《联合国海洋法公约》下的调解委员会

1982 年《联合国海洋法公约》的纠纷解决途径中还包括调解，主要集中在《联合国海洋法公约》附件五第二节的规定内容中。④ 根据《联合国海洋法公

---

① 刘楠来等著：《国际海洋法》，海洋出版社 1986 年版，第 500 页。

② 参见《联合国海洋法公约》附件八第 5 条第 1 款的规定："1. 有关本公约中关于 (1) 渔业, (2) 保护和保全海洋环境, (3) 海洋科学研究或, (4) 航行，包括来自船只和倾倒造成的污染的各项规定在解释或适用上的争端各方，可随时协议请求按照本附件第三条组成的特别仲裁法庭进行调查，以确定引起这一争端的事实。"

③ 参见《联合国海洋法公约》附件八第 5 条的规定："2. 除非争端各方另有协议，按照第 1 款行事的特别仲裁法庭对事实的认定，在争端各方之间，应视为有确定性。"

④ 参见《联合国海洋法公约》附件五第 11 条第 1 款和第 2 款的规定："1. 按照第十五部分第三节须提交本节规定的调解程序的争端任何一方可向争端他方发出书面通知提起程序。2. 收到第 1 款所指通知的争端任何一方应有义务接受调解程序。"

约》的规定，调解在一些纠纷的解决中可以被适用两次：一次是根据《联合国海洋法公约》第十五部分第一节的规定，由纠纷当事方自己选择适用；另一次是根据《联合国海洋法公约》第十五部分第三节的规定作为强制性解决方法适用。但在实践中，还没有纠纷根据公约规定提交调解方式解决。

与本书前面章节所阐述的作为跨国纠纷外交解决方式之一的调解有所不同的是，《联合国海洋法公约》框架下的调解是一种强制调解。纠纷当事方中的一方发出书面通知，提起调解程序后，收到通知的另一方有义务参加调解。但这里的"强制"，主要体现在其参与该调解程序的强制要求上，在调解委员会的报告或建议的法律效力上，与一般调解是一样的，都对纠纷当事方不具有法律拘束力。① 这里的调解主要是一种外部审查，避免沿海国对《联合国海洋法公约》某些规定的任意、专断或严重违反。② 与其他国际环境条约，如，1969 年《国际干预公害油污事故公约》中规定的强制调解相比，《联合国海洋法公约》框架下的强制调解更强调其参与调解程序的强制性。③

之所以会出现这种混合了传统的调解的强制管辖制度，主要是海洋大国和作为沿海国的一些发展中国家之间的利益博弈造成的。在第三次海洋法会议上，传统的海洋大国希望新的国际立法能够赋予它们在沿岸地区进行海洋科学研究、航行及渔业等方面的权利，并希望公约能通过一些有约束力的程序来保护它们的这种权利不受沿海国的剥夺。但是，作为发展中国家的沿海国希望强化其在专属经济区等沿海区域内的渔业、海洋研究等方面的控制权，反对赋予非沿海国的这些强制性程序权利。这种争吵也是《联合国海洋法公约》谈判多年、旷日持久的重要原因。最终，作为一种妥协或是协商的结果，规定了这种虽有强制管辖的程序

---

① 参见《联合国海洋法公约》附件五第 7 条第 1 款和第 2 款的规定："1. 委员会应于成立后十二个月内提出报告，报告应载明所达成的任何协议，如不能达成协议，则应载明委员会对有关争端事项的一切事实问题或法律问题的结论及其可能认为适当的和睦解决建议，报告应交存于联合国秘书长，并应由其立即分送争端各方。2. 委员会的报告，包括其结论或建议，对争端各方应无拘束力。"

② Natalie Klein, Disputes Settlement in the UN Convention on the Law of the Sea (Cambridge University Press 2005), p. 188.

③ 参见《联合国海洋法公约》附件五第 11 条第 2 款的规定："2. 收到第 1 款所指通知的争端任何一方应有义务接受调解程序。"

权利，但调解结论并不具有法律约束力的特殊调解。调解报告或建议虽然没有法律拘束力，但借助于国际社会要求纠纷当事方遵从调解委员会建议的压力，也有利于促进纠纷的和平解决。①

可以适用《联合国海洋法公约》强制调解程序的事项主要包括如下几类：一是部分大陆架上和专属经济区内的海洋科学研究争端；② 二是部分专属经济区内的渔业资源争端；③ 三是部分海洋大陆架和专属经济区划界争端等。在这三类争端中，除了第三类，前两类都有可能具有环境纠纷的属性而成为跨国环境纠纷，因此，跨国环境纠纷在《联合国海洋法公约》框架下，除了可以通过司法方式和仲裁方式解决之外，还可以选择强制调解方式解决。

三、《联合国海洋法公约》的纠纷解决程序

（一）司法程序

国际海洋法法庭的诉讼程序和国际法院的诉讼程序很相似，但也有一些独特之处，如关于迅速释放船只和船员的措施，初步审议程序等。一般来说，国际海洋法法庭的诉讼程序主要包括：

1. 起诉

纠纷可以通过请求书或特别协定的方式提交法庭，这取决于当事方接受《联合

---

① Jonathan L. Charney, The Implications of Expanding International Disputes Settlement System: The 1982 Convention on the Law of the Sea, 90 American Journal of International Law (1996), p. 73.

② 参见《联合国海洋法公约》第 297 条第 2 款 b 项的规定："（b）因进行研究国家指控沿海国对某一特定计划行使第 246 条和第 253 条所规定权利的方式不符合本公约而引起的争端，经任何一方请求，应按照附件五第二节提交调解程序，但调解委员会对沿海国行使斟酌决定权指定第 246 条第 6 款所指特定区域，或按照第 246 条第 5 款行使斟酌决定权拒不同意，不应提出疑问。"

③ 参见《联合国海洋法公约》第 297 条第 3 款 b 项的规定："（b）据指控有下列情事时，如已诉诸第一节而仍未得到解决，经争端任何一方请求，应将争端提交附件五第二节所规定的调解程序：（1）一个沿海国明显地没有履行其义务，通过适当的养护和管理措施，以确保专属经济区内生物资源的维持不致受到严重危害；（2）一个沿海国，经另一国请求，对该另一国有意捕捞的种群，专断地拒绝决定可捕量及沿海国捕捞生物资源的能力……"

国海洋法公约》法庭管辖的具体依据。无论是以请求书形式起诉，还是以特别协定的形式起诉，都应在其中明确纠纷产生的原因和各纠纷当事方。需要说明的是，除了国家，包括国际组织、跨国公司甚至自然人都可以在国际海洋法法庭提起诉讼。

2. 书面程序

书面程序包括纠纷各当事方向法庭提交诉状、辩诉状，或者答辩状和复辩状，以及一切可以作为诉讼请求佐证的文书。所有诉讼书状都应以英语或法语提交，且提交期限不得超过 6 个月。

3. 初步审议

这个程序是国际海洋法法庭颇具特色的一个程序。在书面程序结束后，口头程序开始前，法庭召集非正式会议，法官可以在这次会议上就案件的书面程序和后续审理交换意见，这称之为"初步审议"。

4. 口头程序

在初步审议程序后，法庭公开开庭，听取案件各当事方及其代理人、律师、证人和相关专家的恶意见。该程序由法庭庭长主持；若庭长缺席，则由副庭长主持；庭长和副庭长都不能主持时，应当选择资深法官主持。口头程序还有时间限制：口头程序应当在书面程序结束后 6 个月内开始。

5. 评议和判决

口头程序结束后，法庭将休庭，通过秘密的评议考虑判决。判决由出席法庭的法官的过半数决定；如果票数相等，由法庭庭长投出决定票。任何法官均有权发表个别意见或反对意见，判决书应载明法官的个别意见或反对意见。法庭的判决正式通知各当事方后，在法庭上公开宣读。各方应遵守并执行法庭判决。如果对裁判的意义或范围有不同意见，当事方可请求法庭进行解释。

6. 附带程序

《联合国海洋法公约》的《法庭规则》中规定了六种附带程序，包括：临时措施、初步程序、初步反对主张、反诉、参加和停止诉讼。

（二）仲裁程序

《联合国海洋法公约》的仲裁法庭和特别仲裁法庭的程序基本相同，这里主要以仲裁法庭为例，说明其主要的仲裁程序。《联合国海洋法公约》的仲裁法庭的主要程序包括：

1. 提起仲裁

根据《联合国海洋法公约》附件七第 1 条的规定，纠纷一方如果想通过仲裁法庭解决纠纷，需要向纠纷另一方发出书面通知。通知还应当附有一份关于其权利主张及该主张所依据的理由的说明。

2. 进行审理

仲裁法庭受理该仲裁案件后，应尽快组成仲裁庭，确定仲裁的具体程序，并保证纠纷的每一方都有充分机会陈述自己的意见和提出己方的主张。纠纷当事方应按照《联合国海洋法公约》的规定，为仲裁法庭提供便利和需要的一切文书、信息等。但需要说明的是，这些义务并不包括出庭的义务。也就是说，如果纠纷一方不出庭或对案件不进行辩护，不妨碍仲裁程序的进行。①

3. 作出裁决

根据《联合国海洋法公约》附件七第 8 条的规定，仲裁庭应到以仲裁员的过半数票作出裁决。② 但是需要说明的是，这里的"仲裁员"并不是指出席开庭并投票的仲裁员，而是所有仲裁员，这是为了保证仲裁裁决的广泛基础型作出的规定。因为一般仲裁庭都是由三名仲裁员组成，因此，为了保证"过半数"票，这三名仲裁员需要达成一致意见方能形成有效裁决。

（三）调解程序

如前文所述，1982 年《联合国海洋法公约》规定的是一种强制调解。这种调解方法的程序主要包括如下几个步骤：

1. 启动调解程序

根据《联合国海洋法公约》附件五的规定，发生纠纷的任何一方都可以通过

---

① 参见《联合国海洋法公约》附件七第 9 条的规定："如争端一方不出庭或对案件不进行辩护，他方可请示仲裁法庭继续进行程序并作出裁决。争端一方缺席或不对案件进行辩护，应不妨碍程序的进行。仲裁法庭在作出裁决前，必须不但查明对该争端确有管辖权，而且查明所提要求在事实上和法庭上均确有根据。"

② 参见《联合国海洋法公约》附件七第 8 条的规定："仲裁法庭的裁决应以仲裁员的过半数票作出。不到半数的仲裁员缺席或弃权，应不妨碍法庭作出裁决，如果票数相等，庭长应投决定票。"

向纠纷另一当事方发出书面通知，从而提起调解要求。收到调解通知书的纠纷当事方"有义务接受调解程序"。① 如果收到书面通知的纠纷当事方对提起调解程序的通知不予回复，或虽回复了但拒绝接受调解，该如何处理？根据《联合国海洋法公约》附件五的规定，这种不予回复或不接受的行为，无法阻碍调解程序的进行。这是该程序被称为"强制调解"的重要原因。即在《联合国海洋法公约》框架下，纠纷当事方只要符合附件五的规定事项，均可以提起调解要求，此种要求无须征得纠纷另一方的同意，且纠纷另一方是否愿意参与后续的调解程序也不影响调解程序的进行。

2. 组成调解委员会

调解委员会是调解程序的主持机构，在调解中居于重要地位。调解委员会按其性质看虽然是临时性机构，但其组成是有法定依据的，也需要依照《联合国海洋法公约》附件五规定的程序，在合理时间内组成。根据公约规定，联合国秘书长应编制并保持一份调解委员会的名单，每一缔约国有权提名 4 名调解员。② 调解员应该享有公平、才干和正直的最高声誉，但不一定要具备国际法方面的知识。③ 调解委员会一般由 5 名调解员组成，其中启动调解程序的国家应指派 2 名调解员，且调解员并无国籍限制。纠纷另一方在收到书面通知后 21 日内应指派 2 名调解员。4 名调解员在全部指派完毕之日起 30 日内从名单中指派第 5 名调解员，并由其担任调解委员会的主席。

---

① 参见《联合国海洋法公约》附件五第 11 条的规定。

② 《联合国海洋法公约》框架下的调解员名单为何由联合国秘书长，而不是国际海洋法法庭书记官处编织并保持？国外有学者认为，这主要是为了保持《联合国海洋法公约》同一框架下的调解程序与司法程序之间的彼此独立。参见 Rene-Jean Dupuy, Daniel Vignes（eds.），A Handbook on the New Law of th e Sea, Vol. 2（Martinus Nijhoff Pub. 1991），pp. 1352-1353；转引自高健军著：《〈联合国海洋法公约〉争端解决机制研究》（修订版），中国政法大学出版社 2014 年版，第 336 页。

③ 参见《联合国海洋法公约》附件五第 2 条规定："联合国秘书长应编制并保持一份调解员名单。每一缔约国应有权提名四名调解员，每名调解员均应享有公平、才干和正直的最高声誉。这样提名的人员的姓名应构成该名单。无论如何，如果某一缔约国提名的调解员在这样组成的名单内少于四名，该缔约国有权按需要提名增补。调解员在被提名缔约国撤回前仍应列在名单内，但被撤回的调解员应继续在其被指派服务的调解委员会中工作，直至调解程序完毕时为止。"

3. 进行调解并作出报告

调解委员会应当在组成后的 12 个月内提出调解报告，但如果纠纷各方同意，理论上可以延长期限。调解委员会可以确定其工作程序，听取各方陈述，审查各方提供的文书等资料和权利主张及反对意见。调解委员会的报告应当交存联合国秘书长，并由其分发纠纷各方。① 调解委员会作出的调解报告，包括其结论和所提建议，对纠纷各方无法律约束力。但在实践中，由于《联合国海洋法公约》的调解委员会的组成是国际范围内的，其出具的报告也具有权威性，虽然没有拘束力，纠纷各方不大可能将其置之不理。

四、相关跨国环境纠纷案件及其分析

（一）"南方蓝鳍金枪鱼案"（Southern Bluefin Tuna Case）

"南方蓝鳍金枪鱼案"是国际海洋法法庭处理的第一起涉及海洋生物资源养护和国际环境保护的跨国纠纷。金枪鱼是一种很受欢迎的海洋鱼类，可以做成包括生鱼片和寿司在内的很多鱼类制品或食物。世界上主要的金枪鱼捕捞国家包括日本、澳大利亚、新西兰、冰岛等国。为了分配金枪鱼的捕捞量，日本、澳大利亚和新西兰三国曾经签订了《保护南方蓝鳍金枪鱼公约》，在 1993 年该公约还成立了旨在解决金枪鱼捕捞纠纷的仲裁委员会。但自 1995 年开始，日本多次建议增加对金枪鱼的全球捕捞总量，但三国并没有在《保护南方蓝鳍金枪鱼公约》框架下达成协议。日本在 1998 年宣布为了进行一项有关金枪鱼的科学研究计划，大幅度增加金枪鱼的捕捞量。这种行为导致了澳大利亚和新西兰两国的强烈反对。澳、日、新三国进行了谈判，但是无法通过这种外交方式解决纠纷。日本又提议通过调停解决争端，但是对于澳大利亚和新西兰提出的解决方案日本拒绝接受。随后，日本主张通过《保护南方蓝鳍金枪鱼公约》的仲裁委员会在该环境条约框架下的纠纷解决机制解决它们的矛盾，但澳大利亚和新西兰没有接受日本的

---

① 参见《联合国海洋法公约》附件五第 7 条第 1 款的规定："1. 委员会应于成立后十二个月内提出报告，报告应载明所达成的任何协议，如不能达成协议，则应载明委员会对有关争端事项的一切事实问题或法律问题的结论及其可能认为适当的和睦解决建议，报告应交存于联合国秘书长，并应由其立即分送争端各方。"

提议。相反，澳、新两国根据 1982 年《联合国海洋法公约》第 15 部分的规定，向国际海洋法法庭提出了解决纠纷的申请。针对澳大利亚和新西兰在该纠纷中提出的权利主张和采取临时措施的请求，① 国际海洋法法庭初步审理后，决定采取临时措施，停止日本单方面捕捞南方蓝鳍金枪鱼的行为。

　　国际海洋法法庭采取该临时措施的主要理由是：首先，要防止对海洋环境造成严重损害；其次，要防止对南方蓝鳍金枪鱼这种海洋生物资源的进一步损坏。②《联合国海洋法公约》第 290 条第 1 款规定，在争端提交法庭后，法庭可以 "根据情况认为适当的任何临时措施"，因此，过量捕捞南方蓝鳍金枪鱼存在对海洋环境造成严重且不可恢复的情况，属于国际海洋法法庭自由裁量的范围。③ 最后，该临时措施的采取，也符合《联合国海洋法公约》对于 "紧迫性" 的要求。《联合国海洋法公约》第 290 条第 5 款规定了国际海洋法法庭采取临时措施应符合 "紧迫性" 的条件。④《联合国海洋法公约》之所以设定这种条件，主要是为了在纠纷被提交到别的国际法庭或仲裁庭解决而该法庭或仲裁庭又没有成立的情况下，限制国际海洋法法庭的权力，防止法庭随意采取临时措施影响当

---

　　① 在 "南方蓝鳍金枪鱼案" 中，澳大利亚和新西兰提出的权利主张包括：1. 日本立即停止其以科学实验为名义进行的单方面捕捞金枪鱼的活动；2. 日本采取措施将其金枪鱼的捕捞量重新限制在先前三国最后一次达成的协议中分配给日本的配额以内，在其单方面以科学实验的名义进行的捕捞行动中执行其捕捞配额；3. 在争议最终得到解决之前，争议各方在捕捞南方蓝鳍金枪鱼方面执行预防性原则；4. 争议各方保证不采取行动恶化、扩大争议或使争议更加难以解决；5. 争议各方保证在争议得到最终解决之前不采取任何有损其各自权利的行动。

　　② ITLOS, Southern Bluefin Tuna Case (New Zealand v. Japan; Australia v. Japan), Requests for Provisional Measures, Order on 27 August, 1999, paras. 77, 80.

　　③ 参见《联合国海洋法公约》第 290 条第 1 款的规定："如果争端已经正式提交法院或法庭，而该法庭或法庭依据初步证明认为其根据本部分或第十一部分第五节具有管辖权，该法院或法庭可在最后裁判前，规定其根据情况认为适当的任何临时措施，以保全争端各方的各自权利或防止对海洋环境的严重损害。"

　　④ 参见《联合国海洋法公约》第 290 条第 5 款的规定："在争端根据本节正向其提交的仲裁法庭组成以前，经争端各方协议的任何法院或法庭，如在请求规定临时措施之日起两周内不能达成这种协定，则为国际海洋法庭，或在关于 "区域" 内活动时的海底争端分庭，如果根据初步证明认为将予组成的法庭具有管辖权，而且认为情况紧急有此必要，可按照本条规定、修改或撤销临时措施。受理争端的法庭一旦组成，即可依照第 1 款至第 4 款行事，对这种临时措施予以修改，撤销或确认。"

事国的权利。① 在判断采取的临时措施是否满足"紧迫性"要求时，国际海洋法法庭的一位法官有不同意见。因为《联合国海洋法公约》允许有不同意见的法官将其意见公布并写入法庭最终的裁判中，可以从中看到在该跨国环境纠纷案件的审理中，因为环境问题的特殊性，在法官中引起的不同反应。这名名叫弗卡斯（Vukas）的法官认为，日本的科学实验捕捞计划在法庭发出临时措施命令后三天就被叫停了，在这三天中，受到影响的南方蓝鳍金枪鱼的资源是 100 吨左右；即便日本获得了这 100 吨的捕捞量，金枪鱼资源在当年度也不会因为这个损失受到毁灭性打击，以至于陷入种群濒危的境地，因此，弗卡斯法官在其反对意见中认为，在保护金枪鱼资源方面好像并不存在紧迫性或紧急性的问题。② 但是在法庭审理中占据优势意见的法官认为，该案中采取临时措施是符合《联合国海洋法公约》的"紧迫性"要求的。因为任何一次单独的扩大捕捞量的做法可能不会直接影响到金枪鱼种群的生存，但对于该种海洋鱼类资源具有累积的效果，现在偶尔一次扩大捕捞也许并不足以致使南方蓝鳍金枪鱼资源濒临灭绝，但金枪鱼捕捞量的扩大在该纠纷中已经显现出很明显的趋势。若允许这种扩大捕捞量的行为，若干次后，金枪鱼资源的枯竭是必然的结果。③ 从国际环境法理论的角度看，"南方蓝鳍金枪鱼案"是适用了国际环境法中的一个基本原则——预防原则，该原则在国际环境法中也是存在争议的，该案中弗卡斯法官和其他法官的争议就体现了这种不一致。但令人欣慰的是，国际海洋法法庭中的大多数法官更倾向于通过预防性措施或原则保护金枪鱼资源，该原则在化解全球环境资源危机中具有重要价值和意义，需要在法律实践中得到进一步的应用和巩固。

（二）"莫克斯工厂案"（MOX Plant case）

"莫克斯工厂案"是有关海洋环境污染的一起跨国环境纠纷，发生在爱尔兰和英国之间。1993 年英国政府向本国位于不列颠的一家燃料公司发放了许可，

---

① Myron H. Nordquist（editor in chief），Shsabti Rosenne and Louis B. Sohn（Volume editors），United Nations Convention on the Law of the Sea，1982：A Commentary，p. 53，para. 290. 2. 3.

② ITLOS，Southern Bluefin Tuna Case（New Zealand v. Japan；Australia v. Japan），Dissenting Opinion of Judge Vukas，para. 6.

③ ITLOS，Southern Bluefin Tuna Case（New Zealand v. Japan；Australia v. Japan），Dissenting Opinion of Judge Vukas，para. 8.

许可该公司在英国塞拉菲尔德建造一个提炼核燃料的工厂（以下简称为 MOX 工厂）。该工厂是英国一座较大规模的核电厂的附属设施，主要生产目标是为该核电厂的反应堆提供燃料。爱尔兰政府反对在此建设工厂，认为建厂地点与爱尔兰距离较近，担忧生产过程中核材料可能引起的环境污染问题，尤其是该工厂临近爱尔兰海，如果在生产或运输中出现核物质及相关材料被倾倒进海洋的问题，会对爱尔兰造成跨境环境损害。① 英国政府认为其批准建造核材料工厂的许可不仅符合英国国内法，也符合欧共体的要求。欧洲委员会在 1997 年认为，MOX 工厂对于放射性废弃物的处理并没有对其他国家的国民或环境带来严重损害。英国政府也认为，为了评估 MOX 工厂的收益和环境风险，已经组织过专项研究，并形成了两份评估报告且都向公众进行了发布。爱尔兰承认这两份环境评估报告的存在，但认为英国政府在发布报告时删除了一些关键信息。英国和爱尔兰都是 1992 年《东北大西洋海洋环境保护公约》的缔约国，因此，爱尔兰要求英国政府根据《东北大西洋海洋环境保护公约》第 9 条的规定，披露上述两份报告的全部内容，包括：核材料的售价、销售量、MOX 工厂的设计运行年限、工厂产量、在工厂工作的工人人数、从工厂运出以及向工厂运进核材料的数量等具体信息。② 英国

---

① Memorial of the Ireland, para 8, Access to Information Under Article 9 of the OSPAR Convention (Ireland v. UK), Final Award of Permanent of Arbitration.

② Article 9, OSPAR, provides: " 1. The Contracting Parties shall be ensure that their competent authorities are required to make available the information described in paragraph 2 of this Article to any natural or legal person, in response to any reasonable request, without that person's having to prove an interest, without unreasonable charges, as soon as possible and at the latest within two months. 2. The information referred to in paragraph 1 of this Article is any available information in written, visual, aural or data-base form on the state of the maritime area on activities or measures adversely affecting or likely to affect it and on activities or measures introduced in accordance with the Convention. 3. The provisions of this Article shall not affect the right of Contracting Parties, in accordance with their national legal system and applicable international regulations, to provide for a request for such information to be refused where it affects: a. the confidentiality of the proceedings of public authorities, international relations and national defense; b. public security; c. matters which are, or have been, sub judice, or under enquiry (including disciplinary enquiries), or which are the subject of preliminary investigation proceedings; d. commercial and industrial confidentiality, including intellectual property; e. the confidentiality of personal data and /or files; f. material supplied by a third party without that party being under a legal obligation to do so; g. material, the disclosure of which would make it more likely that the environment to which such material related would be damaged. 4. The reason for a refusal to provide the information requested must be given. "

政府以保守国家秘密为主要理由拒绝了爱尔兰政府的这些信息披露要求。两国无法通过谈判协商达成纠纷的解决意见，因此爱尔兰政府在 2001 年 6 月将纠纷提交至依据《东北大西洋海洋环境保护公约》第 32 条组成的纠纷解决机构——常设仲裁法院，请求仲裁庭确定，在《东北大西洋海洋环境保护公约》第 9 条规定下，英国政府是否有义务向爱尔兰披露上述共 14 项信息，并审查英国履行其国际义务的实际情况。该纠纷非常特殊的一点是，同年 10 月，爱尔兰又将该纠纷提交给按照《联合国海洋法公约》附件七组成的仲裁法庭，请求依据《联合国海洋法公约》规定的关于海洋环境保护、防治海洋环境污染等内容，确定英国 MOX 工厂存在向海洋倾倒危险废弃物、污染海洋环境的行为。①

与前面分析过的智利与欧共体之间的"箭鱼案"不同的是，"莫克斯工厂案"中，爱尔兰将同一项纠纷分成了两个部分，依据两个不同的国际环境公约，分别向两个不同的仲裁机构提起仲裁申请。常设仲裁法院严格按照《东北大西洋海洋环境保护公约》第 9 条的规定，将爱尔兰要求英国提供的环境信息分为三大类：第一类是关于所涉及海域的信息；第二类是关于对海域造成损害或有可能造成损害的活动或措施方面的信息；第三类是根据《东北大西洋海洋环境保护公约》规定进行的活动或采取的措施方面的信息。仲裁庭作出裁决，爱尔兰要求英国政府披露的信息属于上述信息中的第二类，仲裁庭严格解释了所涉及信息的含义，没有支持爱尔兰政府的主张。英国对于爱尔兰政府将纠纷诉诸《联合国海洋法公约》框架下的仲裁法庭的行为表示反对，并间接提出了管辖权异议。对此，依据《联合国海洋法公约》附件七组成的仲裁法庭作出回应："1992 年《东北大西洋海洋环境保护公约》的确至少与当事方之间的一些问题相关，但法庭不认为这改变了该纠纷本质上是有关公约（注：此处指《联合国海洋法公约》）的解释和适用这一性质。"②虽然仲裁法庭暂停了该案的审理程序，但法庭的观点似

---

① 作为该案的被告方，英国政府反对爱尔兰将纠纷诉诸 1982 年《联合国海洋法公约》框架下的纠纷解决机制，主张利用《东北大西洋海洋环境保护公约》框架下的纠纷解决机制解决争端。

② The MOX Plant Case, Order No. 3 of 24 June 2003, Suspension of Proceedings on Jurisdiction and Merits, and Request for Further Provisional Measures, para. 18；转引自高健军著：《联合国海洋法公约》争端解决机制研究（修订版），中国政法大学出版社 2014 年版，第 44 页。

乎支持爱尔兰的做法。①

　　无疑，"莫克斯工厂案"这种局面又一次出现了"选择法庭"（Forum Choice）现象，这是跨国环境纠纷在管辖权问题上暴露的一种困境，后文章节将会详细论述。在此，就《联合国海洋法公约》框架下的仲裁法庭对此案作出的有限决定进行简要分析。虽然1982年《联合国海洋法公约》在条约的谈判之初，并没有定位于专门保护全球海洋环境的一个国际公约，在谈及该公约时，学术界更多的是将其作为现代国际海洋法的一个重要基础性立法而看待，它确定了自第二次世界大战后纷争不断的各国海洋权益纠纷的基本解决脉络，是一项影响巨大，甚至被称为"海洋宪章"的造法性国际公约。但从全球环境保护的视角审视，《联合国海洋法公约》的确贯彻了"保护海洋环境"的中心思想。以其纠纷解决机制为例，虽然尚存在许多争议，但国际海洋法法庭自成立后，已经在受理的多个案件中显现了对于海洋环境保护和养护海洋生物资源方面的关注和重视，尤其是在发生了和其他国际法庭或仲裁庭相对比的情况下。如，与同样受理了"箭鱼案"的世界贸易组织争端解决机制相比，与同时受理了"莫克斯工厂案"的常设仲裁法院相比，国际海洋法法庭及其分庭体现出的跨国环境纠纷解决中的重视生态环境价值值得鼓励。

第三节　《北美环境合作协定》的纠纷解决机制

　　在讨论有关环境问题的跨国纠纷的解决时，《北美自由贸易协定》框架下的《北美环境合作协定》的纠纷解决机制也常常被提及，并和其他纠纷解决机制进行对比研究。《北美自由贸易协定》是位于北美洲的美国、加拿大和墨西哥三国政府在1992年8月通过谈判签署的一项贸易协定，该协定的基本目标是在条约签署后的5~15年清除横亘在三个国家间的关税和其他贸易壁垒，建立世界上最大的自由贸易区。为了避免这项旨在发展经济、推动自由贸易和投资的经济协定造成北美地区的环境与资源的破坏，在《北美自由贸易协定》签订后的第二年，

---

　　①　Natalie Klein, Disputes Settlement in the UN Convention on the Law of the Sea, Cambridge University Press 2005, p. 51.

美国、加拿大和墨西哥三国政府又签署了《北美环境合作协定》，其定位是《北美自由贸易协定》的附属协议。《北美环境合作协定》是区域环境合作的产物，为北美地区生态环境的保护和养护提供了重要作用。尤其是协定中规定的争端解决机制，被视为是当时非常有特色的综合性争端解决机制，综合运用了包括外交方式和法律方式在内的多项纠纷解决手段，并在这些不同的纠纷解决方式之间架起桥梁，避免了孤立使用某一种纠纷解决方式带来的弊端。虽然其仲裁方式在一些规定上模仿了《北美自由贸易协定》的制度和规则，但是也考虑到了环境纠纷的特殊性，做了一些必要的调整，使之更契合于跨国界环境纠纷的处理。

一、《北美环境合作协定》中的纠纷解决机构

根据《北美环境合作协定》的规定，美、加、墨三国政府设立了一个环境合作委员会，该委员会被赋予了包括解决因协定而引起的有关环境纠纷的权力。从本质上讲，《北美环境合作协定》的目标是确保三个缔约国能通过适当的行政行为实施本国的环境资源保护方面的法律，并在北美自由贸易区的合作框架下确保环境质量不恶化。协定为了实现这一目标，规定包括非政府组织甚至自然人也可以针对本国不合适或不妥当的破坏环境的行为向环境合作委员会秘书处提起申诉，秘书处有权进行调查和报告，但无权采取强制行动。这在具有申诉权的主体范围上，相较于国际法院等机构，《北美环境合作协定》就作出了重大突破。如果有关国家国内环境法的实施持续引起纠纷，也可以构成国际环境纠纷。环境协作委员会有权在相关国家进行调查、调停或调解，以寻求纠纷当事方满意的解决方案。如果上述外交手段无法解决，或被证明无法进行，或区域贸易或自由竞争受到了影响，则可以将纠纷提交仲裁。

二、《北美环境合作协定》中的纠纷解决方式

(一) 纠纷解决方式概述

根据《北美环境合作协定》的内容，在发生了环境纠纷后，首先可以运用协商的方式解决纠纷。如果在规定的时间内无法协商解决，环境合作委员会可以在授权范围内采用包括调查、调停和调解在内的其他外交手段解决纠纷。如果纠纷

得到了和平解决，则外交程序结束。如果纠纷仍然无法解决，则作为纠纷当事方的任一缔约方可以向《北美环境合作协定》项下的理事会提出书面申请，召开特别会议。如果理事会召开会议后 60 天内不能解决纠纷，经过任一当事方申请，理事会 2/3 多数投票表决通过，则可以成立仲裁小组对争端进行处理。① 需要注意的是，在《北美环境合作协定》的规定下，纠纷提交仲裁不需要事先的仲裁协议，当事方也不能自由约定或选择仲裁的具体规则，因此这是一种带有强制性的仲裁，甚至连仲裁小组的管辖权也是通过事先法定形式确定的，纠纷当事方无法像一般国际仲裁那样享有较大自主权。

（二）仲裁方式

因为《北美环境合作协定》项下的仲裁方式较有特色，这里着重阐述和分析其仲裁程序。

首先是仲裁员的选择。在纠纷被提交到仲裁小组之前，先由理事会确定一份仲裁员名单，一般不超过 45 人，可以供当事国选择仲裁员。在仲裁员的人选上，《北美环境合作协定》充分考虑到了解决环境问题或处理环境纠纷所需要的宽广的知识面，进入名单的仲裁员应当按照下列条件严格遴选：一是有环境法或环境执法，或者国际条约的纠纷解决方面的专业知识或有关经验，或具有其他相关学科、技术或职业的专业知识或有关经验；二是以客观、值得信赖、有良好的判断力作为重要基础进行遴选；三是具有独立性，不附属于缔约方秘书处或其他机构，也不接受缔约方秘书处或其他机构的指令；四是严格遵守理事会制定的行为规则。②

其次是仲裁小组的组成。不同于其他国际仲裁的做法，《北美环境合作协定》规定，仲裁专家小组的组成首先要确定的是首席仲裁员或仲裁小组的主席而不是普通仲裁员。确定程序如下：在理事会投票决定成立仲裁小组后 15 日内，纠纷当事方应当协商确定首席仲裁员或就人选达成一致意见。如果未能在此 15 日内确定，抽签决定某一当事方确定该首席仲裁员，被抽中的当事方应当在 5 日内完

---

① 参见 1993 年《北美环境合作协定》第 23 条规定。
② 参见 1993 年《北美环境合作协定》第 25 条规定。

成此事。首席仲裁员确定后 15 日内，各纠纷当事方应当在前述 45 人仲裁员名单中各选任一名仲裁员，组成仲裁小组。

再次，关于仲裁的具体程序。在仲裁小组的最后一名成员确定后的 180 日内，仲裁小组应当向纠纷的当事方出具初次报告，报告应当听取纠纷各方的意见以及辩驳，包括仲裁小组向任何个人或机构寻求的信息、科学技术等必要建议。纠纷当事方收到初次报告后，可以在 30 日内递交对该报告的书面意见。仲裁小组在提交初次报告后的 60 日内，向环境纠纷的当事方出具最终报告。

最后，关于仲裁报告/裁决的执行。仲裁小组的最终报告是具有法律约束力的，《北美环境合作协定》为了维护仲裁小组报告的权威性，确保其得到执行，对于拒不执行仲裁小组报告的纠纷当事方，规定了包括巨额罚金、中止其在《北美自由贸易协定》项下享有的权益等救济措施。

三、小结：《北美环境合作协定》纠纷解决机制的特点

（一）综合适用多种纠纷解决方式

《北美环境合作协定》没有将传统的国际纠纷的外交解决方式和法律解决方式做泾渭分明的划分，而是在确保北美自由贸易区贸易投资的自由发展的条件下，着眼于北美区域的环境质量的维持和保护。虽然《北美环境合作协定》是附属于一个规模更大、内容更广泛的条约——《北美自由贸易协定》，并作为一个区域经济联盟组织——北美自由贸易区的一系列协定中的一项，但该协定也自有其特色。尤其是在纠纷解决上，它综合规定了协商、调停、调查、调解等解决纠纷的外交方式，同时也引入了独具特色的法律解决方式——仲裁。在上述几种纠纷解决方式的衔接上，也尽力做到自然过渡，除了出于纠纷解决效率的考虑，设置了时间限制外，其他基本可以依照纠纷解决的主要走向，巧妙适用不同的解决手段。

（二）独具特色的仲裁方式

《北美环境合作协定》最令人称道的是其关于仲裁的做法。首先，在管辖权上，不同于一般国际仲裁充分尊重当事方意愿的做法，《北美环境合作协定》规

定，不需要仲裁协议，只要纠纷的任一当事方启动了仲裁程序，仲裁即可进行。其次，在仲裁小组的组成上，先确定在仲裁过程中具有举足轻重作用的首席仲裁员，然后再确定其他仲裁员。此外，在仲裁小组的报告上，分为初次报告和最终报告两种。当事方在收到初次报告后，可以提出其建议，仲裁小组在听取纠纷当事方对初次报告建议的基础上作出最终报告。这种做法有点类似于国内法中民事诉讼常见的"两审终审"制度，但也不尽相同。不过相比于一般国际仲裁的"一裁终局"，这种听取了当事方意见的裁决，在接受程度上要更加可靠。最后，为了保证仲裁资源不浪费，对于仲裁报告规定了国内法中常见的"罚金"等手段和国际条约中经常出现的"中止条约项下权利"等方法，也可谓为保证裁决的执行力不拘一格。

虽然《北美环境合作协定》的纠纷解决机制具有如此多的特色，有些在实践中被证明也是行之有效的，但是这种纠纷解决机制的出现是和其大背景不无关联的。北美地区只有三个国家，美国、加拿大和墨西哥，其中美国和加拿大在经济发展水平、政治体制、法律文化、法系背景等方面都具有很大的相似性，这种独特的地域国家条件决定了世界上只能出现一个北美自由贸易区和一个独具特色的《北美环境合作协定》。这种"区域贸易协定附加区域环境合作"的独特做法也无法在世界其他地方复制，其间的纠纷解决机制也是如此。

尽管有如此煞费苦心的精巧设计，在运行多年后，《北美自由贸易协定》及其附属的《北美环境合作协定》和《北美劳工合作协定》也需要重新谈判、修订。2017 年 7 月，美国贸易谈判代表宣布将和加拿大、墨西哥两国开展《北美自由贸易协定》及附属协定的谈判及修订工作。[1] 在环境领域，美国将寻求"强有力的和可执行的条款"，谈判目标包括加强对"过度的、未管理的"捕捞行为的管制等，也表示环境纠纷的解决机制将会纳入贸易协定的争端解决机制中。修订后的《北美自由贸易协定》及附属的《北美环境合作协定》会是什么样？其中的纠纷解决机制将会呈现什么新的特点，学术界也将拭目以待。

---

① 参见《美国贸易代表发表北美自贸协定谈判目标》，载搜狐网：http：//sohu.com/a/159451038_669832，最后访问时间：2018 年 12 月 7 日。

第四节　《南极条约环境保护议定书》的纠纷解决机制

在众多的涉及全球环境保护或区域环境保护的环境条约中，除了 1982 年《联合国海洋法公约》和 1992 年《北美环境合作协定》外，关于南极地区环境保护的《南极条约环境保护议定书》是另一项规定了综合性的跨国纠纷解决机制的环境条约。

《南极条约环境保护议定书》是《南极条约》的一个有机组成部分。南极地区在国际法上是一个较为特殊的区域，不同于隶属于主权国家的一些领土，总面积 1400 多万平方公里的南极洲，是世界七大洲之一，不属于任何一个国家所有。南极洲不但蕴藏着丰富的自然资源，还拥有重要的战略地位。从 20 世纪初期开始，就有不少国家先后对南极提出领土要求。① 美国和俄罗斯虽然没有正式提出对南极的领土主权要求，但二者均在不同场合发表声明，表示不承认上述国家对南极地区的领土要求，并保留本国对南极地区提出领土要求的权利。为了缓解对南极地区领土争夺不休的紧张局面，国际社会在 1959 年 12 月 1 日在美国华盛顿签署了《南极条约》，第一批签约国家包括美国、阿根廷、澳大利亚、比利时、智利、法国、日本、新西兰、挪威、英国、苏联以及南非十二个国家。② 从此，《南极条约》成为国际社会对南极地区进行管理和开发的最重要的国际法依据。该条约最重要的贡献是冻结了各国对南极的领土要求，并明确提出，南极只能用于和平目的，禁止在该地区建立军事基地、建筑要塞，禁止进行军事演习以及任何类型的武器试验。此外，《南极条约》还建立了"南极协商会议"制度，并召开了多次全部缔约国参加的南极协商会议。为了防范各国在对南极地区进行以和平为目的的科学考察和开发活动过程中带来的环境风险，南极协商会议先后通过了一系列旨在保护南极地区生物资源和生态环境的国际条约，这些条约主要有：1972 年的《南极海豹保护公约》、1980 年的《南极海洋生物资源保护公约》、

---

① 对南极提出领土要求的国家包括：英国、法国、澳大利亚、新西兰、挪威、阿根廷、智利和南非等国家，这些国家的领土要求很多是互相重叠的，导致彼此之间明争暗斗，成为国际和平与稳定的隐患之一。

② 中国于 1983 年 6 月加入《南极条约》，并于 1985 年成为《南极条约》的协商国。

1988 年的《南极矿物资源活动管理公约》以及 1991 年的《南极条约环境保护议定书》等。这些条约和《南极条约》一起，共同构成了"南极条约体系"。① 其中，《南极条约环境保护议定书》是关于南极地区环境保护及有关缔约国之间环境纠纷解决的专门议定书，其中的纠纷解决机制尤其是仲裁制度也具有自己的特色。

一、《南极条约环境保护议定书》中的纠纷解决机构

根据《南极条约环境保护议定书》的规定，如果缔约国之间发生了关于该议定书的解释或适用的纠纷，可以采用包括谈判、调查、调解、和解等在内的外交解决方式化解纠纷，也可以采用国际仲裁、司法解决等法律方式解决纠纷，同时不排除采用纠纷各当事方同意的其他和平解决方法，如利用国际组织作为纠纷解决的平台解决彼此之间的争议等。② 在具体的法律方式解决纠纷的机构选择上，《南极条约环境保护议定书》规定，缔约国可以通过发表书面声明的方式，选择国际法院或仲裁法庭作为解决纠纷的机构。③ 因为国际法院在前文内容中已经有过详细阐述，在此主要对其仲裁法庭作具体分析。

《南极条约环境保护议定书》框架下的纠纷解决机构——仲裁法庭，是根据该议定书第 19 条和议定书附则——"仲裁"成立的仲裁机构，专门受理《南极条约》缔约国之间因为南极地区的环境保护和条约的解释及适用而引起的纠纷。仲裁法庭是常设性质的，并指定了一名秘书长。仲裁员名单由各缔约国指定的仲裁员共同组成的，名单由仲裁法庭的秘书长保存。

在此还需要注意《南极条约环境保护议定书》的另一个具有纠纷解决和采取

———

① 《国际公法学》编写组：《国际公法学》，高等教育出版社 2016 年版，第 297 页。

② 参见《南极条约环境保护议定书》第 18 条"争端解决"的规定："如果发生关于本议定书的解释或适用的争端，该争端各方经其中任何一方提出要求，应尽早彼此协商，以便通过谈判、调查、调解、和解、仲裁、司法解决或争端各方同意的其他和平方法解决该争端。"

③ 参见《南极条约环境保护议定书》第 19 条"争端解决程序的选择"第 1 款的规定："各缔约国可于签署、批准、接受、核准或加入本议定书时，或在其后任何时间，以书面声明的方式选择下列一种或两种方法来解决关于本议定书第 7、8、15 条及任何议定书的规定（除非该附件另有规定）以及第 13 条（如其与上述条款和规定有关）的解释或适用的争端：（a）国际法院；（b）仲裁法庭。"

应急措施权力的机构，即"环境保护委员会"。根据该议定书的规定，环境保护委员会由各缔约国任命的一名代表共同组成，类似于一般环境条约的"缔约方会议"这种条约机构，拥有包括适用环境影响评价程序、采取环境紧急状态下的反应行动等在内的重要权力。① 其中，紧急反应行动是指各缔约国在南极条约所指范围内所从事的科学研究项目、旅游以及一切其他政府性和非政府性活动，包括相关的后勤支援活动可能产生的对环境造成不利影响的紧急事态的反应行为。南极地区虽然属于极寒区域，且在《南极条约》签署后，已经对各国在南极的科学研究及旅游等活动进行了规范，但随着时间流逝，对南极地区感兴趣的人越来越多，南极地区脆弱的生态环境已经在这种"热闹"的表象下受到了极大威胁，因此，对于这种缔约国及其国民在南极地区的活动制定应急方案并规定采取应急行动的条件和主管机构，对保护南极地区的环境非常重要。

二、《南极条约环境保护议定书》中的仲裁程序

在《南极条约环境保护议定书》中规定的谈判、调查、调解、和解、仲裁和司法解决等纠纷解决方式中，仲裁程序是最重要也是较为独特的一种纠纷解决方式，在此笔者对其仲裁解决方式进行详细分析。

（一）仲裁程序的启动

《南极条约环境保护议定书》并没有像《联合国海洋法公约》一样，建立新的国际法庭，而仅仅是强化了其纠纷解决的仲裁程序。根据该议定书的规定，如果缔约国的纠纷无法通过谈判、调查、和解、调解等方式解决，缔约国应当按照其加入或签署、批准《南极条约》时作出的声明，选择通过国际法院或仲裁法庭

---

① 参见《南极条约环境保护议定书》第 12 条"环境保护委员会的职能"第 1 款的规定："委员会的职能应是就本议定书的执行包括议定书附件的实施向各缔约国提供咨询和建议，以供南极条约协商会议审议；并执行南极条约协商会议可能指派的其他职能。委员会应特别就下列事项提供咨询：（a）依照本议定书采取的措施的有效性；（b）更新、加强或改进此类措施的必要性；（c）采取补充措施的必要性，包括于适当时制定补充附件的必要性；（d）第 8 条和附件一规定的环境影响评价程序的适用和实施；（e）减少或减轻在南极条约地区的各类活动造成环境影响的办法；（f）处理需采取紧急行动的情势的程序，包括在环境紧急事态下采取反应行动的程序；（g）南极条约保护区制度的运行和进一步说明……"

解决纠纷。若缔约国未作出纠纷解决的选择声明，或曾作出声明但声明已经失效，被视为接受仲裁法庭的管辖权；当纠纷当事方均同意仲裁解决纠纷时，可以直接启动仲裁，无须专门订立仲裁协议；如果纠纷一方不同意另一方提出的仲裁解决方式，或者纠纷当事方对纠纷解决方式持有两种以上意见，则除非它们关于如何解决纠纷达成了另外的协议，否则该纠纷只能提交仲裁法庭解决。① 由此可以看出，《南极条约环境保护议定书》的仲裁法庭在管辖权问题上态度较为强硬，且当纠纷发生后，如果纠纷当事国无法通过外交方式解决纠纷，也无法就纠纷解决方式达成一致意见，则仲裁法庭直接行使管辖权。从性质上看，这也是一种强制管辖，对于缔约国来说，一旦加入《南极条约环境保护议定书》，在纠纷发生后，除非选择通过外交方式和平解决纠纷，否则可选择的法律解决空间是很有限的。

（二）仲裁庭的组成

《南极条约环境保护议定书》的仲裁法庭一般由三名仲裁员构成。这些仲裁员主要来自一份仲裁员名单，名单由仲裁法庭的秘书长持有。仲裁员名单上的仲裁员主要来自南极条约缔约国的指定，每个缔约国可指定不超过三名仲裁员。仲裁员的资格要求包括：具有处理南极事务的经验，精通国际法，并且公正、品德高尚，具有处理国际纠纷的能力。缔约国指定的仲裁员任期为 5 年，任期届满可以由该缔约国重新指定。在《南极条约环境保护议定书》的"仲裁"附则中，对于仲裁员的资格要求是较为全面的，不仅要求具有国际法专业知识背景，还要求仲裁员具有理解和处理南极地区事务的实践经验，同时在品德、能力方面也有要求。②

---

① 参见《南极条约环境保护议定书》第 19 条"争端解决程序的选择"第 3 款、第 4 款、第 5 款的规定："3. 未依据上述第 1 款作出声明或其在这方面的声明已失效的缔约国，应被视为已接受仲裁法庭的管辖权。4. 如争端各方接受了解决争端的同一方法，除非各方另有协议，该争端仅可提交该程序。5. 如争端各方未接受解决争端的同一方法，或它们都接受了解决争端的两种方法，则除非各方另有协议，该争端仅可提交仲裁法庭。"

② 参见《南极条约环境保护议定书》"仲裁"附则第 2 条第 1 款的规定："每一缔约国应有权指定至多 3 名仲裁员，其中至少 1 名应在本议定书对该缔约国生效后 3 个月内指定。每 1 名仲裁员均应对南极事务富有经验，精通国际法并在公正、能力和品德方面享有最高声誉。仲裁员名单应由这样的提名构成。每一缔约国应在任何时候在该名单中保持至少一名仲裁员的姓名。"

组成仲裁法庭的三名仲裁员应当按照如下程序指派：启动仲裁程序的纠纷当事方首先从仲裁员名单中委派一名仲裁员，可以是具有本国国籍的国民；纠纷另一方在收到通知书40天内，从仲裁员名单中指派第二名仲裁员，仲裁员可以是本国国民；纠纷各当事方应在第二名仲裁员指定后60天内通过协议的方式从仲裁员名单中委派第三位仲裁员，该仲裁员不应属于纠纷任何当事国的国民，并由该第三名仲裁员担任仲裁法庭的庭长。如果第二名仲裁员没有在规定时间内指派，或纠纷各方在第三名仲裁员的委派上产生争议，未能在规定时间内委派成功，则可以经纠纷任何一方请求，由国际法院原扎根在收到请求后30天内从上述仲裁员名单中委派。该委派过程应当和纠纷各当事方进行协商。

（三）进行仲裁并作出裁决

在仲裁法庭组成后，即可进入案件的实质性仲裁阶段。仲裁一般在荷兰海牙进行，除非纠纷当事方对仲裁地点另有专门协议。仲裁法庭可以制定自己的仲裁程序规则，依照仲裁程序进行仲裁。仲裁法庭初步认定其对所诉纠纷拥有管辖权后，就可以经纠纷任何一方请求，采取必要的临时措施，以保护当事方的权利。需要注意的是，仲裁法庭所采取的临时措施，除了是为了保护纠纷当事方的利益，也可以是为了保护整个南极地区的生态环境，或者避免出现严重危害南极地区生态系统或自然资源的环境风险。① 也就是说，此处仲裁法庭所采取的临时措施，不同于前文所说的国际法院采取的临时措施，可以是为了南极地区的环境公共利益而采取。这是由南极地区的法律地位决定的，因为根据《南极条约》的规定，南极地区属于"全人类共同所有"，可以为了人类共同福利进行科学考察，开展科研探索，但是如果在此过程中危害到了南极的生态环境，则为了保护全球环境利益，仲裁法庭可以采取保护性的临时措施。

纠纷当事国应当向仲裁法庭提供与纠纷有关的各种信息和文件资料，在有必要时，通知证人或有关专家出庭。仲裁法庭应当听取纠纷各当事方关于案件的请

---

① 参见《南极条约环境保护议定书》"仲裁"附则第6条第1款的规定："如仲裁法庭初步认定法庭依据本议定书具有管辖权，它可：（a）经争端任何一方请求，指定其认为必要的临时措施，以保护争端各方各自的权利。（b）规定任何其认为在当时情况下适当的临时措施，以防止对南极环境或依附于它的或与其相关的生态系统的严重危害。"

求以及辩驳。如果纠纷当事方不出席仲裁法庭的审理或不进行答辩活动，纠纷另一当事方可以请求仲裁法庭继续仲裁，仲裁法庭可以应其请求继续仲裁程序，直至作出裁决。仲裁庭适用的法律主要是《南极条约环境保护议定书》《南极条约》及该条约体系下的其他条约、不与"南极条约体系"低处的其他规则和国际法基本原则，以及"公允及善良"原则。① 仲裁员依据多数原则作出裁决且不得弃权，仲裁裁决为终局性的具有法律约束力的决定，一旦作出，由仲裁法庭的秘书长转送所有缔约国。裁决对纠纷当事方有拘束力，各方应立即执行。如果对裁决有疑问，任何纠纷当事方可以请求仲裁法庭进行解释。

三、小结：《南极条约环境保护议定书》纠纷解决机制的特点

《南极条约环境保护议定书》中的纠纷解决机制是一个专门以保护南极地区生态环境为主要目标，兼具和平解决《南极条约》缔约国之间环境纠纷功能的综合性纠纷解决制度。在纠纷解决的各种方式的选择上，以及仲裁程序的具体设计上，可以看出，它主要受到了 1982 年《联合国海洋法公约》第十五部分的影响。具体来说，该纠纷解决机制具有如下几个特征：

1. 以仲裁为主，不排除其他纠纷解决方式

在这个纠纷解决体系中，仲裁毫无疑问占据着最主要的地位，以至于《南极条约环境保护议定书》专门增加了一个附则——"仲裁"，规定仲裁的具体内容和规则。除了仲裁外，它也不排除纠纷当事国之间约定的纠纷解决方式，包括传统外交方法，如谈判、调解、调查等；同时，在自力救济解决纠纷的努力失败后，通过赋予缔约国在纠纷解决机构管辖权上的选择权利——可以选择国际法院，也可以选择该议定书框架下的仲裁法庭，来解决纠纷。如果其他方式都无法解决纠纷，缔约方必须在国际法院和仲裁法庭之间选择一个作为纠纷解决平台。这种做法和《国际法院规约》中关于国际法院对事管辖权中的"任择强制管辖"有异曲同工之妙。这是一个灵活而不失强硬的管辖权制度，建立在对于南极地区

---

① 参见《南极条约环境保护议定书》"仲裁"附则第 10 条第 1 款和第 2 款的规定："1. 仲裁法庭应依本议定书的规定和其他可适用的不与本议定书的规定相抵触的规则和国际法原则为依据，对提交给它的争端进行裁决。2. 如争端各方同意，仲裁法庭可依据公允及善良原则对提交给它的争端进行裁决。"

环境问题的关注基础上，具有了保护全球环境的公益性考虑。从南极地区的"无主权"状态观察，这样的一个制度设计无疑是有利于全球环境保护与合作的。

2. 仲裁的强制性与程序的灵活性

在这里，《南极条约环境保护议定书》中仲裁的强制性主要是指其在管辖上的强制性。根据该议定书的规定，一旦纠纷当事方采取的外交或政治手段解决纠纷的努力宣告失败，当事方必须在寻求国际法院的司法解决和议定书项下的仲裁法庭解决中作出选择，这就是其管辖上的强制性。仲裁制度在其产生之初，本意是充分尊重当事方的自主意愿，包括其是否选择诉诸仲裁解决其矛盾。在国际法律发展过程中，《南极条约环境保护议定书》不是第一个规定强制仲裁的条约，但考虑到其保护南极地区环境资源的主要动机，其强制仲裁的法理基础要比其他国际条约中的强制仲裁更具有必要性和合理性。

同时，在仲裁程序的加入上，该程序设计出了非常灵活的规则。如果在仲裁程序进行中，第三方认为其与该纠纷具有法律关联利益，无论这种利益关联是一般的还是个别的，只要这种利益可能会受到仲裁裁决的实质性影响，它就可以提出加入仲裁。[①] 此外，在仲裁法庭适用的法律上，该议定书也提供了足够宽泛的国际法的选择，可以适用的法律范围包括：《南极条约环境保护议定书》《南极条约》以及其他相关的条约、与《南极条约》体系不冲突的其他国际条约、国际法中的"公允和善良"原则等。

虽然《南极条约环境保护议定书》纠纷解决机制受到很多国际法以及国际环境法学者的推崇与褒扬，但有一点遗憾的是，这个纠纷解决机制目前还未受理任何跨国环境纠纷，还没有被实践考验过。肃然如此，它在众多环境条约中独树一帜的纠纷解决规则依然引人注目，值得研究者们进一步持续关注。未来如果被应用于实践，可以进一步分析和观察该纠纷解决规则在实践中的优点和缺点，以期进一步完善跨国环境纠纷解决的理论体系，并丰富其国际实践经验。

---

① 参见《南极条约环境保护议定书》"仲裁"附则第7条的规定："任何缔约国如认为其有自身的法律利益，不论其为一般的或个别的，可能在实质上受到仲裁法庭裁决的影响，可以参与仲裁程序，除非仲裁法庭另有裁定。"

第六章　国际组织与跨国环境纠纷的解决

第一节　国际组织的兴起对国际法发展的影响

国际组织一般是指两个以上的国家的政府、民间团体或个人为特定的国际合作的目的,通过协议形式而创设的常设机构。① 国际组织可以分为政府间国际组织和非政府国际组织,通常意义上纳入国际法范畴,由国际法规范进行调整的国际组织一般是指政府间国际组织。② 国际组织被视为是国际法中的一类重要主体。自 20 世纪 60 年代以来,已经有越来越多的国内外国际法学者承认,国际组织(尤其是政府间国际组织)已经和主权国家一样,成为国际社会各种活动重要的参加者。在此基础上,国际组织的权利能力、行为能力以及承担国际责任的义务与能力等有关理论也逐渐开始完善。依托于"二战"后成立的以联合国为代表的一大批国际组织的国际经验与实践,关于国际组织的研究与讨论也称为很长时期以来国际法学的一大理论热点。

一、国际组织的涌现及其原因

国际组织最早出现于 19 世纪上半期的欧洲,在世界范围内的飞速发展主要是在 20 世纪中期至 90 年代,该时期被视为国际组织的"黄金发展时期"。主要

---

① 邵津主编:《国际法》(第三版),北京大学出版社、高等教育出版社 2010 年版,第267 页。

② 如果没有特别说明,本章节的国际组织主要是指政府间国际组织。

原因是随着经济全球化时代的到来，尤其是东西方阵营的"冷战"局面结束后，国际组织的发展迎来了前所未有的宝贵机遇，国际组织无论是在数目、类型还是规模上，都有更迅速的发展。总部设在比利时布鲁塞尔的国际组织联盟编纂的《国际组织年鉴》第 47 版（2010/2011）统计，截至 2009 年年底，全球各种形式、各种性质的国际组织、协会或机构共有 63397 个，其中政府间国际组织或机构的数目是 7544 个。① 这些国际组织活跃于国际社会几乎所有的领域，如：军事、外交、安全、环境、卫生、教育、人权、体育、劳工保护、女性权利保护、生物多样性等。大多数国际组织是基于特定国际条约为基础而成立的，一般具备基本的组织架构，具有稳定的对内对外职能。也有一些松散的论坛性质的国际组织，还有大量的附属于多边条约的条约机构。这些不同类型、不同规模、不同性质、不同领域的国际组织作为一个整体，已经成为国际社会召开重要的国际会议、官方论坛，甚至多边外交场所的重要参与者，与民族国家一道，担负着维护和促进国际和平与发展、解决国际纠纷的重任。

国际组织纷纷出现也被称为"国际社会的组织化"现象，我国著名国际法学者梁西教授认为，国际组织是国家间进行多边合作的一种法律形式。② 国家间进行国际合作是国际法得以产生和健康发展的重要前提，但是，传统国际法一直秉持"唯一主体论"，主张只有民族国家才是国际法的唯一主体，这种理论在进入 20 世纪后遇到了强有力的挑战。国家之间的双边或区域性合作受到国际政治的直接影响，缺乏稳定性，这给国际合作以及国际社会的和平稳定秩序都带来了威胁。这时，早期在电讯、多国河流管理等领域出现的松散的"国家联合体"（当时国际组织的雏形）给国际社会的多边主义合作带来了灵感，这种早期的国家间合作的平台显现出了"国与国"直接合作无法比拟的优势，并且更有利于扩大区域合作或国际合作的范围和空间；它们一般以特定的国际协议为依据和基础，更有利于合作各方对于构筑稳定的多边主义合作的构想的实现。国家期望通过这种"组织化"的多边合作形式来寻求国家利益的最大化，与此同时，国际合作也成

---

① Union of International Associations, Yearbook of International Organizations 2010/2011, 47th ed. Vol. 1B, De Gruyter Saur 2010, pp. 2983-2984.

② 梁西著：《国际组织法总论》，武汉大学出版社 2000 年版，第 3 页。

为国际法（包括国际私法、国际经济法等其他广泛意义上的大国际法学科）的一项基本原则，同时也是国际组织成员国的基本义务。因此，有学者认为，国际组织是国际多边主义发展的需求和产物，是国际多边合作的法律形式和制度载体。[①]

二、国际组织对国际法发展的影响

（一）国际组织促进了国际立法的发展

在国际组织大规模出现以前，国际法的推进和发展主要靠国家之间缔结条约或经过漫长时间形成的少量习惯性国际规则推动。由于缺乏稳定的国际交往连接纽带，当国家之间关系恶化时，或者地区和平稳定状态遭到破坏时，国际立法就会直接受到影响，呈现出停滞不前甚至历史性倒退的现象。例如，在 18 世纪末期到 19 世纪中期，西方国家纷纷依靠强大的武力打开亚洲、非洲、南美洲等地区弱小国家的国门，侵占这些弱小国家的领土，掠夺这些国家的自然资源。这是国际法发展史上非常特殊的一段时期，该时期出现的这种弱肉强食的国际交往状态是非正常的，也直接导致了这一历史时期国际立法的停滞甚至是倒退。在国际组织大规模出现后，国际立法的发展也受到了直接影响。几乎每个政府间国际组织，尤其是影响力巨大的全球性或政治性国际组织，或在其成员国范围内权威性较高的区域性国际组织，都会在各自的职责领域内，发起成员国之间的多边谈判，推动国际条约的制定，促进该地区或专门领域内国际立法的发展。以联合国为例，在其成立后，依据《联合国宪章》中的"联合国大会应促进政治上之国际合作，并提倡国际法之逐渐编纂与发展"的规定，通过联合国国际法委员会，在 20 世纪 50 年代至 80 年代，完成了 30 多个国际法条约项目的起草或编纂工作，其中有近 20 项通过联合国大会或联合国主持召集的多边外交会议的集体讨论通过，最终形成国际会议决议或正式签订为国际条约，其中不乏像《联合国海洋法公约》《维也纳外交关系公约》《维也纳领事关系公约》等创造了国际法新

---

① Jan Klabbers, An Introduction to International Institutional Law, 2nd ed., Cambridge University Press, 2009, pp. 14-20.

规则的造法性国际公约。① 另一个典型的例子是世界贸易组织的成立。世界贸易组织及其前身关贸总协定在七十多年的发展进程中，促成了多轮回合的多边贸易谈判，每一轮谈判结束后，都会形成新的多边贸易条约，极大地促进了国际贸易自由化的发展。

（二）国际组织推动了跨国纠纷的和平解决

通过包括外交或法律方式在内的各种方法和平解决彼此之间的纠纷，是国际法规定的适用于国际法主体的一项义务，当然也是它们的一项权利，这也是国际法的权利义务关系得以实现的重要渠道。和平解决国际争端是现代国际法的一项基本原则，该原则的实现，固然离不开众多国家的参与，同时也日益离不开国际组织的参与。无论是谈判、协商、调解、斡旋、调停、调查等外交手段，还是仲裁、司法诉讼等法律手段，除了谈判和协商外，大多都离不开国际组织的参与与介入。斡旋、调停等方式就不用说了，本身就是依靠第三方（如前文所述，现代社会中国际组织充当了斡旋与调停中的大多数第三方角色，是主要的斡旋者或调停者）完成的，甚至不少跨国纠纷当事国之间的谈判或协商，也是国际组织在幕后极力促成的。而且，国际仲裁和司法诉讼都需要国际机构提供仲裁或审判的重要平台，包括仲裁员、国际法官等专业人才资源和仲裁庭、法庭及其程序规则等法律规范资源。可以说，在现代国际法背景下，离开国际组织的参与，国际争端的和平解决会面临很多问题。当然，相当多的国际组织，也在基本法律文件中明确规定，和平解决成员国之间的纠纷是该组织的一项重要职能，因此，建立现代国际组织的很多国际条约中就包含纠纷解决规则，国际组织成立后，就可以根据这些纠纷解决规则有效促成国际争端的和平解决。

（三）国际组织提升了国际条约的实施效率

第二次世界大战后国际社会的一大变革就是国际组织的涌现，主要体现在国

---

① 梁西：《论国际社会组织化及其对国际法的影响》，载《法学评论》1997 年第 4 期，第 5 页。

际法多个领域的多边合作机制的建立和发展。国际条约是国际法的主要表现形式，也是国际多边合作的重要成果。国际组织的参与，大大提升了国际条约的实施效率。

以环境条约为例，为了加强国际环境条约的实施，增强各缔约国尤其是发展中缔约国的履约能力，不少环境条约发展和强化了缔约国履约能力建设制度。众所周知，环境问题的成因具有复杂性，环境问题的治理又是具有全球公益性质的行为，一些国家存在"搭便车"的现象，① 一定程度上挫伤了积极履约国家的积极性。因此，环境条约的有效实施不仅复杂、艰难，也需要大额的资金投入，以帮助"有意愿但无能力履约"的国家提高其履约能力。全球环境基金（Global Environment Fund，GEF）就是一个具有政府间组织性质的国际机构，是目前多项国际环境条约的资金支持机构。根据 GEF 的章程性文件的规定，它为生物多样性、气候变化、国际水道、土地退化、臭氧层耗损以及持久性有机污染物六大领域的多边环境协定提供资金支持，资金包括捐赠和优惠贷款，主要投向发展中国家，目标是帮助发展中缔约国发展环境保护领域的有关设施、设备以及资助专业环境保护人员的培训。迄今为止，全球环境基金已经发放环境保护资助金额88 亿美元，受益者超过 160 个国家，成为提高环境条约履约效率的最大的资金支持机制和组织。②

除了全球环境基金这类全球性基金组织，还有一些环境条约为了提高缔约国的履约能力，设立了专项基金组织，如依据《关于消耗臭氧层物质的蒙特利尔议定书》而成立的多边臭氧基金组织，依据《关于湿地保护的拉姆萨尔公约》成立的湿地保护基金组织，依据《联合国气候变化框架公约》成立的气候变化特别基金、最不发达国家基金，依据《生物多样性公约》设立的生物多样性合作基

---

① 在经济学上，"搭便车"本意是指不承担任何成本而消费或使用公共物品的行为，有这种行为的行为体具有让别人付费而自己享受公共物品收益的动机。在国际环境法中，环境条约的非缔约国或履约意愿低的缔约国可以通过其他国家的履约行为享受到同等的环境治理成果，也被称为"搭便车"现象。

② 参见全球环境基金网站对该组织的介绍：http://www.thegef.org/gef/whatisgef，最后访问时间：2021 年 12 月 18 日。

金，依据《世界遗产公约》设立的世界遗产基金等。①

还有一些环境条约设立了发展援助机制和技术援助机制，这主要是为了照顾履约能力不足的发展中缔约方。特别是《京都议定书》设立的条约实施机制，以市场调节为基础，通过经济刺激手短影响缔约国实施条约义务，具体内容包括联合实施机制、清洁发展机制和排放贸易机制，被称为"京都三机制"。它不仅强调缔约方利用国内资源实现其温室气体的减排承诺，也兼顾发达国家之间、发达国家与发展中国家之间的履约能力的差异，鼓励通过市场调节手段，在缔约国之间开展碳排放交易，以促进条约的整体目标在全球范围内得到更好的实施。②

基于条约而成立的条约机构是一类晚近出现的特殊国际组织，在人权保护和环境保护等领域表现得尤为明显。这些具有专门职责的"小型国际组织"在提升国际条约的实施效率以及加强国际条约的实施方面作出了重要贡献。

第二节　国际组织在跨国纠纷解决中的功能

如前文所述，国际组织的功能之一就是在国际社会中发挥纠纷解决功能，通过自身独有的连接不同国家的纽带作用，以国际组织作为纠纷解决平台，适用特定的纠纷解决程序，化解国家、国际组织、跨国公司以及不同国家的自然人等之间的跨国纠纷。本节主要以政府间国际组织为视角，阐述和分析国际组织在跨国纠纷解决中的重要作用。

一、联合国及其主要机构

根据《联合国宪章》的规定，联合国的宗旨之一就是维持国际和平与安全。为了达成这个目标，联合国可以采取集体办法，防止和消除对于国际和平的威胁，制止侵略行为以及其他危害和平的行为；联合国可以依据正义和国际法基本

---

① 饶戈平等:《国际组织与国际法实施机制的发展》，北京大学出版社 2013 年版，第 20 页。
② 谭家悦:《国际组织在多边条约实施中的角色》，北京大学 2010 年博士研究生学位论文，第 144~145 页。

原则，通过和平方法调整或解决破坏或可能破坏国际和平的国际纠纷。① 维持国际和平与安全一向被视为联合国首要宗旨，位列联合国四个宗旨的第一位。从此条规定可以很明显看出，联合国为了维护国际和平与安全，可以采取两种主要策略：一种是通过集体行动，消除威胁或破坏国际和平的行为。这种策略在实践中主要通过安理会和联合国大会的职责而实现；另一种就是通过解决争端维护国际和平，且这种调整或解决国际争端应遵循和平解决的基本原则。但是，需要联合国出面解决的国际争端必须是可能"足以破坏和平"的争端或情势，也就是说不是所有的国际纠纷都需要联合国出面解决，必须是达到危害或可能危害国际和平的争端才能通过联合国解决。这其实也限制了联合国在国际纠纷解决方面的作用，毕竟很多纠纷，尤其是有关环境保护、人权等领域的纠纷，有时不足以达到"破坏国际和平"的严重程度。

联合国有六个主要的组成机构，包括联合国大会、安全理事会、经济与社会理事会、托管理事会、秘书处、国际法院。除了国际法院之外，承担有纠纷解决职责的机构还有联合国大会、安理会和秘书处。

（一）联合国大会

根据《联合国宪章》第 10 条和第 14 条的规定，联合国大会可以讨论《联合国宪章》范围内的任何问题或事项，包括有关国际纠纷的解决，也可以向大会、安理会或同时向二者提出解决国际纠纷的建议。② 结合《联合国宪章》对联合国大会其他职能的规定，可以看出：大会不仅可以直接向国际纠纷当事国发出和平解决纠纷的呼吁或提醒，还可以提请安理会注意，并协调联合国各机构为防止纠

---

① 参见 1945 年《联合国宪章》第 1 条第 1 款的规定："联合国之宗旨为：一、维持国际和平及安全；并为此目的：采取有效集体办法，以防止且消除对于和平之威胁，制止侵略行为或其他和平之破坏；并以和平方法且依正义及国际法之原则，调整或解决足以破坏和平之国际争端或情势。"

② 参见 1945 年《联合国宪章》第 10 条和第 14 条的规定："大会得讨论本宪章范围内之任何问题或事项，或关于本宪章所规定任何大会之职权；并除第十二条所规定外，得向联合国会员国或安全理事会或兼向两者，提出对各该问题或事项之建议。""大会对于其所认为足以妨害国际间公共福利或友好关系之任何情势，不论其起源如何，包括由违反本宪章所载联合国之宗旨及原则而起之情势，得建议和平调整办法，但以不违背第十二条之规定为限。"

纷以及解决纠纷而进行有关行为。然而更不能忽视的是，大会应遵循《联合国宪章》第 2 条第 7 款和第 12 条的规定，不得干涉在本质上属于成员国一国内部的事务；① 对于安理会正在按照宪章所赋予的职权进行处理的争端或情势，除经安理会请求或同意外，不得提出任何建议。另外，对于会员国或非会员国向大会提出的争端或可能导致国际纠纷发生的情势，大会与安理会享有同样的权力，包括成立调查委员会调查争端产生的真实原因等。② 在实践中，联合国大会参与国际纠纷解决的案例还是较多的，但主要局限于有关纠纷或情势的讨论，提出实质性解决建议的情况并不多。例如，在 1948 年，为了解决中东地区的冲突，联合国大会就以色列和阿拉伯国家之间的纠纷，提出了巴勒斯坦未来的规划建议，认命了巴勒斯坦问题的国际调停人等。这种建议及调停决定并没有法律约束力，是一种国际组织参与纠纷解决的外交手段，对纠纷双方主要体现为政治和道义上的约束。

(二) 安全理事会

根据《联合国宪章》的有关规定，安理会是联合国解决国际争端的主要机构，这一点在其职责中就可以清晰看出：一是根据《联合国宪章》第 34 条的规定，安理会可以对任何争端或可能引起国际冲突或导致国际纠纷的任何情势进行调查；而为了行使调查权，安理会可以设立常设或临时性的调查委员会，争端当事国有义务支持和协助安理会设立的国际调查委员会的工作。③ 二是根据《联合国宪章》第 36 条的规定，安理会对足以危害到国际和平与安全的争端或情势，可以提出适当的解决程序或调整方法的建议。但这种解决纠纷的建议不具有法律

---

① 参见 1945 年《联合国宪章》第 2 条第 7 款的规定："七、本宪章不得认为授权联合国干涉在本质上属于任何国家国内管辖之事件，且并不要求会员国将该项事件依本宪章提请解决；但此项原则不妨碍第七章内执行办法之适用。"

② 参见 1945 年《联合国宪章》第 35 条第 1 款和第 2 款的规定："一、联合国任何会员国得将属于第三十四条所指之性质之任何争端或情势，提请安全理事会或大会注意。二、非联合国会员国之国家如为任何争端之当事国时，经预先声明就该争端而言接受本宪章所规定和平解决之义务后，得将该项争端，提请大会或安全理事会注意。"

③ 参见 1945 年《联合国宪章》第 34 条的规定："安全理事会得调查任何争端或可能引起国际摩擦或惹起争端之任何情势，以断定该项争端或情势之继续存在是否足以危及国际和平与安全之维持。"

约束力。三是根据《联合国宪章》第 39 条以及第 41 条、第 42 条的规定，安理会可以断定国际纠纷的严重程度；如果已经构成对国际和平的威胁，可以采取强制措施。这些强制措施包括非武力形式的经济制裁等措施；若这些经济制裁等措施不奏效，还可以通过法定表决机制采取武力措施。需要注意的是，除了上述这些为了解决国际争端而具有的直接职责外，根据宪章第八章的规定，安理会还鼓励或利用区域国际组织或区域办法解决特定区域性或地区性的国际争端。实践中，安理会处理国际纠纷的案例也有许多。例如，在 1991 年伊拉克非法入侵和占领科威特后，安理会确认伊拉克的行为是非法入侵他国，并要求伊拉克承担其因违反国际法而造成的损失、损害和其他后果，还成立了联合国赔偿委员会负责调查和赔偿有关国家、公司和个人的损失。①

（三）秘书处

秘书处是联合国的常设行政机构，其在和平解决国际争端方面的作用和职责主要通过秘书长的行政职责体现出来。根据《联合国宪章》第十五章的规定，秘书长是联合国这个全球性国际组织的最高行政首长，该职位的特殊性使得秘书长可以及时洞察国际冲突或纠纷的发生并作出判断。② 根据宪章第十五章的规定，秘书长的职责包括：密切注意世界各地潜在的冲突或争端，如果秘书长认为任何事件或情势可能威胁到国际和平与安全，可以提请安理会注意；③ 秘书长可以根据纠纷或冲突的具体情形，呼吁纠纷当事方进行谈判或协商，也可以联合国秘书长身份或指派特别代表参与当事方的讨论和磋商以及斡旋、调停等活动；秘书长在国际纠纷得到和平解决后，特别是达成解决协议后，还应当密切关注协议的实施情况，监督当事方执行解决纠纷的方法以及结果等。实践中，秘书长参与解决的国际纠纷有很多，其中最为国际社会所熟知的是有关海洋环境保护的"彩虹勇

---

① 邵津主编：《国际法》（第三版），北京大学出版社、高等教育出版社 2010 年版，第455 页。

② 参见 1945 年《联合国宪章》第 97 条的规定："秘书处置秘书长一人及本组织所需之办事人员若干人。秘书长应由大会经安全理事会之推荐委派之。秘书长为本组织之行政首长。"

③ 参见 1945 年《联合国宪章》第 99 条的规定："秘书长得将其所认为可能威胁国际和平及安全之任何事件，提请安全理事会注意。"

士号"案，在该案中，秘书长直接担任仲裁员参与了案件仲裁，对于该纠纷的和平解决作出了重大贡献。①

自 1945 年成立以来，联合国已经度过 70 多年的风风雨雨。作为迄今为止全球最大的政治性国际组织，联合国也面临着一系列的挑战和问题。但是，不可否认，联合国在其维持国际和平与安全方面确实起到了重要作用，在用和平方法处理和解决国际争端领域也做了许多贡献。70 多年来，联合国已经采用过《联合国宪章》规定的所有和平方法，包括谈判、协商、斡旋、调停、调查、和解、仲裁和司法诉讼等手段，并且联合国也不断在和平解决国际纠纷方面进行探索和尝试，并进行了一系列改革和创新行动。例如，为了应对全球环境保护的现实需要，国际法院成立了环境保护分庭；安理会作为解决国际争端的重要机构，也一直在探索不断完善的途径。除此之外，联合国近些年来还通过了一些有关解决国际纠纷的重要宣言和纲领，例如，1982 年的《和平解决国际争端马尼拉宣言》和《和平纲领》等。目前，国际法学界对于联合国在解决国际纠纷方面的发展也提出了一系列建议，总结起来这些建议主要包括以下几点：应当采取措施鼓励更多的成员国接受国际法院的管辖权，尤其是《国际法院规约》第 36 条规定的"任择强制管辖"和国际条约中越来越普遍的纠纷解决规则；因为国际局势是不断发展变化的，新的国际问题也在不断出现，国际法院可以成立更多的分庭以适应不断变化的国际局势和不断产生的新问题；基于联合国秘书长经常会参与到国际纠纷的调停或解决中，可以考虑通过联合国大会授权等形式赋予联合国秘书长请求国际法院发表咨询意见的权利；通过多种措施鼓励更多的成员国利用"联合国解决国际争端信托基金"解决争端并鼓励国家捐款，以维持该基金机制的可持续运作；通过国际条约或其他国际组织的创新举措，进一步尝试和探索和平解决

---

① "彩虹勇士号"是全球知名环境保护非政府组织"绿色和平"（Green Peace）的旗舰船，在全球各地进行过反对拖网渔船捕鱼、反对滥捕鲸鱼、反对海洋核试验、反对倾倒有毒废弃物、保护森林等保护全球环境与自然资源的活动。1985 年 7 月，因为反对法国的核试验，"彩虹勇士号"在新西兰奥克兰港口被法国特工安置的水雷炸毁，造成"绿色和平"组织的一名随船摄影师殒命。事发后法国、新西兰和"绿色和平"组织之间产生了纠纷。经过多轮谈判、调停等，纠纷最终通过仲裁形式得以解决。1986 年 9 月，法国与新西兰达成和解协议，同时法国政府向"绿色和平"组织致歉，并赔偿"绿色和平"700 万美元，追究造成"彩虹勇士号"爆炸的两名法国特工的刑事责任。

国际纠纷的新方法和新程序等。

二、其他全球性国际组织

除了联合国，国际范围内还有一些政府间国际组织，也在跨国纠纷的解决中发挥着独特的作用。尤为可贵的是，有些纠纷解决程序还具有创新性，近些年来环境条约在跨国纠纷解决程序方面的一些举措，也借鉴了这些国际组织的纠纷解决规则。下文选取几个重要的全球性国际组织，对其纠纷解决程序作简要阐述。

（一）国际劳工组织（ILO）

作为历史最为悠久的国际组织之一，早在 1919 年，国际劳工组织就依据第一次世界大战后订立的《凡尔赛和平条约》成为国际联盟的一个附属机构。在国际联盟解体后，确切地说，在 1946 年，国际劳工组织签订协议成为联合国的一个专门机构。国际劳工组织的主要职能是对国际劳工标准的确立提出建议，制定有关劳工问题的公约和建议书。其主要机构包括：国际劳工组织大会、理事会和秘书处。

国际劳工组织的纠纷解决程序主要规定在《国际劳工组织章程》中，其主要内容包括：国际劳工局可以受理任何成员国对其他成员国未遵守劳工组织公约的申诉案件；为了解决纠纷，国际劳工局可以根据不同情况成立调查委员会审议和讨论有关申诉；调查委员会在进行了充分调查和审议的基础上，有权提出解决报告，报告内容应包含对于成员国纠纷事实问题的裁决、拟采取的适宜行动以及这些行动的时间期限的建议等内容。纠纷当事方应在收到报告书的 3 个月内通知国际劳工局是否接受报告中的建议；如果不接受，是否同意将纠纷提交国际法院。如果同意将国际劳工局未能解决的纠纷提交国际法院，国际法院可以对提交案件作出判决，也可以不采取判决形式，而是通过确认、更改或撤销调查委员会的报告的建议。如果纠纷当事方在限定的时间内既不执行调查委员会的纠纷解决建议，也不执行国际法院的判决，国际劳工组织大会可以采取适当行动，保障上述建议或判决的执行。

可以看出，国际劳工组织的解纷解决主要是集中在调查、和解领域，虽然调查委员会的报告及其纠纷解决建议不具有强制的法律约束力，不过，《国际劳工组织章程》规定，可以将纠纷再次提交国际法院，通过这种类似于组织授权的方式，赋予了国际纠纷经由司法方式解决的可能性，并在此基础上，保障其报告或国际法院判决的执行力。需要注意的是，国际劳工组织在其规则中体现了对国际法院的无条件信任，因为国际法院对调查委员会的结论有更改甚至撤销权。这一点是在众多国际组织中是非常独特的。

（二）国际民用航空组织（ICAO）

国际民用航空组织是根据 1944 年的《国际民用航空公约》在 1947 年成立的政府间专业性国际组织，在 1947 年 10 月成为联合国的专门机构。国际民用航空组织的主要职责是确立国际航空原则，发展国际航空技术，促进国际航空运输的发展。其主要机构包括：大会、理事会和秘书处。

国际民用航空组织的纠纷解决程序主要规定在 1944 年《国际民用航空公约》中。根据《国际民用航空公约》的规定，如果缔约国之间因为《国际民用航空公约》及其附件的解释和适用产生纠纷或争议，可以首先进行纠纷当事方之间的直接协商；如果协商宣告失败，任一纠纷当事方都有权将纠纷提交国际民航组织所设立的理事会，由理事会对纠纷作出裁决。裁决作出后，如果纠纷当事方对于理事会的裁决有不同意见，在征得另一方当事国同意的条件下，可以向特别设立的仲裁法庭提出仲裁申请，也可以选择向国际法院起诉。仲裁法庭或国际法院的裁判是终局性的，纠纷当事方应当遵守并执行。在《国际民用航空公约》中也有保证这些裁决或裁判得到执行的有关条款，如，各缔约国应承诺，如果理事会认为缔约国为执行上述裁决或判决，将不再允许该国的空运企业在其领空飞行。作为另一项执行保障，国际民用航空组织大会对于违反上述规定的任何缔约国，可以暂停其在该国际组织大会和理事会的表决权利。

（三）世界气象组织（WMO）

世界气象组织的前身是 1878 年成立的"国际气象组织"，在 1947 年进行了改组，于 1951 年成为联合国专门机构。世界气象组织的主要职能是协调和改进全球的气象活动，鼓励各国交换气象情报促进气象观察标准化，以建立一个世界范围内的天气监测网。其主要机构包括：世界气象大会、执行委员会和秘书处。

世界气象组织的纠纷解决规则主要包含在《世界气象组织章程》中。根据《世界气象组织章程》的规定，缔约国之间若因为有关气象条约或世界气象组织的章程的理解和适用产生纠纷，应当首先由纠纷当事方进行协商，也可以选择通过世界气象大会解决；如果协商解决不成，世界气象大会也无法解决纠纷，则必须提交国际法院院长委派的独立仲裁员通过仲裁解决纠纷。

三、区域性国际组织

毋庸讳言，联合国以及联合国专门机构等全球性政府间国际组织在跨国纠纷的解决方面发挥了重要作用，然而，国际社会除了这些全球性国际组织，还有不少区域性国际组织。不少区域性国际组织也为跨国纠纷的和平解决做出了很大贡献。区域性国际组织属于国际组织的一种，与全球性国际组织相比，其特点主要在于其成员国或影响范围主要集中于世界某一特定地区，是基于地缘特点成立的国际组织。在国际法上讨论的区域性国际组织一般在性质上都属于政府间国际组织，参加成员主要是各个国家及其政府。目前全球主要的区域性国际组织包括欧洲联盟、阿拉伯国家联盟、美洲国家组织、东南亚国家联盟、非洲联盟等。区域性国际组织在解决国际纠纷方面与联合国是一种合作关系，这一点在《联合国宪章》中有明确规定。《联合国宪章》支持和鼓励区域性组织积极主动解决区域内部的国际纠纷，在提交安理会解决之前，可以采取符合和平解决国际争端原则的办法或方式解决成员国的纠纷。[①] 在国际实践中，就有这方面的实例。1960 年 7 月，古巴控告美国对其进行不当的经济制裁并干涉其国家内政，从而引起了两国之间的纠纷。联合国安理会考虑到古巴和美国都是美洲国家组织的成员国，因此安理会的解决方案是：通过决议决定暂时搁置在联合国安理会内部对该争端的辩论，先交由美洲国家组织采用区域性办法解决这次古美争端。[②]

[①]　参见 1945 年《联合国宪章》第 52 条第 2 款和第 3 款的规定："二、缔结此项办法（注：区域办法）或设立此项机关（注：区域机关）之联合国会员国，将地方争端提交安全理事会以前，应依该项区域办法，或由该项区域机关，力求和平解决。三、安全理事会对于依区域办法或由区域机关而求地方争端之和平解决，不论其系由关系国主动，或由安全理事会提交者，应鼓励其发展。"

[②]　张文彬：《论联合国安理会和平解决国际争端的职权》，载《世界经济与政治》1996 年第 4 期，第 67 页。

需要注意的是，因为区域国际组织通常是根据不同的国际条约而成立的，它们设定的纠纷解决规则也直接依据所依托的国际条约的具体规定，因此不同区域组织的纠纷解决程序或方法是各自不同的。然而，它们也具有一些规律性的做法，包括如下几个方面的内容：一是能解决的国际纠纷范围有限，区域国际组织只能解决地区性或区域内的国际纠纷；二是区域组织成员国如果同时也是联合国会员国，在它们之间发生纠纷后，其纠纷在管辖上具有区域组织和联合国双重管辖的关联性，且有一定的管辖规则。因为根据《联合国宪章》第 52 条的规定，如果发生纠纷的区域国际组织成员国同时也是联合国的成员国，则它们在把纠纷提交安理会之前，应当先寻求区域性国际组织的解决办法，以减轻联合国安理会的负担；三是在安理会的授权下，区域性国际组织可以采取解决纠纷的执行行动，拥有一定的执行权；四是如果区域性国际组织采取了执行行动，则有义务随时向安理会报告已经采取或拟采取的行动。此处选取国际社会的几个重要区域国际组织就其国际纠纷解决机制作简要阐述。

（一）美洲国家组织

美洲国家组织被认为是历史最悠久的区域组织，该组织最早成立于 1890 年，现在有 34 个成员国。① 根据《美洲国家组织章程》的规定，凡属于美洲国家组织成员国之间发生的任何国际纠纷，在被提交联合国安理会解决之前，必须通过该组织章程提供的和平解决方法来处理。美洲国家组织提供的和平解决方式基本包含了国际法中所有的外交和法律措施，具体包括：直接进行谈判、第三方斡旋和调停、通过特定机构进行和解以及仲裁和司法解决等。除了上述方法，其章程也允许纠纷当事国通过订立纠纷解决协议，选择其他和平解决方法。为了帮助解决成员国之间的纠纷，美洲国家组织还专门设立了一个争端解决机构——美洲国家组织争端解决委员会，由该机构负责处理美洲国家之间的国际纠纷。在 1948

---

① 美洲国家组织原来有 35 个成员国，1962 年古巴被开除出美洲国家组织，其成员国就变成 34 个。2015 年 4 月，第七届美洲国家首脑会议在巴拿马召开，拉美大部分国家支持古巴重返美洲国家组织，但遭到古巴拒绝。参见《人民日报》海外版官网新闻报道：http://m. haiwainet. cn/middle/232591/2015/0411/content_28623204_1. html，最后访问时间：2021 年 12 月 20 日。

年，美洲国家组织成员国缔结了《美洲和平解决争端公约》，对《美洲国家组织章程》中的争端解决条款进行了详细分解、细化和补充。美洲国家组织在1960年的"洪都拉斯和尼加拉瓜边界纠纷案"发挥了区域组织的强大功能，在双方之间牵线搭桥，不懈地进行斡旋、调解，最终促成两国订立协议将纠纷提交国际法院解决，并促成两国对国际法院判决的顺利履行。虽然双方的争端最终是通过国际法院解决的，但是在案件提交国际法院及促成国际法院判决的执行方面，美洲国家组织贡献良多。

（二）阿拉伯国家联盟

阿拉伯国家联盟简称阿盟，成立于1945年，其成员国主要是阿拉伯国家，这些国家大多集中分布在西亚、北非地区。《阿拉伯国家联盟条约》是该组织的章程性法律文件。概括起来，阿拉伯联盟的纠纷解决规则主要包括：如果成员国之间的纠纷与国家独立、领土完整和主权问题无关，且纠纷当事方向阿盟理事会提出纠纷解决的请求，阿盟理事会可以对纠纷进行仲裁。理事会组织的仲裁作出的裁决是有拘束力的，纠纷当事方应当遵守并执行；如果理事会认为其成员国之间的纠纷有可能会导致战争，阿盟理事会可以进行调停，并促成纠纷当事方和平解决争端。在解决纠纷的实践中，阿盟利用的方法差不多包括所有的国际纠纷解决办法，包括谈判、协商、斡旋、调停、调查、和解等外交解决方法和仲裁等法律解决方法。此外，与联合国秘书长相似，阿盟的秘书长也根据阿盟内部的条例规则，以秘书长身份积极参与纠纷的解决。

（三）非洲联盟

非洲联盟的前身治非洲统一组织，该组织现有成员国53个，成员国主要是非洲地区的国家。非洲统一组织成立于1963年5月，组织的机构职责及事务处理规则主要规定在《非洲统一组织章程》中。2002年7月，非洲统一组织召开非洲国家政府首脑会议，正式宣布非洲联盟成立，代替以前的非洲统一组织成为非洲地区最重要的区域性国际组织。非洲联盟在其章程性文件中规定了成员国之间的纠纷解决规则。首先是其纠纷解决要遵循和平解决国际争端原则，其次非洲联盟在纠纷解决机构上颇具特色，它成立了一个调停、和解和仲裁委员会，以便成员国能及时通过该机构解决其纠纷。这个纠纷解决机构融合了调停、和解的外交方式和仲裁这种法律解决方式，具有较强的灵活性和一定的综合性。成员国之间发生争议后，可以单独或达成合意共同向上述委员会提交解决。同时，该组织的部长理事会或政府首脑会议也可以向该委员会提交纠纷。1963 年 10 月，当时同属于非洲统一组织成员国的摩洛哥和阿尔及利亚在撒哈拉地区发生了武装冲突，非洲统一组织部长理事会召开特别会议并成立特设委员会调查与该冲突密切相关的边界争端，调查结束后，提出了解决纠纷的建议。该组织还说服纠纷当事国不要将纠纷诉诸联合国，最终经过艰苦努力，在区域组织范围内成功解决了纠纷。

（四）欧洲安全和合作组织

欧洲安全和合作组织简称欧安组织，它的前身是欧洲安全和合作会议，现在共有 55 个成员国。该组织的成员国根据有关国际条约，承诺在发生国际纠纷后，会依据国际法，采用包括谈判、调查、调停、和解、仲裁、司法解决以及成员国自己选择的其他和平方法解决国际纠纷。需要说明的是，欧洲安全和合作组织为成员国自行解决纠纷设定了一个时间限制，如果在合理时间内，纠纷当事国不能通过上述方法解决纠纷，纠纷任何一方可以要求欧洲安全和合作组织设立一个纠纷解决机构，以便和平、迅速地解决它们的纠纷。欧洲安全和合作组织在此过程中，可以对纠纷解决的程序问题和实质问题提出一般性或具体的评论或意见。

虽然区域性国际组织参与跨国纠纷的解决仍然存在一些问题。例如，依照《联合国宪章》的规定，任何区域性国际组织在解决地区性争端时，如果需要采取执行行动，必须取得联合来过安理会的授权，并随时向安理会报告其执行行动。由此可见，联合国希望通过这种授权以及报告的义务性要求，来部分协调和控制区域性国际组织在解决区域性纠纷过程中的行动，避免出现失控或侵犯其他国家权益的情形出现。实践中，有些区域性组织在得到安理会的授权后，随意扩大行动目标，或者不履行报告义务，违背了《联合国宪章》在此领域规定的初衷。国际实践中更严重的例子是北大西洋公约组织（国际社会一般简称为北约）在 20 世纪末期的行为。在 1999 年南联盟冲突中，北约未经联合国许可和授权，擅自发动了对南联盟的军事打击。北约对南联盟的攻击，没有遵守联合国安理会在对严重危害到国际和平问题上采取的表决原则——大国一致原则，违反了《联合国宪章》对于使用武力的限制性程序，对"二战"后形成的以联合国为中心的国际政治体系提出了挑战，严重违反了以《联合国宪章》为基础，以国家主权平等和不使用武力或以武力相威胁等基本原则为支柱的整个国际法体系，受到国际社会的一致谴责。[1]

尽管有个别区域国际组织有不遵守国际规则的行为，但不容否认，大部分区域性国际组织在和平解决国际纠纷方面发挥了重要作用，它们和联合国等全球性国际组织一道，为国际社会的和平稳定作出了贡献。也正是认识到这一点，联合国前任秘书长加利在其著名的《和平纲领》中对"区域机关"和"区域办法"给予了高度评价："区域办法或区域机关在很多情形下都具有潜力，应该利用这种潜力发挥本报告所说的各种功能：预防性外交、维持和平、建立和平、在冲突后缔造和平。……以区域行动作为一种分权、授权和配合联合国努力的方式，不仅可以减轻安理会的负担，还可以有助于加深国际事务方面的共同参与、协商一致和民主化的意识。"因此，学术界应当正视区域性国际组织在解决国际纠纷方面的缺陷和不足，并努力寻求其完善途径和办法，以期在未来的国际关系中，发挥区域性国际组织在国际纠纷和平解决领域的更强有力作用。

第三节　司法/准司法性质的国际组织与跨国环境纠纷的解决

一、具有司法/准司法性质的主要国际组织

在众多功能不同的国际组织中，有一类国际组织具有司法功能或准司法功能，在跨国纠纷和跨国环境纠纷的解决中起到了非常重要的作用。这些国际组织有的是在酝酿阶段就通过国际条约的专门规定拥有了对跨国纠纷的管辖权，可以通过法律方式解决纠纷；有的是在成立后处理纠纷的实践中渐渐形成了司法或准司法的一套规则或程序，从而被视为是具有司法属性的国际组织。无论是哪一种

---

[1]　何志岗：《科索沃：霸权的祭坛》，载《欧洲》1999年第4期，第22页。

类型，毫无疑问，这些具有司法或准司法属性的国际组织在跨国纠纷的处理上具有得天独厚的优势，也满足了国际社会对于增强国际法执行力度的呼吁和要求。虽然这些国际组织在处理跨国纠纷时也面临着各种的问题，有时也显现出一些局限性，但不可否认的是，这些国际组织在运用法律方法解决跨国纠纷的领域具有很大发展空间。在此，笔者选取部分在司法/准司法性质的国际组织进行阐述。

（一）常设国际法院

常设国际法院（The Permanent Court of International Justice，PCIJ）是今天联合国国际法院的前身。常设国际法院（1922—1946）是第一次世界大战后设立的全球性国际组织国际联盟的组成机构，具有很强自主性。根据《常设国际法院规约》，常设国际法院有权自行决定自己的规约，任命自己的工作人员，不需要必然服从国际联盟大会或国际联盟行政院的命令。其职责主要是对于国际联盟成员国提出的"属于国际性质的争端"进行审理和判决，并就国联行政院和国联大会提交法院审议的其他纠纷事项或其他问题发表咨询意见。常设国际法院于1922年在荷兰海牙成立，其成员有11名正式法官和4名候补法官组成。① 常设国际法院的法官由国联大会和国联行政院分别投票选举产生，法官任期9年，可以连选连任。虽然常设国际法院运作的时间只有短短24年，但仍然在跨国纠纷的司法解决上产生了重要影响。常设国际法院是人类历史上第一个真正意义上通过司法方式解决国际争端的机构，在其存续期间，共受理诉讼案件65件，其中判决结案的32件；提出了28件咨询意见。在第二次世界大战结束后，由联合国体系下的国际法院继承，保证了其在组织机构上的连续性。

（二）国际法院

国际法院（International Court of Justice，ICJ）是根据《联合国宪章》及作为《联合国宪章》一部分的《国际法院规约》成立的司法机构，于1946年正式取

---

① 1929年后，常设国际法院的法官名额正式确定为15名。

代常设国际法院而成立。① 它是联合国的司法机关，也是当今世界上通过司法方式解决国际争端的最具有普遍性、最权威的司法机构。国际法院由 15 名大法官组成，法官任期 9 年，可以连选连任。自 1946 年开始，国际法院已经受理案件一百多件，其中诉讼案件近百件，主要涉及陆地边界、海洋边界、领土主权、不使用武力、不干涉国家内政、外交关系和领事关系、劫持人质、庇护权、国籍、通过权和经济权利等国际法问题；受理咨询案件 20 多件，主要涉及接受联合国新会员国、在为联合国服务中遭受损害的赔偿、西南非洲和西撒哈拉的领土地位、联合国行政法庭判决、联合国行为的开支、联合国东道国协议的可接受性、人权报告员的地位、威胁使用或使用核武器的合法性等法律问题。②

（三）国际刑事法院

国际刑事法院（International Criminal Court，ICC）成立于 1996 年，是根据《国际刑事法院规约》（*International Criminal Court Covenant*）成立的一个相对独立的司法机构，专门审判特定的国际犯罪罪行（包括灭绝种族罪、危害人类罪、战争罪和侵略罪）并对犯罪分子处以法定刑罚。在历史上，为了惩罚严重危害国际社会的一些犯罪行为，如战争罪、灭绝种族罪等，曾经成立了一些临时的国际刑事法庭，例如，第一次世界大战后的莱比锡法庭，第二次世界大战后的纽伦堡军事法庭、远东军事法庭，1993 年的前南斯拉夫国际刑事法庭，1994 年的卢旺达国际刑事法庭等。但是随着时间的推移，建立一个永久性的常设国际刑事法庭的呼声越来越高。国际刑事法院就是在这样的背景下出现的。国际刑事法院由 18 名大法官组成，任期 9 年，一般不得连选连任。它是对国内形势管辖权的一种补充，只有在一国国内审判机构和程序不存在或不能有效履行职责等情形下，才能行使管辖权。国际刑事法院对人的管辖范围只局限于自然人，不能对国家和法人行使管辖权；对事管辖范围则局限于严重危害国际社会共同利益的国际罪行，即灭绝种族罪、危害人类罪、战争罪和侵略罪。但是因为各国在有关问题上

---

①　关于国际法院的具体内容，可参见第四章有关章节。

②　参见《国际法院报告》（1946—1998）。转引自邵津主编《国际法》（第三版），北京大学出版社、高等教育出版社 2010 年版，第 449 页。

的分歧，国际法院的成员国目前并不多。① 国际法院的诉讼程序包括：调查、起诉、审判、判决、上诉、执行和复审等。国际刑事法院根据犯罪分子所犯罪行的具体情节，可以适用无期徒刑、有期徒刑、罚金或没收财产等刑罚。

（四）国际海洋法法庭

国际海洋法法庭（International Tribunal of Law of the Sea，ITLOS）成立于1996年10月，是根据《联合国海洋法公约》设立的一个国际法庭，位于德国汉堡。② 国际海洋法法庭的管辖权略微复杂一些，可以分为两大类：第一类是国际海洋法法庭对根据《联合国海洋法公约》提交的一切争端，对根据与公约有关的其他协定的授权法庭具有管辖权的一切争端，对与公约主旨事项有关的、现行有效条约的所有缔约国同意特别提交的一切争端，具有管辖权。第二类管辖权和《联合国海洋法公约》的海底争端分庭有关。为了解决有关国际海底区域的资源开发利用产生的纠纷，国际海洋法法庭还设立了一个重要的分庭——海底争端分庭。海底争端分庭也是根据《联合国海洋法公约》设立的，主要任务是根据公约第十一部分"国际海底区域"的内容和公约的附件，解决缔约国之间、缔约国和国际海底管理局之间以及"国际海底区域"内资源勘探或开发合同当事方之间因勘探或开发在国家管辖权范围之外的海底和洋底资源而产生的争端。国际海洋法法庭通过海底争端分庭，对与国际海底区域相关的活动产生的争端，具有排他性的管辖权。在对人管辖权方面，国际海洋法法庭不同于国际法院，它可以受理国家、法人或个人提交的争端，因此，可以说，国际海洋法法庭不仅仅处理国际海洋纠纷，而是处理跨国海洋纠纷。其在对人管辖方面的广泛性，是和海底争端分庭的受案范围密不可分的。

国际海洋法法庭共由21名大法官组成，法官遴选的资格是：享有公正和正直的最高声誉，并在国际海洋法领域具有公认的资格。同时法官的选择要考

---

① 各国在国际刑事法院及《国际刑事法院规约》和《国际刑事法院程序和证据规则》等方面的分歧和争议主要集中在两个方面：1. 联合国安理会在该领域的权力和功能；2. 检察官自行进行调查的权力。

② 《联合国海洋法公约》是国际法领域的一项重要造法性公约，1982年通过，但是一直到1996年11月16日该公约才满足生效条件。

虑到世界主要法系的代表性和各区域的公平分配。法官任期 9 年可以连选连任。

国际海洋法法庭是 20 世纪末期出现的新型国际法庭，在与海洋权益（包括海洋环境保护、海洋生物资源养护等）有关的跨国纠纷的司法解决方面具有重要价值。《联合国海洋法公约》的纠纷解决机制也独具特色，在学理上值得深入探讨。前文已经有专门章节对此作出分析，此处不再赘述。

（五）世界贸易组织争端解决机制

世界贸易组织（World Trade Organization，WTO）成立于 1995 年 1 月 1 日，并自 1996 年起正式接替原来的关税与贸易总协定（General Agreements on Tarriff and Trade，GATT），成为当今世界上国际贸易领域最为权威和重要的政府间国际组织。虽然从本质上，世界贸易组织是以推行"自由贸易"为主要目标的经济或贸易组织，但随着环境保护意识日益深入人心，已经影响到国际贸易。在世界贸易组织争端解决机制处理的贸易纠纷中，不乏因为与环境保护条约的宗旨相违背而导致的贸易纠纷，因此，在跨国环境纠纷的处理中，世界贸易组织的争端解决机制是无法忽视的。

世界贸易组织的争端解决机制（Disputes Settlement Body，DSB）主要是根据《建立世界贸易组织的协定》（*Agreement of Establishing the World Trade Organization*，AEWTO）（以下简称《协定》）及其附件二《争端解决规则和程序的谅解》（*Understanding on Rules and Procedures Governing the Settlement of Disputes*，DSU）（以下简称《谅解》）两项多边协定确立的。其争端解决方法包括磋商、斡旋、调停、工作小组裁决、上诉复审和仲裁。在机构建设上，世界贸易组织还建立了专门的"争端解决机构"。因世界贸易组织的争端解决机制不仅在国际贸易纠纷的解决中具有重要作用，对于日益增多的跨国环境纠纷的解决也有较大影响，此处从跨国纠纷解决的视角对世界贸易组织的争端解决机制进行分析。

1. 磋商

世界贸易组织争端解决机制中的磋商程序主要是指成员国之间对纠纷的双边协商。根据 WTO《争端解决规则和程序的谅解》第 4 条的规定，世贸组织的成员对于彼此之间发生的、《协定》规定范围内的争端负有协商义务，且相较于其他争端解决方法，这种协商方法处于优先地位。① 如果一个成员提出磋商要求，另一方必须在 10 日内答复；对于提出磋商要求的时间也有规定，磋商必须在提出请求的 30 日内进行，且必须在 60 日内结束。磋商的开始和结束（不管结果如何）都应通知世界贸易组织争端解决机构。在紧急情况下，上述关于时效的规定更加严格。如果因为种种原因，一方或双方都无法满足上述时效要求，率先提出磋商请求的当事方可以要求立即设立"争端解决工作小组"。② 在实践中，大多数成员放之间的纠纷可以通过磋商程序得到解决，无须专门成立"争端解决工作小组"。需要特别指出的是，在 WTO 框架下，磋商方式虽然具有一定的强制性，但其应用很有弹性，即使争端已经诉诸"争端解决工作小组"专门解决，或者当事方已经开始采用其他方法解决争端，仍然可以继续进行协商，多管齐下，寻求争端的妥善解决。

2. 斡旋、调停与和解

与 1947 年的《关税与贸易总协定》相比，《谅解》的内容更加详细和具体。以斡旋、调停与和解这几种传统的争端解决方式为例，在 WTO 框架下，通过多边协定将这几种原本各自独立的方式结合在一起，以便灵活利用。③ 与前述的磋商方式不同，斡旋、调停与和解都需要纠纷当事方同意方能展开具体程序，充分体现了对当事方自由意愿的尊重。世界贸易组织的总干事有权参与纠纷的斡旋、调停与和解，可以直接介入，也可以通过指派专人或专门小组参与纠纷当事方的

---

① 参见 1995 年 WTO《争端解决规则与程序的谅解》第 4 条第 1 款和第 2 款的规定："1. 各成员确认决心加强和提高各成员使用的磋商程序的有效性。2. 每一成员承诺对另一成员提出的有关在前者领土内采取的、影响任何适用协定运用的措施的交涉给予积极考虑，并提供充分的磋商机会。"

② 参见 1995 年 WTO《争端解决规则与程序的谅解》第 4 条第 3 款的规定："如磋商请求是按照一适用协定提出的，则请求所针对的成员应在收到请求之日起 10 天内对该请求作出答复，并应在收到请求之日起不超过 30 天的期限内真诚地进行磋商，以达成双方满意的解决办法，除非双方另有议定。如该成员未在收到请求之日起 10 天内作出答复，或未在收到请求之日起不超过 30 天的期限内或双方同意的其他时间内进行磋商，则请求进行磋商的成员可直接开始请求设立专家组。"

③ 参见 1995 年《争端解决规则与程序的谅解》第 5 条第 3 款的规定："争端任何一方可随时请求进行斡旋、调解或调停。此程序可随时开始，随时终止。一旦斡旋、调解或调停程序终止，起诉方即可开始请求设立专家组。"

斡旋、调停与和解。

3. 争端解决工作小组

成立争端解决工作小组有两个条件：一个是应提起贸易争端的一方（也就是申诉方）的请求而设立；另一个是在争端的所有当事方都承认，斡旋、调停与和解等努力已经失败，在其后的 60 日内可以提出设立工作小组以解决争端。工作小组一般由三到五名专业人士组成。具体说来，工作小组的成员应具备一定的资格，一般是熟悉国际贸易的有关国家的政府关于或非政府背景的专业人士。无论何种背景，进入工作小组后应该以个人身份行事。工作小组的主要职责是配合"争端解决机构"以中立、客观的立场以及权威性解决成员方之间的贸易纠纷或与贸易有关的其他纠纷。如同磋商程序一样，考虑到纠纷解决的效率，工作小组的程序也规定了严格的时间限制。一般情况下，工作小组的最终报告应当在 6 个月内作出；如果是紧急情况，最终报告应当在 3 个月内作出。① 最终报告完成后，应当送交"争端解决机构"和世界贸易组织所有成员。世界贸易组织"争端解决机构"在收到工作小组的报告后应当召开会议对其进行审议，如果各方意见一致且不反对通过，应当在 60 天之内通过报告。争端的当事方有权参加审议，如果对报告有不同意见，反对通过报告的当事方可以进入上诉复审程序。

4. 上诉复审

上诉复审程序由世界贸易组织争端解决机制中的上诉机构承担。根据《谅解》第 17 条的规定，上诉机构由 7 名成员组成，成员应当是在国际贸易、法律以及相关的贸易协定的适用上具有权威性的专家。一旦被选入上诉机构，应当具有公正性和独立性，不附属于任何国家或政府。上诉机构的主要职责是审查经过工作小组处理的上诉案件，但其审查范围是有限制的，应限定在工作小组最终报告中所提的法律问题以及工作小组对问题作出的法律解释的范围。考虑到争端解决程序的效率，上诉机构的复审时间也有限制，一般是在 60 天之内完成，特殊

---

① 参见《争端解决规则与程序的谅解》第 8 条第 7 款的规定："如在专家组设立之日起 20 天内，未就专家组的成员达成协议，则总干事应在双方中任何一方请求下，经与 DSB 主席和有关委员会或理事会主席磋商，在与争端各方磋商后，决定专家组的组成，所任命的专家组成员为总干事认为依照争端中所争论的适用协定的任何有关特殊或附加规则和程序最适当的成员。DSB 主席应在收到此种请求之日起 10 天内，通知各成员专家组如此组成。"

情况下可以延长，但最长不得超过 90 天。上诉机构经过审查，完成上诉案件的复审报告。① 复审报告的受理机关是世界贸易组织的"争端解决机构"（DSB），DSB 可以审议案件复审报告，同时争端当事方应当无条件接受。唯一例外的情况是"争端解决机构"一致否定该复审报告。

世界贸易组织的争端解决机制因其完善性被广为称道，也称为国际范围内与贸易相关的跨国纠纷的最实用最有效的纠纷解决机制。② WTO 的争端解决机制为国际经济法和国际贸易法规的实施提供了司法制度上的有力保障。该机制通过三种途径为产生纠纷的世界贸易组织成员国提供纠纷解决渠道：第一种是自行谈判协商解决；第二种是斡旋、调停与和解，也就是第三方参与的协商解决；最后一种是可以提交到该组织的争端解决机制进行裁决。第一种途径又被称为"私力救济"途径，允许因一方违反规则而受到损害的成员国采取"贸易报复"手段，并可以要求违法的成员国对受害方的损失进行补偿。而第二种途径允许第三方参与到贸易纠纷的解决中，其实质类似于外交解决方式中的斡旋或调停。最后一种途径是世界贸易组织根据其条约创设的纠纷解决机制，因其将纠纷解决的灵活性和强制性进行巧妙结合而备受关注。其中争端解决机制的专家组就具有对作为纠纷当事方的世界贸易组织成员国的一定的强制管辖权。在智利与欧共体之间发生的"箭鱼纠纷案"中，就有世界贸易组织争端解决机制专家小组的介入。

二、司法/准司法性质的国际组织受理的主要跨国环境纠纷

在常设国际法院的存续期间，也就是 20 世纪 40 年代以前，国际社会对于环境问题以及环境纠纷上还没有明确认识，因此，这一时期以及此前，各种司法机构及仲裁庭受理的跨国环境纠纷非常少。即使我们今天从国际环境保护对其进行

---

① 参见《争端解决规则和程序的谅解》第 17 条第 5 款和第 6 款的规定："5. 诉讼程序自一争端方正式通知其上诉决定之日起至上诉机构散发其报告之日止通常不得超过 60 天。在决定其时间表时，上诉机构应考虑第 4 条第 9 款的规定（如有关）。当上诉机构认为不能在 60 天内提交报告时，应书面通知 DSB 迟延的原因及提交报告的估计期限。但该诉讼程序决不能超过 90 天。6. 上诉应限于专家组报告涉及的法律问题和专家组所作的法律解释。"

② 据统计，WTO 的前任关贸总协定的争端解决机制在其存续的四五十年间共解决争端近 300 件，但 WTO 的争端解决机制自 1995 年起到 2004 年不足十年，就已经受理贸易纠纷 320 件左右。转引自苏晓宏著：《变动世界中的国际司法》，北京大学出版社 2005 年版，第 68 页。

分析的纠纷或案例，在当时的年代也不是根据国际环境法的基本原则或国际环境法律规范进行处理的。例如，在前文中提到的"特雷尔冶炼厂仲裁案"，发生在20世纪初期，虽然该案的裁决初步确立了"国家管辖或控制下的领土的资源开发行为不得损害他国利益"的指导思想（后来逐渐发展成为"国家自然资源主权及不损害他国权益"原则），在今天的国际环境法中具有里程碑式的意义，但在当时，该案只是作为国际法上的纠纷看待并处理的。因此，此处涉及的跨国环境纠纷主要是在国际法院成立后或者20世纪50年代后发生的纠纷，主要介绍国际法院、国际海洋法法庭以及世界贸易组织争端解决机制等处理的部分跨国环境纠纷案件。

（一）瑙鲁含磷土地案

瑙鲁是位于太平洋的一个岛国，在1968年获得国家独立之前，一直由澳大利亚进行托管。1989年，瑙鲁在国际法院提起一项诉讼请求，诉求的主要内容是：澳大利亚在托管瑙鲁的土地期间，由于过度开发矿产资源，致使大量新开发的土地含磷成分过高，对该国的自然环境和生态系统造成了严重破坏。请求国际法院判令澳大利亚为1968年瑙鲁独立之前的开采行为负责，恢复瑙鲁土地的原状，并提出此前的矿区使用费过于低廉，因此澳大利亚应当赔偿因其开发行为给瑙鲁带来的损失以及其他费用。瑙鲁提出起诉申请的主要依据是，国际法的一般原则要求管理托管领土的国家有义务使该领土的条件不发生不可恢复的或持续的损害。因此瑙鲁在诉状中主张，澳大利亚违反了联合国就托管瑙鲁领土与包括澳大利亚在内的各方的托管协定；违反了尊重瑙鲁所享有的民族自决权所产生的义务；违反了尊重瑙鲁人民享有的对其天然财富和自然资源的永久主权的义务。①

国际法院受理了该纠纷后，首先对其管辖权进行了审议。澳大利亚认为，因为托管早已结束，因此在托管期间产生的澳大利亚托管当局与瑙鲁的土著居民之间的任何纠纷实际上已经随之结束。瑙鲁当局在当时的行为已经表明放弃了所有关于土地恢复原状的赔偿请求。在20年后又提出赔偿请求应当是无效的。但是国际法院的法官经过审议认为，瑙鲁没有签署和作出任何不接受国际法院管辖的

---

① 万霞编著：《国际环境法案例评析》，中国政法大学出版社2011年版，第41页。

协议和声明，法院可以受理瑙鲁共和国提出的案件请求。① 戏剧化的是，在国际法院准备进一步审理该案时，1993 年 9 月 9 日，瑙鲁和澳大利亚通知国际法院，双方已经就争执议题达成了庭外和解。国际法院于 1993 年 9 月 13 日作出决议，终止了对该案的审理。

（二）多瑙河水坝纠纷案

多瑙河水坝纠纷案又被称为"盖巴斯科夫-拉基玛洛大坝案"，该案发生在欧洲的匈牙利和斯洛伐克两国之间。多瑙河是欧洲的一条多国河流，连接北海和黑海。多瑙河流经欧洲多国，早在 19 世纪末期就已经成为国际河流，由沿岸各国根据河流条约进行使用和管理。1977 年 9 月 16 日，匈牙利和捷克斯洛伐克签署了一项关于在多瑙河上建设和管理水利工程的双边协定。该水利工程就是盖巴斯科夫-拉基玛洛大坝工程，工程的作用包括发电、通航、抵御洪涝灾害等。根据两国协定，双方都要确保多瑙河的水质不受工程施工的影响，在建设和管理水坝系统时应当遵守保护自然环境的义务。进入 20 世纪 80 年代后，随着世界范围内环境保护思潮的出现，匈牙利国内开始对这一水利工程项目进行讨论，主要是担忧其对多瑙河的生态负面影响。1989 年 5 月，匈牙利政府决定中止该水利工程的建设，并宣布在项目的环境影响评价结果公布之前暂停水坝项目在匈牙利境内的部分工程。在此过程中，匈牙利和捷克斯洛伐克进行了双边谈判，但未就停工达成一致意见。在谈判过程中，捷克斯洛伐克开始进行"替代方案 C"作为"临时解决办法"，该方案将从多瑙河分流大部分河水，在捷方境内建设引水渠、发电站（附船闸）以及尾水渠。匈牙利对此方案提出抗议遭到捷克斯洛伐克一方拒绝。作为回应，1992 年 5 月，匈牙利政府宣布中止双方在 1977 年签订的双边协定。1993 年捷克斯洛伐克分立，成为捷克和斯洛伐克两个国家。为了解决多瑙河水坝纠纷，新成立的斯洛伐克与匈牙利签订特别协定，将纠纷提交国际法院。

国际法院经过审理，在 1997 年 9 月 25 日作出最后判决，判决的主要内容包

---

① 关于瑙鲁含磷土地案的详细案情可参见国际法院网站有关内容：http：//www.icj-cij.org/docket/index.php？pl=3&code，最后访问时间：2021 年 12 月 21 日。

括：匈牙利和斯洛伐克必须根据当前形势善意地协商，根据双方协定的方式和1977年条约的目的和宗旨采取必要的措施；除非双方另有协议，必须根据1977年条约建立联合运作机制；匈牙利无权单方中止1977年条约，除非双方另有协议，匈牙利应当赔偿前捷克斯洛伐克和斯洛伐克由于匈牙利暂停和放弃其承担的工程部分而遭受的损失；斯洛伐克有权于1991年11月实施"临时解决办法"，也就是"替代方案C"，但斯洛伐克无权将其单方投入运营，因此斯洛伐克也应当赔偿匈牙利因前捷克斯洛伐克和斯洛伐克实施临时解决方案而遭受的损失和维修费用。

该案是20世纪末期发生的一起典型国际纠纷，国际法院对该案的判决和处理意见也在国际法学上引起了广泛讨论。值得注意的是，该纠纷的主要原因是多国河流的水资源开发利用冲突，涉及新兴的国际环境法学科；同时，该纠纷也涉及条约的效力、国际法上的继承、国家责任和国内法与国际法的关系等议题。在此笔者主要从国际环境法和条约法角度进行分析。①

首先，匈牙利政府决定暂停或中止1977年双边条约的主要理由是国家责任制度中的"危急情况"条件，不属于不遵守国际义务。② 针对这里的"危急情况"的解释，匈牙利方的主要主张是：条约继续履行会危及多瑙河的生态环境系统。但是国际法院对此进行了反驳。国际法院认为，"危急情况"作为不遵守国际义务的正当理由只有在特殊情况下才能得到接受，并且援引"危急情况"条件的各种情形应当具有累积性，并同时满足各种要求。本案中，匈牙利并没有足够证据证明其暂停或中止1977年双边协定的行为是符合上述条件的。即使其行为是为了避免出现重大的损害（多瑙河生态系统受损），也不构成国际法上的"危

---

① 关于该案的具体案情以及国际法院的判决内容，可参见有关"盖巴斯科夫-拉基玛洛水坝案"的判决书，载国际法院网站：https：//www.icj-cij.org/files/case-related/92/092-19970205-ORD-01-00-EN.pdf，最后访问时间：2018年12月25日。

② "危急情况"一直是习惯国际法中认可的可以排除国际不当行为不法性的理由和根据，但是其适用条件也较为严格，只能在例外情况下遵从非常严格的条件才被认可。在联合国际法委员会的《国家对不法行为的责任条款草案》第33条中，对"危急情况"的适用提出了如下条件：1. 实施不法行为的国家的根本利益与其某一项国际义务相冲突；2. 其根本利益遭到了迫切的严重的威胁；3. 该不法行为应当是保护其根本利益的唯一措施；4. 该行为不能严重损害该义务所针对的另一方的根本利益；5. 实施该不法行为的国家不得促成该"危急情况"的产生。

急情况"，因为匈牙利完全可以采取其他方法避免该损害的出现。当时纠纷双方正在进行谈判和协商，很可能达成协议放宽工程的期限以及重新对水坝工程进行环境影响评价，在此种背景下，没必要单方中止工程和条约。

其次，斯洛伐克主张其采用"替代方案 C"是为了应对匈牙利一方中止双边协定对其造成的负面影响，因此，"替代方案 C"属于国际法上的"反措施"，不应承担违约责任。① 但国际法院对其显然有不同意见，国际法院援引了 1929 年常设国际法院在"奥得河航行权纠纷"中的声明："通航河流上的共同利害构成一项共同合法权利的基础，其主要特点是，所有沿岸国再利用该河流整个水道时完全平等，排除任何一个沿岸国对另一沿岸国的任何优越的特权。"国际法院认为在该案中，捷克斯洛伐克利用对于多瑙河水利工程的地域上的优势，剥夺了匈牙利对于该河流资源应享有的正当权利，并利用河水改道对沿岸地区的生态环境造成了负面影响，不符合国际法上反措施的"对称性"条件要求。因此，捷克斯洛伐克无权单方实施该替代方案。

"多瑙河水坝纠纷案"在国际环境法上具有重要影响。国际法院在判决书中提出，没有任何一个条约或国际法规则是静止不变的，国际环境法规则也是如此。本案中，任何一方都没有证据证明在 1977 年双边条约缔结后出现了有关国际环境法的新的强行法规范。法院认为，自 20 世纪 70 年代后，国际环境法取得了许多新的发展成果，这种发展与该案中的条约履行是有密切关联的。1977 年匈牙利和捷克斯洛伐克签订的关于多瑙河水坝工程的协定也是开放性的，可以不断适应新的国际环境保护的规则。事实上，双方都同意在工程中对环境问题进行认真对待并采取必要的预防性措施，因此，工程的进展面临这样的局面是一个令人遗憾的结果。国际法院认为，双方都没有严格遵守 1977 年条约所规定的义务，双方的不法行为既没有使条约无效也没有证明条约终止的正当理由。匈牙利于 1992 年 5 月作出的关于条约终止的通知是无效的。在"多瑙河水坝纠纷案"中，

---

① "反措施"也是习惯国际法中的一项公认的排除国家责任的规则，一般是指遭受另一方违约或国际不法行为的受害方采取措施以减少本身所受的损害，可以不承担国家责任。根据《国家对不法行为的责任条款草案》的规定，"反措施"的认定也有严格条件：1. 不得违反某些国际法定义务的履行，如不使用武力、保护基本人权、强行法规范、和平解决国际争端等基本原则；2. 具有对称性，其强度要与另一方的不法行为的不法性成正比。

时任国际法院副院长的维拉曼特雷大法官还专门针对该案发表了阐明其个人意见的"个别意见书"，该意见书主要陈述了在平衡发展和环境保护这两个具有竞争性的目标之间，可持续发展原则如何定位和如何在国际法庭中体现其价值，这份"个别意见书"也从侧面说明了在全球环境保护压力下，国际法院对于可持续发展原则如何与传统的国际法价值协调和融合的基本观点。①

（三）乌拉圭河纸浆厂案

乌拉圭河纸浆厂案是国际法院晚近受理的一起国际环境纠纷案件。该案的冲突起因是位于南美洲的一条多国河流——乌拉圭河。河流的两个沿岸国阿根廷和乌拉圭为了该河流的合理利用和管理，在 1975 年 2 月 26 日签订了一项双边协定——《乌拉圭河条约》，并依据条约设立了河流管理机构——乌拉圭河委员会，由两国共同派员组成。乌拉圭在 20 世纪末期开始启动经济发展的有关计划，先后批准了欧洲两家公司在乌拉圭河沿岸建造纸浆厂。在批准纸浆厂工程的过程中，乌拉圭向乌拉圭河委员会进行了通报，并应阿根廷的要求提交了有关环境影响评价的资料。阿根廷反对在乌拉圭河沿岸建设纸浆厂，认为会损害乌拉圭河的生态环境，影响乌拉圭河的生物多样性、渔业资源以及旅游业和当地经济发展。因此，两国就此事进行了多次、多轮回合的谈判和磋商，包括两国政府间的部长级谈判、首脑沟通、在乌拉圭河委员会框架下的谈判，甚至在 2005 年专门成立了化解该纠纷的"高级技术小组"，但两国仍然无法就此达成一致意见。阿根廷在 2006 年 5 月 4 日将纠纷提请国际法院，并主张：乌拉圭违反了两国签订的1975 年《乌拉圭河条约》的义务和有关国际环境公约中的义务；乌拉圭应当对其擅自开工建设其中一座纸浆厂的行为承担国际责任并承担赔偿责任。阿根廷还主张在国际法院作出最终判决前，采取临时措施阻止乌拉圭继续建造纸浆厂。乌拉圭在 2006 年 11 月 29 日也向国际法院提出申请，称自 2006 年 11 月 20 日开始，一批阿根廷公民封锁了乌拉圭河上的国际桥梁——"将军大桥"，对乌拉圭的经

---

①　该案"个别意见书"的详细内容可参见《1997 年国际法院盖巴斯科夫－拉基玛洛大坝案维拉曼特雷副院长的个别意见书》，载王曦主编：《国际环境法资料选编》，民主与建设出版社 1999 年版，第 631~665 页。

济造成严重损害，而阿根廷政府对此未采取任何制止措施，要求国际法院判决采取临时措施以解决该问题。①

经过前期调查和一系列法庭审理，国际法院在 2010 年 4 月 20 日作出最后裁决，乌拉圭违反了 1975 年《乌拉圭河条约》规定的通知和协商等程序性义务，但没有违反保护乌拉圭河环境和预防环境损害等实质性义务。作为对乌拉圭一方违反条约程序性义务的救济，乌拉圭应当充分履行通知和协商义务，但因为其并未违反条约的实质性义务，无须承担赔偿阿根廷的责任。国际法院还在裁决书中指出，阿根廷和乌拉圭双方都有义务就持续监测乌拉圭河水质和保护乌拉圭河进行合作。

国际法院的裁决再一次强调了在有关国际水资源的利用上，必须严格按照有关条约的规定，秉持国际合作的原则，并秉承善意，共同实现共有水资源的可持续利用。本案中，阿根廷和乌拉圭均应当按照双方 1975 年签署的《乌拉圭河条约》行事。案件的焦点是乌拉圭批准在本国沿岸建造纸浆厂并单方面批准运营是否违反了《乌拉圭河条约》规定的程序性义务与实质性义务。因为《乌拉圭河条约》第 7~13 条规定，当沿岸国一方为利用乌拉圭河而采取可能影响到另一方利益的措施时，应当事先通知受影响的对方。而实质性义务主要是指国际法以一些国际环境条约中确立的环境损害预防以及环境保护等国际义务。国家法院认为，对于事先通知等程序性义务，乌拉圭已经通过河流管理机构——乌拉圭河委员会，向阿根廷一方进行了通报，已经履行了条约的程序义务。而阿根廷主张的是，事先通知义务包含了阿根廷对于乌拉圭建设计划的否决权，即如果阿根廷不同意，乌拉圭就不能批准在结合周围兴建纸浆厂。这样的理解显然超出了事先通知义务的范围，甚至会构成对乌拉圭的内政的干涉。②

国际法院在该纠纷裁决中也再次重申了 1997 年《非航行利用国际水道法公

---

① 关于"乌拉圭河纸浆厂案"的具体案情及国际法院的裁定，可参见 Judgement of Pulp Mills on the River Uruguay（Argentina v. Uruguay），载国际法院网站：https：//www.icj-cij.org/files/case-related/135/135-20100420-JUD-01-00-EN.pdf，最后访问时间：2021 年 12 月 26 日。

② 本案中，对于阿根廷一方提出的"事先通知"义务的理解，也有法官发表了不同于国际法院最终裁决的意见，主张：国际环境法中的事先通知就意味着"事先知情同意"，而非简单的通知与协商义务，但国际法院最终的裁决并未采取该主张。

约》形成的有关水资源自用的规则，即国家在非航行利用本国管辖范围内的跨国或跨界水资源时，对于可能影响到他国利益的项目和措施，负有事先通知可能受影响方的义务，并在合理的时间内（如双方协定的通知和谈判时间）负有停止建设的义务。因为多国共享的环境资源不同于一国主权范围内管辖的自然资源，除了考虑到国家的资源主权外，还应考虑到跨界资源的特殊属性，遵循预防重大环境损害的基本原则，通过国家间合作解决纠纷。

尽管乌拉圭河纸浆厂案存在着管辖权上的瑕疵，该案仍然是国际环境法发展进程中的一个重要判例，因为该案的关键之处绝不仅仅只是有关 1975 年《乌拉圭河条约》如何解释和实施的简单问题。如果阿根廷希望提起其他条约项下对对方违约的指控，或者根据习惯性国际法规则对对方违约的指控，无论乌拉圭河纸浆厂案的操作和其的纠纷案件关系多么紧密，案情结果可能不会是今天这样。

"乌拉圭哈纸浆厂案"是国际法院在进入 21 世纪后受理的影响最大的跨国环境纠纷案件，该案虽然涉及 1975 年的双边条约，但是其受理时间是在 2006 年，此时国际环境保护的理念已经在国际社会非常普及，关于环境保护的国际公约已经覆盖了包括国际河流、海洋环境、大气质量保护等很多领域，国际法院对该案的审理虽然也是围绕多国河流（边界河流）的水资源利用与合理开发等议题，但是已经无须像在 1997 年 "多瑙河水坝纠纷案" 中一样，对于审理中涉及的国际环境保护的有关概念，如可持续发展，进行专门的解释和分析，因为在 2010 年国际法院的裁决宣布之时，很多国际环境法的基本原则与习惯性规则已经在国际社会得到了认可。这是国际环境法发展的进步，也表明国际法院在处理有关环境保护的国际纠纷方面更加娴熟和得心应手。

（四）海虾-海龟案

海虾-海龟案的全称是 "印度、马来西亚、巴基斯坦和泰国与美国关于禁止海虾及虾制品进口纠纷案"，是由世界贸易组织争端解决机制在 1998 年审理的有关国际贸易与环境保护的经典案例。海龟是一种迁徙性海洋生物，广泛分布于世界各大海洋。在 20 世纪 70 年代后，由于商业性捕捞和捕虾作业中的误伤，海龟的种群数量急剧下降，处于濒危境地。① 国际社会在 1973 年通过了《濒危野生动植物物种国际贸易公约》（*Convention on International Trade in Endangered Species of Wild Fauna and Flora*，EITES），将海龟列为"受到或可能受到贸易的影响而有灭绝危险的物种"名录中，是该环境公约的一级保护对象。案件的当事国之一——美国在 1973 年制定了国内法《濒危物种法》（*Endangered Species Act*），将出没于其管辖海域的海龟列入保护对象名单。美国科学家发明了一种在捕捞海虾时隔离海龟的装置（TED）。② 因此 1989 年美国修改了《濒危物种法》，增加了 609 条款，该条款的核心内容是授权美国国务院制定具体规则，以禁止所有不符合上述海龟隔离措施使用要求及未达到海龟保护标准的国家或地区捕捞的野生海虾及虾制品进入美国市场，以推动更多国家使用该海龟隔离装置。1995 年 12 月，美国国际贸易法院决定自 1996 年 5 月 1 日其在全球适用 609 条款。针对美国的这一强制性要求，印度、巴基斯坦、泰国和马来西亚分别于 1996—1997 年向世界贸易组织提出申诉，要求成立专家组审查美国按照其国内法要求采取的限制进口措施，以及美国实施的相关贸易规则和通过的司法判决是否符合其依照 GATT1994 所应承担的义务。

　　世贸组织争端解决机制就此纠纷成立了专家组，专家组审理后作出裁决，认为 609 条款违背了世界贸易组织的"自由贸易"原则，对国际多边贸易体制造成了威胁；同时也构成了在条件相同的各国间的"无端的歧视"，③ 因此不属于美

---

　　① 生活在海洋中的海龟需要不时浮出水面换气，这种生活习性给海龟带来了极大危险：如果不慎落入捕捞海虾的拖网，会困于其中而溺亡。环境非政府组织世界野生动物基金会（World Wildlife Fund，WWF）曾做过统计，如果不采取任何保护设施，每年将有超过 12.5 万只的海龟葬身于捕捞海虾的拖网。转引自万霞编著：《国际环境法案例评析》，中国政法大学出版社 2011 年版，第 110 页。

　　② 这种名为"海龟隔离器"的装置，是一种带有特定尺寸栅栏格的设施，可以安装在渔轮拖网上，体型较小的海虾可以通过栅栏格进入渔网，而误闯入的海龟可以逃生。该装置发明后，美国国家科学院在 1993 年对其进行了测试和统计，声称这种轻便且不昂贵的装置可以避免 97% 的海龟误捕，是有效保护面临濒危境地的海龟物种的有效方式。

　　③ 在世界贸易组织的规则框架下中，"无端的歧视"一般是指如果一个世界贸易组织的成员方通过一种经济或贸易禁令的方式要求其他成员方必须采取相同的管理办法，而不考虑其他其他成员方领域内可能出现的不同情况。这种做法一般是不可接受的。本案中，美国的 609 条款要求及其实施细则要求 WTO 的其他成员方必须采取与美国捕虾拖网船相同的管理办法，美国官员据此决定是否给该国开具证明。更苛刻的是，美国还要求，只要一国是从未获得美国证明的国家水域捕捞的海虾，即使捕捞的方法与美国规定的相同，也不得进入美国市场。

国主张的 GATT1994 第 20 条的"一般例外"条款的情形。① 1998 年 7 月，美国就专家组报告中的一些法律问题和解释提出上诉。上诉机构组成复审小组对"海虾-海龟案"进行了复审，在 1998 年 10 月作出报告。复审报告推翻了专家组关于美国该措施不属于 GATT1994 第 20 条引言所允许措施范围的裁决，最终决定：美国采取的保护海龟的措施虽然有资格援引第 20 条第（g）项，但不满足第 20 条引言的范围要求，因此不符合 GATT1994 第 20 条规定的"一般例外"情形。此外，上诉机构认为美国国务院在推行 609 条款的过程中存在失当和缺陷，世界贸易组织争端解决机构要求美国尽快采取有关措施以同世界贸易组织的一般规则相适应。美国随后修改了原有的 TED 实施规则。②

海虾-海龟案是世界贸易组织争端解决机制处理的最著名的国际贸易纠纷之一，也是关于国际贸易与环境保护关系的最典型的案例之一，此案的处理标志着世界贸易组织在协调环境与贸易关系上的变化与调整。从表面上看，该纠纷是围绕着大名鼎鼎的 GATT1994 第 20 条"一般例外"规则的（g）项的解释和适用而展开的，但是该条款是 WTO 众多协定中最能体现环境资源保护的一项规则，被视为是"环保例外"条款，因此，从国际环境保护的角度分析，海虾-海龟案也具有重要价值。③

根据 GATT1994 第 20 条（g）项的规定，成员方采取的贸易措施可以援引环境保护例外条款，但应当证明：（1）采取的措施和实行的政策属于与可能用竭的自然资源有关；（2）违反 GATT 的措施与养护可能用竭的自然资源有关；（3）

---

① 参见 GATT1994 第 20 条"一般例外"条款的规定："本协定的规定不得解释为禁止缔约方采用或加强以下措施，但对情况相同的各国，实施的措施不得构成武断的或不合理的差别待遇，或构成对国际贸易的变相限制：(a) 为维护公共道德所必需的措施；(b) 为保护人类、动植物的生命或健康所必需的措施；(c) 有关输出或输入黄金或白银的措施；(d) 为了保证某些与本协定的规定并无抵触的法令或条例的贯彻执行所必需的措施，包括加强海关法令或条例，加强根据协定第 2 条第 4 款和第 14 条而实施的垄断，保护专利权、商标及版权，以及防止欺诈行为所必需的措施；(e) 有关罪犯产品的措施；(f) 为保护本国具有艺术、历史或考古价值的文物而采取的措施；(g) 与国内限制生产与消费的措施相配合，为有效保护可能用竭的天然资源的有关措施……"
② 赵维田：《WTO 案例研究：1998 年虾龟案》，载《环球法律评论》2001 年第 2 期。
③ 学术界有大量关于关于海虾-海龟案的评析，大多是从国际经济、贸易法的视角进行分析。本书主要从国际环境保护和资源养护的视角对该纠纷进行评析。

导致争议的措施与对国内生产或消费（可能用竭的自然资源）的限制共同生效；
（4）争议措施的实施不违反 GATT1994 第 20 条前言的要求。实践中，世界贸易
组织的不同成员方对于其中的关键概念，如："自然资源""可用竭"等有不同
主张。对于自然资源，大多发达国家（包括本案中的美国）认为，它是一个可以
做广义解释的概念，应当包括在自然状态下可以自然繁衍的物种以及没有人类的
介入就不能自然繁衍下去的物种。对于什么是"可用竭"的自然资源，也有很多
争议。传统观点认为，可用竭的自然资源就是不可更新的非生物资源，因此在
WTO 框架下，很多成员方（包括本案中的马来西亚、泰国、印度和巴基斯坦等
发展中成员方）坚持认为，GATT1994 第 20 条（g）项的范围应限定在有限的非
生物资源内，如煤炭、石油、铁矿等；海龟是一种有生命的动物资源，不属于
（g）项的范围。但在该案中，上诉机构发表了对于这些环境资源议题的观点，认
为第 20 条（g）项不应当限于养护"矿产品"或"无生命的"自然资源。因为
像海龟等物种，虽然在理论上是可再生的，但在某种情况下尤其是人类活动的影
响下确实是可能耗尽、枯竭并绝灭的。因此，活的资源和矿产资源等非生命资源
一样，也是"有限的"。

上诉机构还进一步援引了可持续发展的原则来阐明其裁决基础。[①] 上诉机构
在复审报告中提出，鉴于国际社会对采取双边行动或多边协同行动以保护活的自
然资源的认知和《世界贸易组织协定》的序言中明确要求成员方承认可持续发展
的目的，因此，不应当对第 20 条（g）项做狭义理解，将其局限在可用竭的矿产
资源或无生命资源上。上诉机构还提及了一系列国际环境公约，包括《联合国海
洋法公约》《生物多样性公约》《养护野生动物移动种群的公约》《21 世纪议程》
等，并明确指出，该案中的"海龟"属于 GATT1994 第 20 条（g）项所规定的
"可用竭的自然资源"的范围。

海虾-海龟案在跨国环境纠纷的解决进程中具有重要意义。它是第一个由世
界贸易组织作出的有关环境资源保护措施可以与 GATT/WTO 贸易规则相协调的

---

　　① 关于海虾-海龟案的详细案情以及 WTO 上诉机构的复审报告具体内容，可参见世界
贸易组织网站相关资料：https：//www.wto.org/english/tratop_e/dispu_e/cases_e/ds58_e.htm，
最后访问时间：2021 年 12 月 18 日。

裁定。其争端解决机构以灵活的方式对于贸易规则中的"可用竭的自然资源"这一关键且容易引起争议的概念进行了解读，将其扩展到包括动物资源等有生命的生物资源的范围，为国际贸易规则与环境保护措施的衔接提供了可能性。世界贸易组织争端解决机构的这一官方报告，预示着 WTO 的成员方如果发生了有关环境资源领域的贸易纠纷，可以在它们共同参加的多边环境协定的框架下进行谈判，以解决纠纷；如果未能奏效，在符合普遍贸易原则的条件下，且满足了GATT 和 WTO 等贸易协定的要求，成员方可以采取相应的单边环境措施。虽然对这种环境措施的审查非常严格，但是，对于世界贸易组织这一全球范围内影响广泛的政府间国际组织，已经是在环境保护领域的重大调整。

（五）其他有关的跨国环境纠纷

除了上述四个较为典型的由司法性质或准司法性质的国际组织处理的跨国环境纠纷外，还有一些跨国环境纠纷也属于该范围，包括国际法院受理的"法国核试验案"、智利与欧共体之间的"箭鱼纠纷案""南方蓝鳍金枪鱼案""莫克斯工厂案"等。因为这些案例已经在本书的其他章节有详细阐释，因此在此处就不再赘述。

三、跨国环境纠纷对司法/准司法性质的国际组织提出的挑战

随着全球环境保护意识的觉醒，在世界范围内有越来越多的国家、组织或自然人开始对环境资源问题关注起来。在国际关系中，国际法主体之间因为环境保护而进行的交往也越来越频繁。当然，这种因为环境保护而进行的交往并不都是顺利的，有时也会产生各种环境纠纷。跨国环境纠纷的出现促进和推动了各种司法/准司法性国际组织的发展，同时在此过程中，也对它们提出了一些挑战。就目前来看，由于跨国环境纠纷的范围非常广，以至于一项跨国环境纠纷发生后，会出现不止一个国际组织或国际法庭对其有管辖权。国际社会在司法组织的管辖权上无法复制国内司法机构的垂直管理模式，因此客观上无法形成统一、严密的管辖权体系。以特定国际条约为基础而形成的各种司法/准司法国际组织在分布状态上是互相平行、独立的，反映在其管辖权上，则是各自为政，每一个机构都根据条约的规定或授权对某一范围或某几个范围内的纠纷具有管辖权。这就出现

了管辖权的冲突或竞合。正如博伊尔教授指出的："如同箭鱼案，当一个争端既涉及 WTO 协定又涉及 1982 年《联合国海洋法公约》的时候，发起平行诉讼可能对双方都有战术上的某些好处，并且可能反映这样一种可能性，即实际上可能存在两个相互分离的、都同海洋环境有关的争端，而且其中每一个可能在适当的法庭得到解决。但是，当法律问题紧密地相互纠缠在一起时，这种平行诉讼可能对当事方带来真实的不确定性，并对司法过程带来真正的麻烦。"① 跨国环境纠纷的解决是一个综合、复杂的过程，还面临着有关管辖权、主体资格、责任形式等方面的问题。在本书的下一章，将对跨国环境纠纷的管辖权竞合问题进行初步探讨。

四、跨国环境纠纷中的其他主体

如果以保护全球环境或自然资源为目标，那么这一过程涉及的纠纷解决就不仅仅关系到谁有诉讼资格，还关系到所有可以参与纠纷解决的其他主体，如"法庭之友"（amicus curiae）等。例如，如果一起跨国环境诉讼的目的是要保护某种全球共享的环境资源，那么一国政府是无权代表全体国际社会成员的利益的，当然也无权垄断这种诉讼。国际法院于 2014 年受理的澳大利亚与日本的"捕鲸纠纷案"就具有这种特征。该纠纷的当事国是澳大利亚和日本，因日本以"科学研究需要"为理由过度捕捞鲸鱼，引起了同属于《国际捕鲸管制公约》缔约国的澳大利亚的不满和抗议而引起。澳大利亚提起诉讼后，新西兰也主张其对该案具有相关利益，是利益相关方，要求参与诉讼。大法官 Cancado Trindade 在其发表的有关该案的个人意见书中也阐明了这一点，该纠纷的特征就是其要保护的生物资源——鲸鱼，并不专属于某个国家或某些国家所有，而是关系到全球各国或全人类的共同利益，有学者认为这是国际环境公益诉讼的典型表现。既然保护的环境资源是全人类共有的，那么在理论上，也可以适用公益诉讼的基本理论与规则，各国甚至国际组织和自然人等都可以加入该纠纷的解决过程，成为纠纷的参加主体。在该案中，新西兰通过向法庭提供它与该案有利害关系的一些有力因素

---

① 艾伦·博伊尔：《世界贸易组织与海洋环境》，王曦译，载《国际环境法与比较环境法评论》第二卷，法律出版社 2005 年版，第 24 页。

证据，加上合理的论证，证明新西兰也应当参与该纠纷的解决过程，国际法院就采信了新西兰的主张。该案在诉讼过程中有关主体的变动说明了国际法在应对全球环境利益保护领域的进步与发展，尤其是当各国集体的或共同的环境利益受到影响时，这种趋势就更加明显。① 在国际法院和国际海洋法法庭出现之前，如果一个第三方想参与其他主体的国际纠纷诉讼，只有在证明了根据相关条约的解释或适用，其属于条约的共同缔约方时才可能出现这种参加诉讼的可能性。② 在世界贸易组织的争端解决机制中也有类似规定，如《建立世界贸易组织的协定》附件二第 10 条规定，只有在争端中"实质性利益"受到损害的当事方才被允许参与一个既定的争端解决程序。不过按照一般国际诉讼程序规则，参与这种争端的解决过程，并不意味着参与方就是该诉讼的当事方，而只是表明其具有参与主体资格。

---

① Judge Cancado Trinidad, Separate Opinions, Whaling Case, Declaration of Intervention by New Zealand, Order of 6 February 2013, para 76.

② 参见《国际法院规约》第 63 条的规定："一、协约发生解释问题，而诉讼当事国以外尚有其他国家为该协约之签字国者，应立由书记官长通知各该国家。二、受前项通知之国家有参加程序之权；但如该国行使此项权利时，判决中之解释对该国具有同样拘束力。"还可参见《国际海洋法法庭规约》第 32 条第 3 款的规定："第 1 款和第 2 款所指的每一方均有参加程序的权利；如该方行使此项权利，判决书中所作解释即对该方同样地有拘束力。"

第七章 跨国环境纠纷的管辖权竞合问题

第一节 跨国环境纠纷的管辖权竞合现象

一、问题的缘起：从智利与欧共体之间的"箭鱼案"说起

跨国环境纠纷一般是指因为环境资源的开发、利用、保护和改善等引起的国家、国际组织、不同国家的法人或自然人之间的争议或冲突。在全球环境问题不断涌现，部分环境问题甚至不断恶化的国际背景下，跨国环境纠纷出现的频率逐渐增多，影响的范围也不断扩大。像是全球气候变暖、越界大气污染、臭氧层耗损、国际河流水资源开发利用、濒危野生动植物物种保护、生物遗传资源保护、海洋资源开发利用和生物资源养护等领域，都曾经或正在发生跨国环境纠纷。

跨国环境纠纷的处理和解决关系到地区稳定秩序甚至国际和平秩序，许多国际公约中都对此有规定。和平解决国际争端是国际法的重要基本原则。一般来说，依照《联合国宪章》的规定，国际争端应当通过政治或法律手段和平解决。其中，政治解决方式（又称为外交解决方式）包括谈判、协商、斡旋、调停、调查、调解等，而法律解决方式包括国际仲裁和司法方式。跨国环境纠纷在本质上属于国际争端的一种，也可以适用上述争端解决措施。但是，在近些年来的国际实践中，开始出现了跨国环境纠纷的管辖权竞合现象，引起了国际法学界的关注。如2000年发生的智利与欧共体之间的箭鱼纠纷就是一个典型案例。

箭鱼是一种经济价值较高的鱼类，主要分布于太平洋、大西洋和印度洋。智利政府为了保护太平洋东南部沿岸日益枯竭的箭鱼资源，在1991年颁布法律，

限制本国船只捕捞箭鱼的数量。同一时期，大西洋沿岸的箭鱼产量也在萎缩，因此以西班牙船只为代表的欧共体船只就开始远渡重洋，到太平洋东南部的海域捕捞箭鱼。因为根据《联合国海洋法公约》的有关规定，智利政府没有权力禁止外国船只在公海海域的捕捞行为。然而，智利政府根据其智利国内的《渔业法》第165条，禁止一切捕捞行为不符合智利法律规定的船只在智利港口转运或停泊。该规定出台后，欧共体的船只就被剥夺了在最便利的智利港口停靠，以及为渔船补充燃料及供给的机会，导致其捕捞业的成本大增，经济损失巨大，远洋捕捞业从业人员怨声载道。欧共体认为，智利这一"保障措施"，不仅使得欧共体国家无法出口箭鱼到智利，还阻断了其转运到美国的路径。而智利政府则坚持认为：智利《渔业法》第165条是必要且公平的环境措施，完全是出于保护太平洋东南沿海的箭鱼资源及海洋渔业资源的纯粹目的。随后数年中，双方曾多次接触，就箭鱼资源的捕捞进行谈判协商，但都无果而终。2000年，在西班牙等国的压力下，欧共体根据乌拉圭回合《关于争端解决规则与程序的谅解》第4条，以及《关贸总协定》第23条，请求与智利进行磋商，此请求同时抄送世界贸易组织争端解决机构（DSB）主席。在争端解决专家组成立后，新西兰、加拿大、印度、挪威、冰岛和美国等也提出了同样请求。这项纠纷发展到这里，很多人以为就会按照世界贸易组织的争端解决程序进行处理了。但令人出乎意料的是，智利在随后不久根据《联合国海洋法公约》第十五部分"关于争端的解决"的规定，将同一纠纷提交到国际海洋法法庭。2000年12月，国际海洋法法庭发布第2000/3号命令，就解决该纠纷成立了特别分庭。至此，同一项跨国环境纠纷就在国际法允许的两个争端解决机构进行管辖和处理。两个机构根据其不同的国际条约规定，都有权对该纠纷行使管辖权，这样就出现了管辖权的竞合。①

二、跨国环境纠纷管辖权竞合的主要表现形式

尽管在跨国环境纠纷的解决中，真正爆发管辖权竞合的案例，如前文所述的

---

① 当然，该纠纷的后续发展也颇具戏剧化，在WTO的争端解决机构和国际海洋法法庭都受理了此案后，2001年1月25日，欧共体和智利宣布就双方之间的"箭鱼纠纷"达成了一项和解协议，当事方通知国际海洋法法庭中止争端解决程序。隔了几个月后，双方又通知世界贸易组织DSB主席，中止WTO争端解决程序。

智利与欧共体之间的"箭鱼纠纷案",并不算太多,但这种管辖权竞合的可能性是真实存在的。管辖权竞合问题容易造成国际争端解决资源的浪费,也可能会加剧纠纷当事方的矛盾和对立,甚至引起更大范围内的更多连锁纠纷。因此,客观上需要对跨国环境纠纷解决中的这类特殊问题进行研究,并寻求适当的应对措施。根据近年国际法院或法庭及仲裁机构等的最新发展趋势,容易出现跨国环境纠纷管辖权竞合的主要形式包括如下几种:

(一) 国际法院与国际海洋法法庭

近些年来,国际海洋法法庭与国际法院的管辖权竞合问题引人关注。国际法院的全称为联合国国际法院,是根据 1945 年《联合国宪章》设立的全球性国际争端解决司法机构。其在诉讼方面的管辖权主要表现在《国际法院规约》第 34 条第 1 款和第 36 条。主要受理国家提起的诉讼,具体管辖事项可分为三类:一是争端发生后当事国自愿协商同意提交的"自愿管辖"事项;二是争端发生前,当事国依据条约或协定中的事先约定提交的"协定管辖"事项;三是当事国随时通过声明形式对于条约解释、违反国际义务的赔偿等四类纠纷,与接受同等义务的其他任何国家,提交的所谓"任择强制管辖"事项。这就使得国际法院取得了国家之间发生的有关环境纠纷的案件的管辖权。①

国际海洋法法庭是根据 1982 年《联合国海洋法公约》设立的旨在解决缔约国之间因《联合国海洋法公约》的适用或解释(含海洋环境的保护和保全、船只倾倒造成的海洋污染)等产生的纠纷的解决机构。国际海洋法法庭的管辖权主要集中在《联合国海洋法公约》第十五部分"争端的解决"规定中。《联合国宪章》和《联合国海洋法公约》都是缔约国数目众多的造法性条约,很多国家同时是这两个条约的缔约国,因此国际海洋法法庭管辖的大部分争端同时也属于国际法院的管辖范围。需要特别指出的是,在该公约第十五部分,特别指出,有关《联合国海洋法公约》的解释和适用引起的纠纷的诉讼,应选择联合国国际法院、

---

① 《国际公法学》编写组:《国际公法学》,高等教育出版社 2016 年版,第 450 页。

仲裁（普通和特别仲裁）法庭及国际海洋法法庭进行诉讼。① 这种条约约文本身，就包含着一些纠纷有可能会出现管辖权重叠的风险。

事实上，目前的国际纠纷解决机构关于管辖权的规定与"选择性诉讼"（forum-shopping）现象的出现不无关系。国际组织彼此之间具有独立性，它们对于自身管辖权的规定主要依据该国际组织的章程性文件确定，而这些国际组织的章程性文件的实质是一些多边国际协定或国际协议。缔结这些协议的国际法主体主要考虑的是因为条约解释或适用而产生的纠纷的解决便利，而非从国际纠纷解决的整体性出发考虑管辖权的规定。这就导致了这样一种现状：在跨国环境纠纷诉讼中，一旦案件的管辖权基本确定，一些纠纷当事国家就试图扩展该案可以适用的法律，将纠纷中的其他因素也囊括其中。前文论述的另一个案例"莫克斯工厂案"，就是这样的情形。尽管在形式上依据《联合国海洋法公约》第十二部分的仲裁条款，爱尔兰可以根据公约第 293 条提出，仲裁机构也有权利适用其他条约和国际法的一般性法律原则，然而如果依据此种条约解释，则法院和仲裁机构就有可能扩展其管辖范围，而非局限于某些环境条约对于纠纷管辖的狭隘限制。但是此处要思考的问题是：对于某一项环境条约作出这种条约解释是正确的吗？在 2003 年 6 月 24 日受理了"莫克斯工厂案"的仲裁庭作出的裁决中，有如下观点："案件当事方在一定程度上讨论了爱尔兰提出的申诉的范围问题，特别是其根据其他条约（如《保护东北大西洋海洋环境公约》，为行文方便，以下简称 OSPAR 公约）提出的诉求，这些诉求与《联合国海洋法公约》第 288 条和第 293 条有一定关联。仲裁庭赞同并支持该案中有关因果关系的观点，该观点认为在依据公约第 288 条第一段的管辖权范围和仲裁庭依据公约第 293 条所适用的法律之间存在着根本不同。因此仲裁庭认为，爱尔兰依据其他法律文件而非《联合国海洋法公约》提出的管辖权方面的请求不应被接受。"

在司法实践中，这种观点并不是孤立存在的。在欧洲发生的另一起跨国纠

---

① 参见《联合国海洋法公约》第 287 条第 1 款的规定："一国在签署、批准或加入公约时，或在其后任何时间，应有自由用书面声明的方式选择下列一个或一个以上方法，以解决有关本公约的解释或适用的争端：（1）按照附件六设立的国际海洋法法庭；（2）国际法院；（3）按照附件七组成的仲裁法庭；（4）按照附件八组成的处理其中所列的一类或一类以上争端的特别仲裁法庭。"

纷——"英法欧洲隧道案"的部分裁决中该观点也再次被提及。受理该案仲裁申请的仲裁庭认为，一个国际仲裁机构依据其仲裁规则对某些案件拥有强制性的管辖权，这种"特殊的"管辖权与仲裁机构可以适用的法律义务是存在区别的，但这种区别并不意味着仲裁庭的这种管辖权是不合法的。因此该纠纷的仲裁员认为在英法欧洲隧道案中，适用的法律规定并不会自己改变，进而变成一个不合格的且复杂的管辖体系，在该体系下，没有真正站得住脚的理由赋予一个根据OSPAR公约而设立的仲裁机构相应的管辖权。①

尽管这个结论在逻辑上是合理的，国际法院也在一些司法判例的裁判文书中对有些相似观点进行了重申，然而国际法框架中的其他纠纷解决机构，如国际海洋法法庭，在近些年中因《联合国海洋法公约》而产生的一些纠纷案件的判决中，却表达了不太相同甚至是对立的管辖权主张。在一起因《联合国海洋法公约》实施引起的扣留船只的纠纷中，国际海洋法法庭认为，尽管《联合国海洋法公约》并没有明确规定在逮捕船只时可以采用武力措施，不过根据《联合国海洋法公约》第293条，国际法是可以在实施该公约（指《联合国海洋法公约》）时适用的法律，这就说明，应当尽量避免使用武力对船只采取强制措施。另一起纠纷对此进行了再次说明：仲裁庭认为这是对《联合国海洋法公约》第293条的合理解释，因此针对该案，仲裁庭"无权对违反了《联合国宪章》和一般国际法原则的事项行使管辖"的观点是不能被接受的。

国际法院在其受理的几个跨国纠纷案件的处理中表明了其在管辖权方面的基本立场，而其他纠纷解决机构（包括国际海洋法法庭）也在一些案件的处理中阐述了不同于国际法院的管辖权观点，我们不得不承认，这种矛盾是客观存在的。在当前的国际法体系下，想要调和二者的分歧是有一定难度的。在涉及特定环境条约的解释和适用的问题及其纠纷解决上，一般性国际法原则在何种程度上能被援引和适用，上述两种观点代表了国际社会互相冲突的两种主要立场。因为《联合国海洋法公约》对于国际环境保护立法的重要性，国际海洋法法庭解决的几个纠纷绝不仅仅只关系到《联合国海洋法公约》的条款解释，而是关系到除了《联合国海洋法公约》，一般性国际法规则能否适用于有关的跨

---

① OSPAR Convention Case（2003）XXIII RIAA 59，para 84-85.

国纠纷的关键问题。

目前来看，几个纠纷解决机构不约而同选择了相似的解决路径：就是不通过对管辖权自身的探讨，而是通过某些多边条约的特定条文来寻找依据。这固然是因为对于管辖权的讨论是一个牵涉国际组织和更广泛意义上国际立法的复杂问题，大家不约而同选择了暂时回避该问题，而选择相对容易的解决思路，但由此也造成了如下后果：以国际法院为代表的国际司法机构通过管辖依据确定管辖权，而有些案件的解决方案却采用不同做法，甚至恰恰相反：通过实践中的国际法律规则适用来扩大其管辖权。如果进行深入分析的话，不能说国际法院的做法是错误的，然而一些国际仲裁机构的做法也没有错。国际法院既要按照《国际法院规约》的要求，做到对其要适用的国际法规则的解释，同时还要根据国际形势的变化适时而灵活地扩展其管辖范围。例如，在国际环境问题加剧国际社会矛盾时，就要对跨国环境纠纷的解决作出应对，而环境类纠纷显然在其设立之初并不是其受理案件的主流。这就需要国际法院具有一定的创造性。但是伴随着新的更多的国际条约的出现，更多的国际纠纷解决机构逐渐出现，国际法院还面临着一项随之而来的新的挑战：协调与其他纠纷解决机构的关系，其中非常重要的内容就是管辖权范围。

从前文分析来看，这种调整不可能非常激进或剧烈，国际法院可以利用其在案件审判中的权利有限度地扩展其管辖，同时它也要处理特定案件中纠纷当事方关注的其他问题。不仅是纠纷解决机构感受到了这种压力，纠纷当事方同样并不轻松。例如，就像"莫克斯工厂案"中的爱尔兰那样，那些认为本国基于条约解释而接受了有限的强制管辖的案件当事国将会发现，它们不得不应对那些不是基于同一条约，而是基于其他一般性国际法原则或其他不同条约而提出的来自他国的管辖权主张或诉求。很多时候，纠纷解决机构和纠纷当事方不得不作出妥协。跨国环境纠纷解决实践中这种总体上趋向于妥协或和解的现状带来的弊端已经初露端倪。例如，在乌拉圭河纸浆厂案的裁定中，国际法院用一定篇幅论证其依据1975年《乌拉圭河条约》获得的管辖权的正当性。尽管1975年《乌拉圭河条约》中规定了有关于河流的水污染的纠纷属于其规范范围，国际法院仍然判定，对于阿根廷声称的因乌拉圭一方投资的纸浆厂而导致的河流的有关污染如噪声污染、水质污染和臭味污染没有管辖权。从该案发展看，两国之间的纠纷并没有彻底解决，而是暂时取得了一个微妙的平衡。因为国际法院也很清楚，如果对于乌拉圭河的具体污染造成的纠纷宣布有管辖权，其将不得不被卷入更多更琐碎的有关区域性环境条约和普遍性国际条约的复杂关系中。

（二）　国际海洋法法庭与 WTO 争端解决机制

自 20 世纪 90 年代以来，随着国际环境保护日益受到重视，原有的国际贸易规则也开始受到挑战，贸易与环境的关系开始受到国际社会的关注。以 WTO 为代表的国际贸易组织一直以保护自由贸易为己任，其争端解决机制 DSB 也在争端解决程序中关注保护自由贸易。但是一些旨在调整贸易与环境关系的国际公约，如《濒危野生动植物物种国际贸易公约》，就直接规定了对特定类型国际贸易的限制或禁止性条款，以满足保护处于濒临灭绝状态的珍稀野生动植物物种和生物多样性的环境保护目标。在全球化背景下，自由贸易与环境保护的两种价值观开始频频发生碰撞。虽然世界贸易组织在 20 世纪 90 年代中后期，逐渐开始有意识地协调贸易与环境保护的关系，并试图制定一些国际贸易规则，努力调和二者之间的矛盾，但在国际范围内，二者之间的冲突仍时有发生。随着 1994 年《联合国海洋法公约》生效，越来越多的带有环境保护色彩的跨国纠纷在该公约建立的国际海洋法法庭被提起诉讼。同时，其中有些纠纷和国际贸易有紧密的关联性。这样，有着保护海洋环境及其生物资源、防止船舶污染或海上垃圾倾倒造成海洋污染等内容的《联合国海洋法公约》及其法庭，就与 WTO 争端解决机制出现了管辖权竞合的现象。如本书第一部分所述的智利政府与欧盟成员国之间因为保护太平洋海域箭鱼资源而引起的纠纷就是典型的例子。

在 WTO 争端解决机制框架下，争端解决主要关注的还是贸易规则是否被违反，由此决定当事方的责任。如在"箭鱼案"中，在 WTO 争端解决机制受理该纠纷后，其主要关注的焦点是该案是否违反了世界贸易组织规则中的市场准入，当然也考虑了可用尽的自然资源的保护问题。欧盟称智利的《渔业法》第 165 条关于港口使用限制的规定违反了 1994 年《关贸总协定》第 5 条关于过境自由的规定及第 11 条关于普遍取消数量限制的规定。① 智利虽然通过例外条款进行了

---

① 　万霞编著：《国际环境法案例评析》，中国政法大学出版社 2011 年版，第 123 页。

抗辩，但显然对在 WTO 争端解决机制下能否胜诉心存疑虑，故又选择了同样拥有管辖权的国际海洋法法庭去起诉。

除了前文所述的智利与欧共体之间的"箭鱼案"，还有一起纠纷也是涉及 WTO 争端解决机制和《联合国海洋法公约》的仲裁程序两个纠纷解决机构的案件，那就是"大西洋鲱鱼仲裁案"。大西洋鲱鱼是一种跨界的海洋鱼类种群，主要分布在《联合国海洋法公约》五个缔约国的专属经济区内，包括丹麦（法罗群岛）、冰岛、俄罗斯、挪威以及欧盟。① 为了保证大西洋鲱鱼种群的可持续捕捞和合理利用，这五个国家/地区每年都通过谈判方式就可捕捞数量进行分配。然而，在 2013 年，五个当事方无法通过谈判达成捕捞量的分配方法和方案。在此情形下，丹麦（法罗群岛）为自己制定了一个大约占总捕捞量 17% 的捕捞配额。但是，欧盟认为这个数额远远超过了丹麦的捕捞量。② 作为对这一行为的回应，欧盟在 2013 年 7 月决定对法罗群岛采取一些强制性经济措施。

为了使欧盟这些拟采取的措施不至于真正实施，或为了阻止这些措施，依据《联合国海洋法公约》的规定，丹麦在 2013 年 8 月 16 日代表法罗群岛对欧盟提起《联合国海洋法公约》附件七框架下的仲裁程序。但欧盟仍然出台了针对法罗群岛的制裁性措施，包括：禁止某些在法罗群岛控制下捕获的大西洋鲱鱼和东北大西洋鲭鱼进入欧盟领土；禁止任何悬挂法罗群岛旗帜的捕捞大西洋鲱鱼或鲭鱼的船只，或任何运输来自由悬挂法罗群岛旗帜的船只或由法罗群岛授权的悬挂第三国旗帜的船只所捕获的大西洋鲱鱼或鲭鱼产品的船只进入欧盟港口。③ 为了阻

---

① 丹麦是欧盟的成员国之一，也是 WTO 的成员国，同时欧盟也是 WTO 的成员。而法罗群岛是丹麦的一个海外自治领地，但并未跟随丹麦加入欧盟，主要原因是担心欧盟的"共同渔业政策"会影响到以渔业捕捞为重要收益来源的法罗群岛。但欧盟一直主张，大西洋的重要渔业资源，包括鲱鱼和鲭鱼等鱼类种群的捕捞，应当由欧盟和周边国家协商确定，每年的捕捞量也应当由各方协商确定。

② 欧盟认为，丹麦（法罗群岛）的捕捞量大约为总捕捞量的 5.16%。参见 European Union-Measures on Atlanto-Scandian Herring, Request for Consultations by Denmark in respect of the Faroe Islands, WT/DS469/1 (7 November 2013), paras. 6-10.

③ European Union-Measures on Atlanto-Scandian Herring, Request for Consultations by Denmark in Respect of the Faroe Islands, WT/DS469/1 (7 November 2013), paras. 11; 转引自高健军著：《〈联合国海洋法公约〉争端解决机制研究（修订版）》，中国政法大学出版社 2014 年版，第 43 页。

止欧盟的这些贸易限制行为，丹麦在 2013 年 11 月又代表法罗群岛在 WTO 争端解决机制起诉欧盟，丹麦主张上述措施不符合欧盟在《关贸总协定 1994》第 1 条第 1 款、第 5 条第 2 款，以及第 11 条第 1 款的义务。依据《联合国海洋法公约》附件七的仲裁法庭在 2013 年 12 月 9 日组成，依据世界贸易组织相关协定的 WTO 争端解决机构专家组在 2014 年 2 月成立，处理丹麦与欧盟之间的同一桩纠纷。

（三）环境条约机构与国际法院/国际海洋法法庭

跨国环境纠纷在管辖权问题上的复杂之处不仅仅只体现在国际法院、国际海洋法法庭或 WTO 争端解决机制等这些具有普遍性或至少在某一专门领域具有普遍性管辖权的纠纷解决机构的冲突上，还有一类冲突是和国际环境条约这些年的发展演进密切相关的。1992 年，联合国倡议在巴西的里约热内卢召开了全球环境与发展大会，有 172 个国家，包括 116 位国家的政府首脑参加了此次盛会。[1] 会议影响广泛，越来越多的国家开始意识到全球环境保护的紧迫性和重要性，越来越多的环境条约开始进行谈判、缔结、批准和实施。一些环境条约包含纠纷解决的条款，一些则制定了保障条约实施的遵守制度和程序，有些条约则没有将二者截然区分，而是融合在一起。其中，最引人注目的是环境条约的遵守制度。同时，为了加强环境条约的遵守和实施，不少环境条约创设了条约实施或遵守的条约机构。如 1987 年《关于消耗臭氧层物质的蒙特利尔议定书》和气候变化领域 1997 年《京都议定书》就制定了遵守制度（Non-compliance Procedure，NCP，也有学者称之为不遵守情事程序）。根据相关条约条文的规定，这些条约的条约机构，如缔约方大会，拥有对因违反这些遵守制度而引起的缔约国之间纠纷的处理权。类似的条约机构还包括《北美自由贸易协定》和《东北大西洋海洋环境保护公约》设立的纠纷或争端解决程序等。

2001 年英国和爱尔兰因为海洋污染问题引起纠纷（该纠纷的详细内容见前文"莫克斯工厂案"），该纠纷就在依照《联合国海洋法公约》《东北大西洋环境保护公约》分别设立的两个仲裁机构平行处理。值得关注的是该纠纷在管辖权

---

[1]　王曦编著：《国际环境法》（第二版），法律出版社 2005 年版，第 35 页。

问题上的争议和讨论。爱尔兰根据《联合国海洋法公约》将纠纷提交《联合国海洋法公约》附件七项下的仲裁法庭后，英国对仲裁法庭的管辖权提出了反对意见。英国认为，该纠纷应当适用《东北大西洋海洋环境保护公约》《建立欧洲共同体条约》《建立欧洲原子能共同体条约》的争端解决机制，因为上述后两项条约的缔约国已经在加入条约时同意授权欧共体法院专属管辖权，已解决缔约国之间关于条约适用或解释的争议。而受理此案的《联合国海洋法公约》仲裁法庭并没有对"莫克斯工厂案"的实质性问题作出裁决。仲裁法庭回应了英国提出的有关管辖权异议的主张。法庭认为，如果是欧盟的成员国之间发生纠纷，并且纠纷的起因是因为有关条约的解释或适用，则应属于欧洲法院的专属管辖范围。同时根据1982年《联合国海洋法公约》第282条的规定，会排除附件七仲裁法庭的管辖权。为了避免就同一问题作出两个互相冲突或矛盾的裁定，仲裁法庭决定暂停此案有关管辖权和实质问题的审理。①

2003年10月，欧洲共同体委员会就该案中爱尔兰的行为作出了一系列决议，这些决议中的内容对于深入理解跨国环境纠纷的管辖权问题可以提供一个分析视角。欧共体委员会指控爱尔兰违反了《建立欧洲共同体条约》第292条和《建立欧洲原子能共同体条约》第193条。原因是作为欧盟的成员国之一，爱尔兰将其与英国之间的排污纠纷提交到1982年《联合国海洋法公约》附件七框架下的仲裁法庭的行为，违反了欧洲法院在欧盟法律的解释和适用方面的专属管辖权规定。此外，爱尔兰在启动国际仲裁程序之前没有告知欧洲共同体委员会并进行协商，阻碍了共同体有关职责的行使且不利于欧共体有关条约目标与宗旨的完成。② 无论是《建立欧洲共同体条约》第292条还是《建立欧洲原子能共同体条约》第193条都规定了成员国不应当将有关欧共体条约的解释或适用方面的纠纷提交给条约以外的其他纠纷解决机制，而应当接受欧洲法院的专属管辖。据此，欧洲法院最终作出裁定，宣布爱尔兰违反了其根据《建立欧洲共同体条约》第10条、第292条和《建立欧洲原子能共同体条约》第192条、第193条所承担

---

① MOX Plant Case（Ireland v. United Kingdom），http：//www. pca-cpa. org/showpage. asp? pag_id=1148，最后访问时间：2018年12月13日。

② Judgement of the Court（Grand Chamber）of 30 May 2006（Commission v. Ireland，Case C-459/03），http：//curia. europa. eu/jcms/j_6/，最后访问时间：2018年12月13日。

的成员义务。纠纷发展到这一步，爱尔兰在 2007 年 2 月 15 日正式向《联合国海洋法公约》附件七仲裁法庭申请撤诉，仲裁法庭则于 2008 年 6 月 6 日发布命令，终止该案的所有程序。①

事实上，根据上述分析可以看出，"莫克斯工厂案"要比"箭鱼案"和"大西洋鲱鱼案"更加复杂一些，因为该纠纷涉及了三个不同的国际法律规则体系：第一个是 1982 年《联合国海洋法公约》，第二个是欧盟法律体系，第三个是《东北大西洋海洋环境保护公约》。这三个不同的国际法律体系分别代表着海洋法领域的最主要国际法规则，世界上最主要的区域国际组织法和一个旨在保护区域海洋环境的多边环境协定规则。三个体系各有其纠纷解决机制，在管辖权上却出现了重叠和竞合现象。虽然在此案中，依据《联合国海洋法公约》附件七设立的仲裁法庭考虑到欧洲法院的专属管辖权，事实上默认了区域性的强制管辖优先于《联合国海洋法公约》下的选择管辖，② 主动作出了协调不同纠纷解决机制的努力，避免了出现互相冲突的判例的可能，但该案中隐藏的管辖权冲突问题依然值得进一步关注。

第二节　跨国环境纠纷管辖权竞合的原因

一、拥有跨国纠纷管辖权的国际实体不断扩展

自 20 世纪 90 年代以来，以条约为代表的国际规则数量增多，条约的复杂性也在增强。这就需要相应的纠纷解决机制来保证新的国际法规则得到遵守与实施，强化国际法的有效性。而传统的国际法院和法庭对于一些专业性较强的纠纷，如环境纠纷等，有些力不从心。在这种背景下，拥有跨国纠纷管辖权的新的国际实体不断出现。如国际海洋法法庭（ITLOS）、WTO 争端解决机制（DSB）、国际刑事法院（ICC）、欧洲自由贸易区法院（EFTA Court）、非洲人权及民族权

---

① MOX Plant Case（Ireland v. United Kingdom），http：//www. pca-cpa. org/showpage. asp? pag_id=1148，最后访问时间：2018 年 12 月 13 日。

② 杨永红：《分散的权力：从 MOX Plant 案分析国际法庭管辖之冲突》，载《法学家》2009 年第 3 期。

利法院（African Court on Human and People's Rights）、中美洲法院（CCJ）、独联体法院（CIS Court）等。这些新出现的国际实体基于据以设立的"母约"，也就是其章程性文件，大多对缔约方拥有一定程度的强制管辖权。如国际海洋法法庭在《联合国海洋法公约》的解释或适用问题上对公约的100多个缔约国有强制管辖权，① 世界贸易组织上诉机构在有关贸易的广泛事项上对近150个缔约国有强制管辖权。

除了这些司法性质的国际实体，还有一些准司法性质的国际实体或条约机构。如世界银行的监察小组就在包括环境在内的一些纠纷上贡献良多；北美环境合作委员会设立了公民起诉程序，对于环境纠纷解决机制也是一大突破；保护臭氧层公约、气候变化公约、化学武器公约等环境条约框架下的条约遵守程序（NCP）也有权处理缔约国之间因环境义务履行而产生的纠纷，还有联合国人权委员会、非洲人权及民族权利委员会等在人权领域设立的准司法实体，都具有跨国纠纷的管辖权。

这些拥有跨国纠纷管辖权的国际实体数目不断增加，对于在国际法范围内推行新的规则具有重要价值。但是也应看到，这些侧重点不同的纠纷解决实体或程序的扩张，在便利了跨国纠纷当事方解决纠纷达成和解的同时，也带来了管辖权冲突的隐患。

二、国际法规则在跨国纠纷管辖权问题上态度模糊

一般来说，国内法由于拥有权力相对集中的中央立法和司法机构，其纠纷解决的管辖权竞合问题即使存在，也更容易通过国内法的统一调整进行处理和解决。这种调整的有效性，可以经由国内法的高度权威得到保障。反观国际法，其突出特点就是缺乏统一的国际立法机构，也没有统一的国际司法机构，纠纷解决实体如联合国国际法院和其他法庭，是以相对孤立的零星状态呈现的。不同的纠纷解决实体的设立依据是不同的国际条约，其管辖权的规定需要符合据以设立的章程性文条约的要求，客观上无法统筹考虑不同争端解决机构或程序之间是否兼

---

① United Nations Convention on the Law of the Sea, 10 Dec. 1982, Arts. 187, 287, 290, 292, UN Doc A/CONF 62（1982）, 21 ILM（1982）1261.

容、是否统一的问题。因此，每一个新出现的纠纷解决机构或实体被赋予了各具特定内容的属人管辖权或属物管辖权。由于这种管辖权确定的先天分散性，就会导致现有的不同纠纷解决实体的管辖权范围可能发生重叠或竞合——当事方的同一项争端可以由一个以上甚至两个以上的司法或准司法机构管辖。① 如有权裁决缔约国之间任何法律争端的联合国国际法院对于提交给专门的国际海洋法法庭或区域司法机构（欧洲人权法院）的跨国纠纷就具有平行管辖权（Concurrent Jurisdiction）。

三、跨国环境纠纷所涉元素的多元性和复合性

跨国环境纠纷出现管辖权竞合现象的第三个原因是与对其的界定有关系的。简而言之，如何界定跨国环境纠纷或判断一项纠纷是否属于环境纠纷，有时可能会导致出现管辖权竞合。这是由环境问题的特点决定的。无论是在国内的环境法中，还是在国际环境法中，对于环境的定义都是一个众说纷纭的话题。按照《中华人民共和国环境保护法》第 2 条的规定，环境是"影响人类生存和发展的各种天然的和经过人工改造的自然因素的总体，包括大气、水、海洋、土地、矿藏、森林、草原、湿地、野生生物、自然遗迹、人文遗迹、自然保护区、风景名胜区、城市和乡村等"。② 从这个定义就可看出，环境是一个外延十分广泛、包含内容非常丰富的概念。相应的，跨国环境纠纷也是这样一个外延广泛、内涵丰富的概念。一项跨国纠纷，是否属于跨国环境纠纷，很多时候是无法界定清楚的。如智利和欧共体之间的"箭鱼案"，如果从贸易争端的角度看待，毫无疑问它是一桩国际贸易争端；但如果从海洋生物资源保护的角度分析，说它是一项环境纠纷也并无错误。又比如印度和巴基斯坦因为印度河水的开发利用引起的纠纷，从国际河流法的角度来看是一起国际河流争端，但从跨国界淡水资源保护的视角来看它也属于环境纠纷。这种基于"环境"概念的丰富外延属性导致的跨国环境纠纷所涉及因素的多元性和复杂性，也部分造成了在跨国环境纠纷发生后，众多司

---

① Georges Abi-Saab, The International Court of Justice as a World Court, in Fifty Years of the International Court of Justice（Vaughan Lowe and Malgosia Fitamaurice, eds. , 1996）3, 13.

② 参见《中华人民共和国环境保护法》第 2 条。

法或准司法实体都可能依据该纠纷的某项属性依据其受理案件的规则，将其划归自身管辖权的范围。

第三节　跨国环境纠纷管辖权竞合的应对之策

一般认为，虽然行使跨国纠纷管辖权的一些机构名称叫做"国际法院"或"国际海洋法法庭"等，但事实上，它们并不构成类似于国内法中的真正的司法体系。国际社会在本质上是一种平权社会，国际法的基本主体——国家之间的主权彼此是平等的。国际司法组织或机构并不拥有对国家为当事方的案件的必然管辖权。因此，这些机构或实体之间缺乏在受理跨国纠纷的案件领域的协调性也是可以理解的。因此，现有司法机构或准司法机构之间的兼容性处于一种很低的状态。这是国际社会的现实。但是，结合现有的跨国纠纷解决机构的理论与实践，根据既有的国际法体系和规则厘清国际组织彼此在纠纷解决方面的关系，仍然可以从中探索应对管辖权重叠或竞合的可能策略。

一、全面、客观看待具有跨国环境纠纷管辖权的国际机构间的关系

国际法是当今国际社会进行交往的主要规则，因为国际社会尤其是国家间的"平权模式"，所有的国家无论大小、强弱、贫富都具有平等的国家主权，因此，国际法规则类似于一种"无政府状态"下的协调性法律规则。这就决定了国际法体系是一个不同于国内法的特殊法律体系。作为国际法渊源的最主要表现形式——国际条约，是国际法主体之间进行交往的最重要法律依据。以国际条约为基础，以国家合意为纽带建立起的具有跨国纠纷管辖权的不同国际机构之间，无法避免地会出现管辖权的竞合现象。但是，对于这种竞合或重叠的管辖权，是否真的像前文所述的有些学者担心的那样，会加剧国际法的"碎片化"趋势，甚至削弱国际法治的良性发展呢？我们需要对此做客观、全面的分析，而不应当过分夸大这种担忧。下面以国际法院与国际海洋法法庭为例，以跨国环境纠纷的解决为视角，对具有跨国环境纠纷管辖权的不同国际机构之间的关系进行探讨。

国际海洋法法庭是继国际法院后，第二个在全球范围内具有广泛影响力的司法性国际机构。国际海洋法法庭的建立受到《联合国宪章》和《国际法院规约》

的直接影响，甚至有学者认为，国际海洋法法庭的规约和规则就是参照国际法院的规约和规则起草的。① 但是，二者仍然存在很多不同之处。从国际组织法的视角看，国际法院是联合国的组成机构之一，也是处理联合国会员国之间纠纷的最主要司法机关，其经费来源于联合国；而国际海洋法法庭是依据《联合国海洋法公约》这项"海洋宪章"建立的专门性司法机构，其管辖纠纷主要是和《联合国海洋法公约》有关的涉海洋类国际纠纷，而其经费开支主要来源于《联合国海洋法公约》的缔约国以及国际海底管理局。从国际组织之间的关系看，二者不存在隶属于管理关系，而是互相独立的具有司法性质的国际机构。

在有关管辖权的问题方面，国际法院和国际海洋法法庭也是不相同的。

首先，在对人管辖领域，只有国家才享有国际法院的诉讼管辖权；而国际海洋法法庭的对人管辖权范围要比前者广泛得多。根据《国际海洋法法庭规约》第20条的规定，法庭是对所有《联合国海洋法公约》的缔约国开放的，且对于《联合国海洋法公约》第十一部分明确规定的任何案件或纠纷，或纠纷当事方以协定等形式接受法庭管辖权的任何纠纷或案件，法庭可以对缔约国以外的实体开放。一方面，这里的"缔约国"并非仅限于主权国家，而是包括自治性民族实体和国际组织等在内的广泛意义上的国际法主体；② 另一方面，此处"缔约国以外的实体"主要是针对因《联合国海洋法公约》第十一部分"国际海底区域"的勘探或开发活动所引起法律关系的主体，是包括具有不同国籍的公司甚至自然人在内的。根据公约规定，这些"缔约国以外的实体"在符合条件的情况下，也可以成为国际海洋法法庭的诉讼当事。③ 只不过国家参与诉讼的开支由各缔约国

---

① Barbara Kwiatkowska, Inauguration of the ITLOS Jurisprudence: The Saint Vincent and the Grenadines v. Guinea M/V Saiga Cases, 30 Ocean Development and International Law（1999），p. 45.

② 参见《联合国海洋法公约》第1条第2款（2）项的规定："本公约比照适用于第305条第1款（b）、（c）、（d）、（e）和（f）项所指的实体，这些实体按照与各自有关的条件成为本公约的缔约国，在这种情况下，'缔约国'也指这些实体。"

③ 当《联合国海洋法公约》缔约国和国际海底管理局以外的实体成为国际海洋法法庭的诉讼当事时，它们需要按照国际海洋法法庭确定的数额负担参与法庭诉讼的有关费用。参见《国际海洋法法庭规约》第19条第1款和第2款的规定："1. 法庭的开支应由各缔约国和管理局负担，其负担的条件和方式由各缔约国开会决定。2. 当既非缔约国亦非管理局的一个实体为提交法庭的案件的当事一方时，法庭应确定该方对法庭的开支应缴的款额。"

和国际海底管理局负担，而其他实体参与诉讼的费用由自己负担。

其次，在对事管辖领域，二者恰恰相反，国际海洋法法庭的对事管辖范围要小于国际法院。根据《联合国宪章》的规定，对于国家之间有关国际法的几乎所有领域的纠纷，国际法院都有权进行管辖。这是由联合国的定位与《联合国宪章》的宗旨和基本原则决定的。联合国是国际社会对 20 世纪发生的两次世界大战，尤其是对给人类造成难以磨灭伤痛的第二次世界大战痛定思痛、深刻反思的产物，是以维护国际和平与发展为基本目标的全球性、综合性国际组织。作为联合国的主要司法机关，国际法院在化解联合国会员之间的纠纷、维护国际和平与发展方面也具有重要功能，因此，"二战"后的相当长时期内，国际法院几乎受理了国际社会所有性质、所有类型的争端和纠纷，包括经济、政治、军事、外交、领土、贸易、环境、人权、卫生、宗教等领域的国际纠纷。虽然为了避免干涉成员国的内政，国际法院在受理争端的一些实质性问题上避免直接作出决断，但在 20 世纪 80 年代之前，国际法院在通过法律手段解决国际纠纷的领域基本上是处于垄断局面的。而国际海洋法法庭的管辖权主要限制在与海洋法有关的纠纷领域，这是由《联合国海洋法公约》的性质决定的。因此，在理论上，可以由国际海洋法法庭管辖的纠纷，是同样可以诉诸国际法院的。但是，国际法院能够受理的纠纷，很大一部分是不能由国际海洋法法庭受理的。盖因为国际法院是一般性司法机构，而国际海洋法法庭则是专门性司法机构。然而，事实上并非如此。如果结合前文在二者的对人管辖领域的分析就能看出，在海洋法领域，一些可以诉诸国际海洋法法庭的纠纷事实上无法求助于国际法院，尤其是有关"国际海底区域"的相关纠纷。

二、化解跨国环境纠纷管辖权竞合困局的思路

然而，承认这种现状并不意味着这种现状就不需要改变。可以想象：如果同一纠纷被提交至不同的法院、法庭或仲裁庭，而这些机构都拥有合法的管辖权，最后它们作出了互相矛盾的判决或裁决，这样的后果不仅会造成纠纷当事方利用管辖权竞合的"漏洞"，滥用"挑选法院"（Forum Shopping）的权利，发起多重程序，挑战终局判决或裁决，而且会破坏国际法的权威，加剧其碎片化趋势。因此，理论上需要探讨如何应对这种管辖权竞合的局面。笔者以为，可以从以下几

方面入手：

1. 国际法在管辖权问题上进行结构性变革

通过前文论述，可以看到：出现各类型的国际纠纷（包括跨国环境纠纷）管辖权竞合的根本原因在于国际法体系在纠纷受理机构或实体的管辖权规则上的各自为政的状态，因此，最佳的应对策略毫无疑问应当是进行管辖权的重构或结构性变革。较理想的变革路径可以通过这几种方式进行：一是制定一项赋予特定类型管辖权优先于一般管辖权的多边条约，调整现在混乱且重叠的各种管辖权，甚至可以列举方式或附件方式增加对新出现司法机构管辖权的合理调整。同时在条约的谈判、缔结或批准上，应尽可能争取最大多数国家的支持。二是赋予联合国国际法院对管辖权异议进行裁决的强制普遍权利。在发生因管辖权产生的争议时，由国际法院决定哪一个机构应当审理案件。三是设立一个新的具有上诉功能的世界上诉法院，它类似于国内法中的最高法院，可以将不同管辖权的上诉引导到一个中央实体。①

虽然各国学者为了解决管辖权竞合提出了这种国际司法体系的结构性变革提议，甚至构建了一些变革的具体方案，但鉴于国际法的属性，学术界对此种策略也保持了理性和清醒的认识。上述三种改革提议无一不需要国际法进行根本改变，至少需要修订"二战"后实施多年的《联合国宪章》和《国际法院规约》；若是第一种提议，则需要制定新的条约，并需要国际社会大多数国家像接受《联合国宪章》一样接受该条约。但是，考虑到国家对于授予纠纷解决机构强制管辖权的协议的保守态度，② 这种条约的命运不太乐观。国际法委员会曾在五十多年前制定过《关于仲裁程序的范本草案》（*ILC Model Draft on Arbitral Procedure*），主要内容是增强仲裁条款的约束力，适当监督仲裁程序。但这种对国家主权没有太大影响的条约草案都应者寥寥，最终不了了之。可以想见，这种变革国际法司法管辖权的多边条约很可能也会面对国际社会各成员国的疑虑和担忧，是否能取得成效是未知数。

---

① Robert Y. Jennings, The International Court of Justice and the Judicial Settlement of Disputes, in 1 Collected Writings (1998), 437.

② 以《国际法院规约》为例，190 个缔约方中接受国际法院强制管辖权的仅有 64 个国家。这 64 个国家还有 32 个保留了通过声明对任择强制管辖适用范围进行选择的权利。

2. 国际法院或法庭之间应加强司法合作

相比第一种虽然彻底，但条件尚未成熟的措施，加强现有纠纷受理机构或实体之间的司法合作，尽可能减少管辖权的竞合或重叠无疑是更温和和妥当的选择。如为了减少跨国环境纠纷在管辖权上的争议，可以通过在国际法院、法庭或仲裁机构之间建立有效的信息交流制度来实现。这种信息交流可以是召开正式或非正式会议，通报各机构受理的有关环境资源方面的案件和判例的形式，也可以是法官或仲裁员等在人员流动上的互通性，甚至可以通过缔结国际组织间的协议来实现司法合作。在这一方面，国际法院和国际海洋法法庭已经进行了有益的探索。1998 年国际海洋法法庭和国际法院通过了一项《关于联合国和国际海洋法法庭的合作与关系协定》，① 尝试在两个机构之间容易出现管辖权竞合的领域，如海洋划界纠纷、海洋环境污染纠纷、海洋生物资源捕捞及养护纠纷等领域，通过组织间协议的方式进行常态沟通，以减少类似于"箭鱼案"这样的情形再次发生。

事实上，通过前文对于《联合国海洋法公约》纠纷解决机制以及国际海洋法法庭管辖权的分析即可看出，《联合国海洋法公约》要求国际海洋法法庭履行的纠纷解决方面的职能远远超出了国际法院根据其规约所能行使的职权。这种现象引起了学者们对于国际法治发展大背景下，跨国纠纷解决途径多元化及其所引起后果的争议和讨论。以国际海洋法法庭和国际法院的关系为例，有学者认为，结合所受理的国际纠纷的解决经验及实践，国际海洋法法庭的价值绝非仅仅增加了一条可供国家选择的解决纠纷的司法途径那么简单。②

事实上，在《联合国海洋法公约》的谈判阶段，建立国际海洋法法庭的制度设计遭到一些国家和学者的反对。例如，前国际法院大法官小田滋就对国际海洋法法庭的建立提出质疑和反对，其反对的主要理由是：海洋法一直以来，而且以

① Agreement on Cooperation and Relationship Between the United Nations and the International Tribunal for the Law and the Sea, 8 Sep. 1998, GA Res. 52/521, UN GAOR, 52nd Sess., 92nd plen. Mtg., UN Doc. A/RES/52/521（1998）.

② Thomas A. Mensah, The Place of the International Tribunal for the Law of the Sea in the International System for the Peaceful Settlement of Disputes, in P. Chandrasekhara Rao & Rahmatullah Khan（eds.）, The International Tribunal for the Law of the Sea: Law and Practice（Kluwer Law International 2001）, p. 30.

后都是国际法整体的一个不可分割的组成部分。海洋法应当根据国际社会法律统一发展的状况进行解释，不能通过"碎片化"（Fragmentationism）的方式进行处理；如果将海洋法的发展从国际法一般规则中分割出去而置于个别的司法机构的管辖之下，将可能导致国际法基础的破灭。① 这种担忧并非毫无道理，因为如果不止一个国际法庭对同样的海洋法纠纷均拥有管辖权可能会出现对统一规定作出不同解释的情况。

然而，换个角度思考，对纠纷当事方来说，纠纷解决形式和途径的多元化意味着选择权的增多；甚至纠纷解决形式的多样化对国际司法制度的发展也不全是消极影响，因为目前还没有充分证据显示，国际司法机构的增多会威胁到国际法治的完整性。② 相反的是，英国著名国际法和国际环境法学者博伊尔教授甚至认为，纠纷解决机构的增加是一种竞争，这种竞争会强化判例法的发展，从而有利于国际法治的长足发展。③ 在这个问题上，有国际法学者一针见血指出，解决争端才是国际社会的主要目标，如果法庭的多元化是其代价的话，那么它就不应当被视为是不可接受的。④ 而拥有丰富国际纠纷处理经验的希金斯（Higgins）法官对这种现象做了很好的剖析和总结："新的、高度专业化的机关——其成员是越来越复杂的事项方面的专家，对非国家行为体更加开放，而且能够迅速作出反应"的出现，并由此分流一些国际法院能够处理的案件，是"我们所生活的这个忙碌和复杂世界的必然产物，对此没有什么可遗憾的"。⑤

从历史发展的角度看，纠纷解决机构的多元化也不是一个新问题，也没有造成很多学者所担心的那种国际法的冲突现象。以国际法院与其前身——常设国际

---

① Shigeru Oda, Disputes Settlement Prospects in the Law of the Sea, 44 International and Comparative Law Quarterly (1995), p. 864; Gilbert Guillaume, The Future of International Judicial Institutions, 44 International and Comparative Law Quarterly (1995), p. 855.

② Shabtai Rosenne, Establishing the International Tribunals for the Law of the Sea, 89 American Journal of International Law (1995), p. 184.

③ Alan E. Boyle, Disputes Settlement and the Law of the Sea Convention: Problems of Fragmentation and Jurisdiction, 46 International and Comparative Law Quarterly (1997), p. 41.

④ Jonathan L. Charney, The Implication of Expanding International Dispute Settlement System: The 1982 Convention on the Law of the Sea, 90 American Journal of International Law (1996), p. 71.

⑤ Rosalyn Higgins, Respecting Sovereign States and Running A Tight Courtroom, 50 International and Comparative Law Quarterly (2001), p. 122.

法院的关系为例，国际法院和常设国际法院都曾受理过性质相同的跨国纠纷，国际法院在常设国际法院解散后，也会在其后受理的案件审理中援引常设国际法院作出的同类判决。进入 20 世纪 80 年代后，国际法院、国际海洋法法庭和国际仲裁法庭都曾经依照其所拥有的管辖权受理过专属经济区和大陆架划界纠纷。例如，2012 年国际海洋法法庭就孟加拉国和缅甸之间的"孟加拉湾海洋划界案"作出最终的判决前，国际法中有关同类案件的判例就多达 16 个。其中，国际法院针对其中的九件划界纠纷的实体问题作出裁决（包括：1969 年北海大陆架案、1982 年突尼斯/利比亚大陆架案、1984 年缅因湾海洋划界案、1985 年利比亚/马耳他大陆架案、1993 年扬马延海洋划界案、2001 年卡塔尔诉巴林案、2002 年喀麦隆诉尼日利亚案、2007 年尼加拉瓜诉洪都拉斯案和 2009 年黑海划界案），国际仲裁法庭就其中的六件纠纷作出过决定（包括：1977 年英法大陆架案、1985 年几内亚/几内亚比绍海洋划界案、1992 年法国和加拿大海洋划界案、1999 年厄立特里亚和也门领土争端及海洋划界案、2006 年巴巴多斯诉特立尼达和多巴哥案、2007 年圭亚那诉苏里南案）。甚至，还有一件国家间的海洋划界纠纷是由一个国际调解委员会作出的解决方案。① 详细研究这些不同纠纷解决机构作出的判决、裁决或决定，不同机构之间甚至同一机构在不同时间作出的判例存在着一些差异，但是，这些差异没有影响到海洋划界领域法律规则的进一步发展，而是共同促进了这一领域内国际法规则的规范和完善。

鉴于国际法院建立的时间较长，已经在 20 世纪 40 年代中期以来受理了不少海洋法方面的国际纠纷，也形成了该领域内的影响力较大的判例体系，作为晚近出现的专门性国际法庭，国际海洋法法庭可以在其纠纷解决中更多关注二者的协调性和统一性的问题。只要两个法庭都意识到并互相尊重彼此的判例，它们就可以"互相尊敬地共存"（respectful co-existence）。② 在实践中，国际海洋法法庭的

---

① 1981 年冰岛和挪威之间的"扬马延大陆架纠纷案"是通过调解方式解决的。

② Carl A. Fleiscbbauer, The Relationship between the International Court of Justice and the Newly Created International Tribunal for the Law of the Sea in Hamburg, in Jochen A. Frowein & Wolfrum（eds.）, Max Planck Yearbook of United Nations Law, Vol. 1（Kluwer Law International 1997）, p. 333；转引自高健军著：《〈联合国海洋法公约〉争端解决机制研究（修订版）》，中国政法大学出版社 2014 年版，第 128 页。

法官经常援引国际法院和常设国际法院的观点，国际法院的法官也曾参考国际海洋法法庭的判例实践。迄今为止，国际海洋法法庭已经运作几十年，国际法院和国际海洋法法庭在纠纷解决中的真正意义上的矛盾和冲突并未发生。

3. 环境条约在纠纷解决规则上要注意衔接

上述两种建议都是在国际法的宏观背景下考虑如何减少甚至消除跨国纠纷管辖权竞合的问题。作为跨国纠纷的一种类型，跨国环境纠纷的解决也可以从中受益。然而，上述两种建议，尤其是第一种，在实践中面临很大障碍，也许需要很长时间才能真正看到建议所提的效果。如果是仅考虑环境纠纷管辖权竞合问题的话，还可以换一种思路，即从环境条约的制定入手。有些环境条约包含纠纷解决规则，但从目前看，这些纠纷解决规则大多较为简单、概括，多数赋予纠纷当事方自主选择纠纷解决方式的选择权，或同时列举出各种可能的解决途径。① 这就使当事方天然地拥有了挑选争端解决程序的权利，容易造成因环境条约的履行或条约解释形成纠纷后，纠纷当事方会寻求不同的解决机构受理案件，以挑选可能最有利于己方的纠纷解决机构。在环境条约的约文草拟或谈判环节，组织方或谈判国应关注这一"灰色"地带，通过完善的纠纷解决规则减少潜在的冲突。如，可以约定外交解决方式作为前置程序，或将可能的纠纷解决程序进行有条件排序等。

---

① 如《联合国气候变化框架公约》第 14 条 "纠纷的解决" 规定：1. 任何两个或两个以上缔约方之间就本公约的解释或适用发生争端时，有关的缔约方应寻求通过谈判或它们自己选择的任何其他和平方式解决该争端。2. 非为区域经济一体化组织的缔约方在批准、接受、核准或加入本公约时，或在其后任何时候，可在交给保存人的 1 份文书中声明，关于本公约的解释或适用方面的任何争端，承认对于接受同样义务的任何缔约方，下列义务为当然而具有强制性的，无须另订特别协议：（a）将争端提交国际法院，和/或（b）按照将由缔约方会议尽早通过的、载于仲裁附件中的程序进行仲裁。作为区域经济一体化组织的缔约方可就依上述（b）项中所述程序进行仲裁发表类似声明。"

第八章 跨国环境纠纷的证据问题

第一节 环境纠纷中的举证责任与证据的确定

在国内法中，环境纠纷在理论上可以根据其性质被划分为环境民事纠纷（案件）、环境行政纠纷（案件）以及环境刑事纠纷（案件），但在学术界讨论环境纠纷的证据问题时，经常会以环境民事纠纷为例。因为环境民事纠纷在证据问题上具有典型代表性，也能通过对民事程序法律的研究和分析凸显环境纠纷在证据问题上的特殊性。因此，本节也主要以环境民事纠纷的司法解决为视角，分析环境纠纷中的举证责任和证据的确定问题。

一、环境纠纷中的举证责任

一方面，环境纠纷大多由某种环境资源问题或某几种环境资源问题引起，其处理也离不开科学技术的运用。现实生活中，导致环境污染和环境破坏的原因是多种多样的，这些原因之间的关系也很复杂，使一些环境问题常常具有隐蔽性、滞后性、综合性等特点。另一方面，导致环境污染破坏行为与损害后果之间的因果关系的确定也不是简单的事，甚至有时连环境损害后果也无法衡量或难以衡量。因此，在民法领域，对于环境侵权案件中因果关系的判定，环境损害后果的评估和量化，都离不开通过科学技术手段的支撑，例如，在国内环境民事侵权案件的审理中，在证据的确定上通常需要采用分析、化验、科学实验等多种技术手段才能得到法庭认可和承认的证据，诉讼才能按照程序法的规定进行下去。

依据传统的民事诉讼规则，一般要求环境民事纠纷中的原告，也就是受害方，提出有关证据，证明加害方的过错、造成的损害事实，加害行为与环境损害事实之间的因果关系等。基于前面的分析，这样的举证要求对于环境民事纠纷的原告方来说是很难达到的。以中国为例，大量环境侵权案件的受害方是文化程度不高的农民、渔民等，而他们指控的排污者大多是工厂、公司等集体主体。在这样的纠纷当事方之间，原告方对于工厂的排污行为或资源破坏行为是否有过错很难判断，更加难以搜集证据；有时候环境污染的后果具有累积性，并非一两件单独污染事件可以证明；而传统民事损害赔偿责任还要求证明污染行为与损害事实之间的因果关系，这就涉及更复杂和专业的技术问题，原告方根本无法确定。因此，在很多环境民事纠纷案件中，如果要求原告提供充分且科学的证据，几乎等同于剥夺了其胜诉权。因此，为保证及时有效地停止环境污染和破坏行为，保护环境纠纷中受害方的合法权益，不少国家在实体法上规定无过错责任的同时，在程序法上采用了举证责任倒置的做法，即在环境民事纠纷，尤其是环境损害赔偿案件中，将原告举证调整为被告举证，要求被告证明其行为不可能产生损害后果。中国在立法中也采用了环境污染损害赔偿诉讼的举证责任倒置制度。[①]

　　中国在因环境污染造成的损害赔偿案件的举证责任方面的规定集中体现在一项司法解释中。根据《最高人民法院关于民事诉讼证据的若干规定》中的解释，对于因环境污染引起的损害赔偿诉讼，举证责任由加害人承担，即加害人就法律规定的免责事由及其行为与损害结果之间不存在因果关系承担举证责任。[②] 有学者认为，"这一规定免了受害人的举证责任，比任何西方国家对受害人的保护都要彻底"。[③] 按照这种举证责任的分配，环境损害赔偿纠纷中加害人的举证责任包括两大类：一是要证明加害人行为与损害事实之间没有因果关系。至于举证到什么程度和标准，才能算作完成了该条举证责任，法律和司法解释目前尚无明确说明，主要由法院自由裁量；二是要举证证明污染环境的免责事由。对于免责

---

　　① 参见我国《最高人民法院关于适用〈中华人民共和国民事诉讼法〉若干问题的意见》第 74 条第 3 款的规定，因环境污染引起的损害赔偿诉讼由被告负责举证。

　　② 参见《最高人民法院关于民事诉讼证据的若干规定》第 4 条第 3 款规定，因环境污染引起的损害赔偿诉讼，由加害人就法律规定的免责事由及其行为与损害结果之间不存在因果关系承担举证责任。

　　③ 张爱云、李伟文：《论海域污染损害赔偿案件中的证据》，载《第十一届全国海事审判研讨会论文集》，第 65 页。

事由的举证，包括：不可抗力、受害人自身原因导致污染损害发生、因第三人过错导致污染损害发生、因政府有关部门疏忽与过失导致污染损害发生、因战争行为导致污染损害发生等。

同时也需要注意，举证责任倒置并不意味着环境污染损害纠纷的受害人不用承担任何举证责任。根据《中华人民共和国民事诉讼法》《中华人民共和国海洋环境保护法》《中华人民共和国环境保护法》等法律的规定，受害人需要证明两方面的事实：一是有客观的污染损害事实存在，包括对环境和生态系统污染损害的事实，对相关人员的人身损害事实及对财产损害的事实等；二是加害人存在污染损害的行为，但对于举证到什么程度也没有进一步的司法解释。

二、环境纠纷中的证据确定

环境损害赔偿案件是环境纠纷中最常见的一种类型，其纠纷解决过程中的证据问题也具有典型代表性，在此以环境损害赔偿纠纷为例，阐述其中的证据问题。

（一）证据属性

环境损害赔偿纠纷在性质上属于民事侵权赔偿案件的一种，因此其证据首先具有民事诉讼证据的一般特征，如客观性、关联性等。但是结合环境纠纷的特征，同时还具有一些区别于一般民事诉讼证据的特点，包括：（1）间接证据多。由于环境损害行为需要一定时间才会出现损害后果，这就决定了损害行为与损害后果之间的因果关系的认定需要一定的时间，证明这种损害结果的证据就以间接证据为主。（2）鉴定程序多。不论是损害事实，还是污染事实，以及污染行为与损害后果之间的因果关系以及因果关系大小等事实，都需要依据鉴定机构和鉴定专家的意见作出结论来判定。证据的鉴定是环境纠纷解决中不可或缺的一个重要环节。（3）证据表现为易变性。由于污染物对于环境的污染过程实质是不断发生物理或化学变化的过程，因而这种证据具有隐蔽性，不易发现真实的证据，且表象的证据可能会被进一步地发现而否定。这些环境纠纷证据本身具有的特殊性，使得要通过法律方式解决环境纠纷，需要科学技术的支撑，也需要证据规则的支持。

（二）举证范围

环境损害赔偿案件的举证范围一般有：污染损害事实、受污染损害的事实、污染行为与损害结果的因果关系、免责事由和所承担责任的限制等。其中，污染损害事实包括：行为人实施污染损害行为的时间、地点、方式等；如果是连续排污，则需要清楚污染源的位置、污染物的种类和数量等；还需要考虑污染事实发生的外部环境因素，如风向、气候状况、洋流方向等。受污染损害的事实包括：遭受污染损害的生态状况（例如物种的减少、资源的损害等）、人身损害状况和财产损害状况，以及因污染造成的相关行业的损失状况等。与污染损害相关的其他条件，如被污染对象污染前的状况，用于恢复自然原貌的费用等。因果关系和免责事由的举证范围可以参见本节第一个大问题的阐述。

（三）证明对象

环境损害赔偿案件中证据的证明对象一般是指能引起所争议的法律关系发生、变更、消灭的实体法方面的事实以及影响诉讼法律关系发生、变更或消亡的程序法方面的事实，包括实体方面和程序方面的证明两部分。[①] 环境损害赔偿纠纷案件证据的证明对象以污染事实为核心内容，所要证明的实体方面的证明对象包括三部分：第一部分是行为人污染环境的行为及其方式，有无采取预防污染的措施；第二部分是环境损害的事实以及由于该事实造成的受害人人身或财产的损失事实；第三部分是环境损害和由此导致的人身或财产损害，是否存在不可抗力，是否存在受害人故意或者第三人等故意或过失行为导致污染损害发生等。其所要证明的程序性事实主要包括：法院的管辖范围、法院的受案范围及管辖权、前置程序以及其他程序性的证明对象等。

三、技术专家与环境纠纷的证据确定：美国的立法与司法实践

在民事诉讼程序中，当法官或当事方遇到依靠自身知识无法解决的专门性、

---

① 周珂主编：《环境与资源保护法》（第三版），中国人民大学出版社 2016 年版，第 92 页。

技术性问题，且该类问题的查明直接影响到案件的审理结果时，一般都需要技术专家参与证据鉴定，这种证据鉴定也属于证据确定的一部分。环境纠纷的证据就其性质而言，很多时候需要技术专家的鉴定。鉴定一般是指鉴定人依据科学知识或专门技能对案件中的专门性问题所作的分析、鉴别和判断。① 在司法实践中，对案件证据的鉴定存在着互相矛盾的两个方面：一方面专家参与的鉴定可以帮助法官补充理解案件所必需的专门知识与判断能力，是一种有力的证据方法；另一方面，也可能被纠纷当事方利用，成为攻击、防御另一方指证污染行为的工具。此处以美国环境程序法中的"专家证人"制度为例进行说明。

美国国内法中将鉴定人称为"专家证人"，将鉴定意见称为"专业人员证言"。专家证人是经过法官确认而"允许在其专业知识范围内作出推断的人"。② 专家证人与一般证人不同的是，他可以发表自己的意见，而不像一般证人那样，只是简单描述所观察到的事。在像美国这样的普通法系国家，专家证人的发言对法官和陪审团有直接影响，不少案件的结果很大程度上倚赖专家证人的意见。虽然美国《联邦证据规则》第706条（A）款规定，法院可以指定经当事人同意的任何专家证人，也可以根据自己的选择指定专家证人。③ 然而，也许是受普通法系对抗性的法庭程序影响，美国法院基本上不行使自己指定专家证人的权利。所以，一般情况下，是由纠纷当事方分别选择专家证人，在关于专门问题的争议上，往往会出现两方相对立的专家证人提供相反意见的局面。在美国国内诉讼中，专家证人是应当接受双方当事人的交叉询问的，因此，诉讼中常会出现"专家论战"场面。这种不是由法庭指派或委托，而是受纠纷当事方委托进行证据鉴定和发表意见的专家证人，对于诉讼进程的影响也是互相矛盾的两面：一方面可以帮助法官厘清专业性案件的证据；另一方面专家证人的费用由当事人负担，也没有统一标准，有可能会使专家证人受到非法律因素影响，为当事方提供有倾向

---

① 陈一云主编：《证据学》，中国人民大学出版社2000年版，第413页。

② 沈达明编著：《比较民事诉讼法初论》（上），中信出版社1991年版，第296页。

③ 参见美国《联邦证据规则》第706条（A）款的规定："法院可以自行决定或根据当事人的申请，作出一项指令说明为什么不能指定专家证人的原因，也可以要求当事人提名。法庭可以指定当事人同意的任何专家证人，也可以根据自己的选择指定专家证人。如果专家证人自己不同意，则法庭不能指定。"转引自王灿发主编：《环境纠纷处理的理论与实践》，中国政法大学出版社2002年版，第143页。

性的专业意见，削弱诉讼的公平性。

环境纠纷的证据问题还涉及一个科学确定性的因素。由于人类对于事物的认识不仅会受到人类自身认知能力的限制，也要受制于科学技术发展水平。对于不少环境问题的确切成因，不要说法官和律师，甚至连专门研究环境科学问题的科学家，有时也无法给出确切证据。但是，环境法中的风险预防原则却主张，对于一些严重的、不可逆转的环境风险，不能因其欠缺科学确定性就延迟采取防止或控制措施。这样的原则对于环境纠纷中的证据问题提出了很大的挑战，也引起了至今尚未平息的争论。在美国的一些司法判例中，出现了这种情况：即使是借助科学鉴定的力量，也无法准确判断或确定环境污染的事实、环境污染与破坏行为与受害人所遭受损失之间的因果关系。不论是实行由当事人自由决定的鉴定制度，还是实行由法庭根据需要指定专家进行鉴定的制度，法庭都需要对专家证人的证言或鉴定结论作出法律上的评价，这是不少审理环境纠纷案件的法官不得不担负的职责。这就产生了一个现实问题：法院如何在法律上评价环境纠纷案件中的鉴定意见或结论？对建立在自然科学论证基础上的鉴定结论应当遵循什么样的证据规则予以采信？在司法实践中，美国国内的法院曾经受理过一些环境纠纷案件，笔者在此围绕其中的证据进行一些分析。

第一起纠纷是 1975 年的里塞夫矿业公司诉美国联邦环保局的石棉污染案。里塞夫矿业公司将含有大量石棉的废矿渣倾倒入苏必利尔湖中。现代医学证明，人一旦吸入石棉可能引起癌症。美国联邦环保局要求地方法院发布一项禁令，责令该公司立即停止倾倒行为。地区法院禁令颁布后，里塞夫矿业公司不服，上诉至美国第八巡回法院。第八巡回法院面临的问题之一就是要判定摄入石棉纤维语吸入不同，是否也会危害人体健康。据地区法院组织的科学调查发现，沿湖居民在饮用这种含有石棉纤维的湖水后，其人体组织内所含有的石棉量，并不比饮用不含石棉纤维水的休斯敦居民人体组织内的含量多。但却有足够证据证明，暴露在石棉尘中的工人因为吸入石棉尘患肠癌和胃癌的比例比常人略高。法庭还组织了动物实验，想要确定所摄入的石棉纤维能否进入全身组织，但也得不出肯定的结论。在这种情况下，上诉法院认为，里塞夫矿业公司的倾倒行为造成公众环境危害的证据不十分充分，即使存在危险也是潜在的、不明显的和不确定的。但仍然需要采取补救方法，保证清洁空气、清洁的水以满足大多数社会公众的期待。

案件的结局是在里塞夫矿业公司表达了愿意投入 2 亿多美元用于处理废矿渣的基础上，法院给了被告公司一个合理期限，使它能通过适宜的方法停止向湖水倾倒废矿渣。①

另一个案例是 Ethyl 公司诉美国联邦环保局案。长期以来，汽油中都含有添加剂——铅，在 20 世纪 70 年代，科学实验表明，铅是对人体健康造成严重损害的物质。美国联邦环保局发布了一个限制在汽油中添加铅的命令。Ethyl 公司表示反对并向法院起诉，要求美国联邦环保局收回该命令。哥伦比亚地区巡回法院在审理中也遇到了证据难题。虽然铅被吸入人体引起中毒是被证实了的，但是，由于人是暴露在各种各样的污染源所排放的铅中，包括土地、海洋、动物、植物甚至人体内也含有铅，所以，很难就此认定，由于汽油中的铅排入大气后，使大气中的铅含量急剧增加，增加部分对人体健康带来了严重威胁。对于该问题，联邦环保局认为，② 对危害公众健康的风险评估不是一个简单的事实认定问题，而是一个对政策的理解问题。该观点得到了法院的支持，法院主张，如果某项法律是预防性的，证据的取得还有赖于科学技术的进一步发展；而司法实践的目的也包括保障公众健康，不能要求执法者在采取措施时，在因果关系上每一步都严格举证以及确定其采取措施的科学严谨性。基于这种看法，法院判决，联邦环保局可以根据其经验，经推论得出结论，对具有环境风险的物质进行管理。③

虽然在性质上两个判例都属于环境行政诉讼，但美国法院在上述判例中表达的对于环境纠纷证据鉴定中存在的科学确定性问题的表述，包含下述含义：当环境公害案件的证据不是十分充分时，哪怕现阶段只存在对社会公众的潜在、不明显、不确定的危险，为了保障社会公众的环境权利和人身健康安全，不能对执法者提出证据方面的明确、严格的标准，这一点不同于其他领域案件的证据要求。也就是说，美国国内法院以自身的判例表明了，对于可能导致严重环境损害的污染行为，采取事先预防措施是十分必要的。由此，在环境纠纷的证据采信方面作出了一些突破。

---

①　顾小峰：《环境诉讼："科学上的不确定因素"》，载《法学》1991 年第 6 期，第 40 页。

②　顾小峰：《环境诉讼："科学上的不确定因素"》，载《法学》1991 年第 6 期，第 40 页。

③　Shabtai Rosenne, Establishing the International Tribunals for the Law of the Sea, 89 American Journal of International Law (1995), p. 184.

第二节　跨国环境纠纷案件中证据的确定

在跨国环境纠纷的解决过程中，尤其是在通过法律方式解决时，法庭或仲裁庭有一个不得不面对的问题：如何证明纠纷当事方指称的环境损害或可能的环境损害是真正存在的？这就涉及环境保护法律中的证据问题，确切地说，是环境法中的证据的科学确定性问题。

一、关于跨国环境纠纷中证据确定问题的争议

科学确定性是环境法中的一个棘手问题，无论是在国内法中还是国际法中都是如此。例如，对于一项环境纠纷来说，如果一方认为发生了污染，那么原告方或申请方就需要证明该污染已经确实地出现或存在，并且是因为另一方（被告方或被申请方）的行为造成的。同样，在涉及环境损害风险的纠纷中，法官或仲裁员需要衡量环境价值和其他价值的比重，客观上也需要纠纷当事方证明这种环境损害风险真正存在。法庭或仲裁庭并不必然有义务去确定是否存在环境损害，这一点并不难理解。然而，法庭或仲裁庭有义务判断纠纷当事方提出的主张是否有足够证据支撑。在法庭或仲裁庭行使该项职能的过程中，产生了很多争议。

首先，法庭或仲裁庭需要确定哪一方有义务证明特定污染或损害环境的事实的存在，即哪一方负有举证义务。这是一个相对明确的问题。一般都是由提出权利主张的一方（通常是原告方或申请方）进行举证。在国际法院审理的"乌拉圭河纸浆厂案"中，国际法院也明确了举证责任由提出诉求的当事方承担。这种举证责任的分配模式不独国际法院一家如此，其他国际法庭或裁判机构大多也是如此。但是，作为跨国环境纠纷的"乌拉圭河纸浆厂案"的重要意义不止于此。国际法院的最终裁决表明，这种证明责任不会被国际环境法中非常重要的"风险预防"原则所取代。因此，国际法院在该案的裁决中主张："尽管该案中关于（1975 年）《乌拉圭河条约》特定条款的解释和适用问题与风险预防的概念有关，但这不意味着要推翻传统的举证责任。"① 在国际环境保护领域，学术界对于适

① 参见关于"乌拉圭河纸浆厂案"的判决，载国际法院网站：https：//www.icj-cij.org/files/case-related/135/135-20100420-JUD-01-00-EN.pdf，para 164，最后访问时间：2018 年 12 月 29 日。

用"风险预防"原则时，要不要在有关案件的实践中实行举证责任倒置，还存在很多不同观点。部分学者主张该问题应当根据每项案件或纠纷的实际情况对待，主要取决于相关的国际环境条约的规定。

其次，在国际诉讼中有关证据的确定问题在不同的法律体系中有不同的观点，如果展开的话需要很长的篇幅，在此对该问题以及围绕该问题的一些争议只能简单地概括一下。如同格林伍德法官在"乌拉圭河纸浆厂案"的单独意见书中所提到的，国际法中有关证据的标准是没有统一的尺度或规则的，不同案件的证据会依据其特定案情背景和裁判而有所不同。① 格林伍德法官认为，考虑到乌拉圭河纸浆厂案件中的诉讼目标，国际法院应当考虑到该案证据上的平衡性问题；同时，环境类纠纷的属性导致较高标准的证据规则会造成纠纷当事方在举证责任上的不可能，以至于放弃举证。② 国际法院和国际海洋法法庭也曾依照此种逻辑在一些案件中采用过临时措施，当时也有对案件证据的疑虑但是法庭依然颁布了采取临时措施的命令。③ 因此，在"南方蓝鳍金枪鱼案"（临时措施）中，国际海洋法法庭在发布临时措施的指令中提到，法庭不能确凿地评价纠纷当事方提交的科学证据，但法庭需要继续颁布临时措施的命令，因为"临时措施是保全当事方权利和避免南方蓝鳍金枪鱼种群遭到进一步破坏的紧急需要"。④ 这种裁判模式似乎显示了，如果纠纷当事方提供的证据足够说服法官或仲裁员，裁判机构还是会采纳的。相比较而言，前文已经提到过两项跨国环境纠纷，"莫克斯工厂案"和"乌拉圭河纸浆厂案"中，国际海洋法法庭的大法官们认为，当事方提交的证据不足以证明两案中存在"严重污染"或"严重污染的可能性"，因此没有支持相关当事方的主张。

---

① 参见 Pulp Mills Cases, Separate Opinion of Judge Greenwood, paras 25-26. 也可参见 Judge Higgins, Separate Opinion in the Oil Platforms Case (2003), ICJ Reports 234, paras 30-34.

② 参见 Pulp Mills Cases, Separate Opinion of Judge Greenwood, paras 26.

③ R. Wolfrum, Taking and Assessing Evidence in International Adjudication, Law of the Sea, Environmental Law, and Settlement of Disputes (Martinus Nijhoff Publishers 2007), 342.

④ Southern Bluefin Tuna (New Zealand v. Japan; Australia v. Japan), Provisional Measures, Order of 27 August 1999, ITLOS Reports 1999, p. 280. 资料来源于国际海洋法法庭官网：https：//www. itlos. org/fileadmin/itlos/documents/cases/REF_cases_citations__1-25_. pdf，最后访问时间：2019 年 1 月 2 日。

但尽管如此，对于跨国环境纠纷中的证据标准问题，无论是国际法院还是国际海洋法法庭都没有作出过明确表述。在此以海洋划界纠纷为例来说明为何国际司法机构无法（或不能）就跨国环境纠纷的证据标准作明确阐述的原因。因为在国际社会发生的关于国家间海洋划界的众多纠纷中，当事方提交的证据更少引起争议，如果这些证据是与案件直接相关的，国际法庭的法官们就采纳了这些科学或技术方面的证据。例如，在 2012 年的孟加拉国和缅甸关于"孟加拉湾海域划界纠纷案"中，国际海洋法法庭的法官认为："……根据孟加拉湾独特自然属性的无异议的科学证据，以及案件审理过程中当事方提交的相关信息，法庭同意以下观点，即从缅甸海岸一直到超过 200 海里的海面下存在着一条绵延不断的沉积岩石层……"①

二、国际法院在证据确定方面的司法实践

类似于这种法官对于案件证据的正面肯定的做法，在环境纠纷案件中很少出现。但是，在历史上并不是没有跨国环境纠纷的证据被明确采纳。例如，在 1898 年裁决的"白令海峡海豹纠纷案"中，仲裁庭采纳了当事方提供的证据，最终作出了在今天看来也符合环境保护理念的裁决。在涉及环境保护方面的纠纷时，国际法院法官们的观点有时候也显得较保守。例如在"多瑙河水坝纠纷案"中，发生纠纷的两个当事国，匈牙利和捷克斯洛伐克都向国际法院提交了科学和技术方面的证据（虽然有些证据存在异议），但国际法院的法官只是在很有限的范围内考虑了这些证据，相反他们更多地强调面临环境损害风险的当事国之间进行国际合作的重要性。② 在"乌拉圭河纸浆厂案"中，当事方乌拉圭和阿根廷两国都提

---

① 参见 Delimitation of the Maritime Boundary in the Bay of Bengal（Bangladesh v. Myanmar）（2012）ITLOS，para 446："In view of uncontested scientific evidence regarding the unique nature of the Bay of Bengal and information submitted during the proceedings, the Tribunal is satisfied that there is a continuous and substantial layer of sedimentary rocks extending from Myanmar's coast to the area beyond 200nm."

② 参见国际法院关于"多瑙河水坝纠纷案"的判决书，第 140 段内容："It is clear that the Projects impact upon, and its implications for, the environment are of necessity a key issue. The numerous scientific reports which have been presented to the Court by the parties-even if their conclusions are often contradictory-provide abundant evidence that this impact and these implications are considerable."

交了大量有关乌拉圭河水质检测等方面的证据，以证明己方的观点，国际法院的法官们也充分考虑了双方提交的证据，并从专业角度作出自己的判断。法官们在该案的最后判决中指出，"……法庭将会根据双方提交的证据和事实作出自己的决断，对于已经被证明真实存在的事实，法庭会根据其实际情况适用国际法的相关规则……为了评估提交给法庭的证据的科学价值性，法庭会首先考量其中的数据信息，而不是纠纷当事方提供的互相冲突的解释或各自的专家或顾问们提供的意见……"① 由此可见，在"乌拉圭河纸浆厂案"中，国际法院法官最关注的是证据的相关性和客观性。证据的相关性在案件中就是乌拉圭河流域管理机构——乌拉圭河委员会提交的有关该河流的水质检测报告；证据的客观性是对于证据提供主体的判断：该案中，阿根廷和乌拉圭两国的环境部门都提供了有关检测报告，但为了客观、公平的要求，国际法院法官更重视两国通过 1975 年《乌拉圭河条约》建立的机构——乌拉圭河委员会的检测报告。因此，在判决书中，国际法院的法官们提到，阿根廷提供了很多关于乌拉圭河被污染的证据，但鉴于这些证据不是"明确的"（clear）、"令人信服的"（convincing）、"毫无异议的"（conclusive）和"足够的"（sufficient），因此并没有被完全采纳。② "乌拉圭河纸浆厂案"这种执着于对案件证据的"修辞学上的形容"的判决被批评为是一种历史的"倒退"（retrogressive）。事实上，上述对于证据的要求中，"明确的"（clear）和"令人信服的"（convincing）曾在 20 世纪上半期的"特雷尔冶炼厂仲裁案"的裁决中出现过，该案也由于设定了对于环境案件的高标准的证据规则而备受诟病。③ 上述几个环境纠纷说明，确定适度的证据标准对于一项环境纠纷的解决是何等重要，但该问题又不是那么轻而易举就能够得到解决。尤其是当环

---

① 参见国际法院关于"乌拉圭河纸浆厂案"的最终判决书，第 168 段内容："Thus, in keeping with its practice, the Court will make its own determination of the facts, on the basis of the evidence presented to it, and then it will apply the relevant rules of international law to those facts which it has found to have existed……in assessing the probative value of the evidence placed before it, the Court will principally weigh and evaluate the data, rather than the conflicting interpretations given to it by the Parties or their experts and consultants……"

② 参见关于"乌拉圭河纸浆厂案"的判决，载国际法院网站：https：//www.icj-cij.org/files/case-related/135/135-20100420-JUD-01-00-EN.pdf，para 168，最后访问时间：2019 年 1 月 2 日。

③ 参见第一章有关"特雷尔冶炼厂仲裁案"的有关内容。

境纠纷的焦点是环境损害发生的风险，而不仅仅是环境损害本身的时候，这个问题变得更加难以判定。以国际环境法中的"风险预防"原则为例。如果"风险预防"（precautionary）的原则被普遍接受的话，环境保护的各类主体可以依据预防原则，在科学确定性尚未得到充分证实的情况下，先行采取保护环境或资源的措施，这将会给环境纠纷的证据规则带来什么样的压力？① 如何兼顾传统程序法对于确凿证据的要求和环境保护的必要性方面的平衡呢？这将是法律学科在理论和现实中无法逃避的一大难题。

迄今为止，还没有国际法律文件正式阐明，采取预防性措施是国家的一项正当义务（an obligation of due diligence），但是，如果国家有明确且令人信服的证据证明损害存在，国家可以采取预防性措施。② 对于国际法学中这种"正当义务"概念的研究可以为国际环境保护的风险预防原则提供借鉴思路：1985 年国际社会制定了旨在保护大气臭氧层的《保护臭氧层维也纳公约》，当时臭氧层的耗损还远非"令人信服"的事实。如果没有对于臭氧层耗损这一观点的证据标准"降低"要求，可能就不会出现对于保护臭氧层的成功的国际合作。③

三、跨国环境纠纷案件中有关证据确定的几种可行措施

结合对于上述环境纠纷案件的分析，在跨国环境纠纷的法律解决过程中，无

---

① "风险预防"（precautionary）原则在国际社会的正式表述主要是根据 1992 年《里约环境与发展宣言》原则 15 的内容确定的，其英文原文是："In order to protect the environment, the precautionary approach shall be widely applied by states according to their capabilities. Where there are threats of serious or irreversible damage, lack of full scientific certainty shall not be used as a reason for postponing cost-effective measures to prevent environmental degradation."

② 《联合国海洋法公约》框架下的国际海底管理局曾在 2011 年发表的一份报告中主张，风险预防原则是国家一般性正当义务的内在组成部分。UNCLOS Seabed Activities AO（2011），para 131，which rightly treats the precautionary principle as "an integral part of the general obligation of due diligence".

③ 臭氧层保护被视为是国际环境合作的成功典范。在两极地区相继被观测到规模不等的臭氧层空洞后，国际社会以极高的效率通过了一系列环境条约以保护大气中的臭氧层，包括：1985 年《保护臭氧层维也纳公约》、1987 年《关于消耗臭氧层物质的蒙特利尔议定书》及其一系列淘汰不同种类消耗臭氧层物质的修正案。为了更好履行这些多边环境协定，国际社会还建立了专门的保护臭氧层基金，在环境条约中建立了旨在预防纠纷的"条约遵守机制"等。

论法庭或仲裁庭是否采信纠纷当事方提供的各种证据，当事方提供证据都具有重要意义，尤其是在法律诉讼程序中，这一点更为明显。如同一位学者所说，对于环境纠纷来说，"国际法庭或国际仲裁庭面对的一大挑战是大量的、来自当事方或专家的带有倾向性的证据。法庭必须要从中筛选符合科学性要求的证据，评估与案件相关的证据的可靠性和真实性，并努力找到和当代科学技术知识相一致的证据"。① 在完成这一艰巨任务的过程中，司法机构可以从以下几个方面着手。

首先是在证据来源方面，为保证公平，国际司法机构更加重视来自第三方机构或组织的证据。在上述几个跨国环境纠纷案件的分析中我们可以看出来，国际法庭或仲裁庭更加重视来自中立的咨询性机构或国际组织提供的有关案件的证据。主要原因是这些证据不是直接来自纠纷当事方，而是来自相对独立的机构或组织。在国际法院审理的厄瓜多尔诉哥伦比亚"喷洒有毒除草剂案"中，法庭采纳的相当一部分证据来自联合国任命的一个特别委员会提供的报告，该特别委员会专门负责厄瓜多尔和哥伦比亚两国交界地区环境状况的检测。在"乌拉圭河纸浆厂案"中，法庭采信的证据包括国际金融组织企业委员会（the plant commissioned by the Internaitonal Finance Corparation）提供的两份环境影响评估报告，其中国际金融组织是专门负责发展中国家的资金资助的基金性组织；在"反捕鲸案"中，法庭主要采用了国际捕鲸委员会（International Whaling Commission，IWC）的科学机构提供的有关数据和报告。对于倾向于采纳此种证据的原因，国际法院在刚果共和国诉乌干达的"刚果领土武装冲突案"中解释为，"来自独立第三方的证据是基于对事实信息的观察和评估得来，具有技术特征，值得特别关注"。② 当然，这些证据有时也需要进一步求证，如果经过求证是可信的，这种证据就是国际法庭尤其重视的强有力证据。

其次，在跨国环境纠纷的法律解决程序中，经常会出现由纠纷当事方推荐或委派的科学或技术专家提供相关鉴定意见等证据，对于这种证据该如何看待呢？

---

① C Foster, Science and the Precautionary Principle in International Courts and Tribunals (CUP 2011)，pp. 240.

② Case Concerning Armed Activities on the Territory of the Congo (Democratic Republic of the Congo v. Uganda) (2005) ICJ Reports 168，para 61. 国际法院主要用作证据的报告来自帕特委员会，该委员会负责审查刚果共和国和乌干达两国武装冲突中的参加人员。

例如，在前述的几个环境纠纷案件中，包括"多瑙河水坝纠纷案""莫克斯工厂案""乌拉圭河纸浆厂案""反捕鲸案""空中喷洒有毒除草剂案"等案件中，都有纠纷当事方（一方或双方）委托的技术专家向法庭提供相关报告或意见，这些报告或意见有的是口头陈述，有的是由这些技术专家作为该当事方的代理人直接表述的。考虑到这些环境纠纷都是涉及环境保护问题的，纠纷处理过程中吸收有关的科学或技术方面专家的意见未尝不可，但是，问题在于这些专家是由有关纠纷的当事方委派或聘请的，是否会存在在提供报告或意见上的不公正的可能性呢？① 这就又给处理跨国环境纠纷的国际法庭或仲裁庭出了一道难题：如何判断这些技术专家提供的信息的可靠性？在实践中，如果这些技术专家是作为某项环境纠纷的某一方当事人的法律顾问或代理人出现，事情会变得更加复杂。因为如果是案件的代理人的话，他们不必参与案件审理程序中的交叉询问（cross-examination）。② 这样就无法通过必要的法律程序审查其提供证据的真实性或可靠性。因此，对于纠纷当事方委派的技术专家，可能最好的处理方式是将其作为提供与案件有关的证据的证人，在公开庭审时作口头陈述，这样就可以参与到法庭的直接询问和交叉询问环节，增加技术专家提供证据的可信性。

但是这种做法在世界范围内却因为法律传统或法系的不同而有所区别。以英国和美国为代表的普通法系国家，对于这种直接询问和交叉询问的审判方式接受程度较高，因为其国内法中的审判程序就是这样的。但是对于来自别的法系或其他法律传统的国家或这些国家的大法官来说，这种做法可能不太习惯。例如，在"乌拉圭河纸浆厂案"中，国际法院就表达了对于纠纷双方委派的技术专家以代理人身份参与审判活动的关切。国际法院认为，这些技术专家根据其科学或技术知识或自身的实践经验在国际法庭提供证据，应当以提供证据的专家或证人身份

---

① 当然，这只是一种依照常识作出的推测，有时未必如此。例如，在"乌拉圭河纸浆厂案"的开庭陈述环节，阿根廷一方委派的技术专家却赞同纠纷另一方——乌拉圭政府委托的专家意见。

② 交叉询问（cross-examination），是证据法中的一个术语，一般是指一方当事人或其律师在法庭上对另一方证人进行的盘诘性询问。《布莱克法律词典》对这个概念的解释是："在审判或听证中由与传唤证人出庭作证的一方相对立的一方对该证人进行的讯问。"与其相对应的概念是"直接询问"（examination），直接询问是由提供证人的一方或律师对己方的证人进行询问。

或技术专家证人的身份看待，而不应当被看作是代理人；他们应当接受另一当事方以及法官关于证据方面的询问。① 参与解决"乌拉圭河纸浆厂案"的大法官希玛和克哈索瓦对此有更加直接的观点。他们认为，在该案中，由纠纷当事方委派的技术专家提供的证据无法令人信服和满意，因为根据《国际法院规约》第43条的规定，这些技术专家是纠纷当事方的代理人，代表着纠纷当事方的利益。② 而且，与普通法系的国内审判程序不同，在国际司法程序中，对于证人的交叉询问也有时间限制，这在客观上阻碍了对于环境纠纷案件证人的深入询问。

如前所述，在"乌拉圭河纸浆厂案"中，纠纷当事方将技术专家作为己方的代理人的做法是不妥当的，受到了很多批评。然而，有时在其他纠纷案件中，技术专家作为某一当事方的代理人却并未受到太多反对和质疑，例如，在《联合国海洋法公约》项下的国际海底区域的有关纠纷中就是如此。在这些案件中，技术专家提供有关海底区域的一些地质、地理等方面的专业意见，客观上协助法庭和法官更科学地解决缔约国之间的纠纷。例如，在国际海洋法法庭2011年处理的孟加拉国与缅甸关于孟加拉湾的海洋划界纠纷案中，林德赛·帕森博士提供了有关的专业意见；在国际法院2012年审理的智利和秘鲁之间的海洋纠纷案中，罗宾博士提供了海洋地质方面的专业意见，都得到了法庭采信。因此，对于纠纷当事方委派的技术专家提供的有关证据是否可靠或法庭是否可以采纳，主要是看这些专家证据能否得到纠纷另一方的认可，以及这些专家证据是否可以帮助国际法庭更好地厘清环境纠纷的技术细节，而不是仅仅为了某一纠纷当事方的利益去证明其主张是正确的。

最后，国际法庭或仲裁机构可以通过委派专家（法庭或仲裁庭委派）来协助评估跨国环境纠纷的证据的科学性和真实性。需要说明的是，这是国际法赋予国际法庭或仲裁庭的权利。根据《国际法院规约》第50条的规定，国际法院可以

---

① 国际法院关于"乌拉圭河纸浆厂案"的有关判决，第167段，载国际法院网站：https：//www. icj-cij. org/files/case-related/135/135-20100420-JUD-01-00-EN. pdf，para 168，最后访问时间：2019年1月3日。

② Joint Dissenting Opinion, para 6; The Separate Opinion of Judge Greenwood, para 27. 参见关于"乌拉圭河纸浆厂案"的相关资料，载国际法院网站：https：//www. icj-cij. org/files/case-related/135/135-20100420-JUD-01-00-EN. pdf，最后访问时间：2019年1月3日。

委托个人、团体或组织进行案件的调查或鉴定。①《联合国海洋法公约》也规定，根据《联合国海洋法公约》设定的国际法庭或仲裁庭，可以根据受理案件或纠纷的需要，应纠纷当事方请求，或自己主动选择科学或技术领域的专家列席法庭，但这些专家没有表决权。② 这一职能也可以应用于跨国环境纠纷的证据鉴定。这方面的一个反面例子是前文提到的"多瑙河水坝纠纷案"。在"多瑙河水坝纠纷案"中，尽管国际法院在最后判决中指出，纠纷的当事国应当进行进一步谈判，讨论水利工程对河流造成的环境影响，但还是因为没有充分考虑技术专家环境保护方面的建议而受到批评。而在"乌拉圭河纸浆厂案"中，国际法院又因为过于依赖纠纷当事方委派专家的证据意见而引起其他法官的质疑。例如，大法官希玛和克哈索瓦在其共同撰写的关于"乌拉圭河纸浆厂案"的异议书中指出，国际法院在该案中是以"有瑕疵的方式"（flawed methodologically）评估纠纷当事方提交给法院的科学证据。③ 两位大法官主张，国际法院自身不能评估和鉴定纠纷当事方提交的复杂的科学证据时，应当依据《国际法院规约》第 50 条的规定，由国际法院指定或委托有关专家对证据进行评估和鉴定。对于同一问题，显然另外的法官，如格林伍德和凯斯持有不同意见。相反，他们认为，国际法院的任务就是对证据作出自己的判断，并且国际法院可以完成这件事。像是格林伍德法官等来自普通法系国家，他们在国内法的审判体系中就习惯了对于呈送到法庭的证据依据法律知识作出判断，因此在国际诉讼中这样主张也毫不奇怪。但是，对于来自不同法系背景国家的希玛和克哈索瓦大法官，对于这种做法是持有异议的。因此，考虑到国际法庭或仲裁机构中，法官和仲裁员的国际化的背景，如果国际法

---

　　① 参见《国际法院规约》第 50 条的规定："法院得随时选择任何个人、团体、局所、委员会、其他组织，委以调查或鉴定之责。"

　　② 参见《联合国海洋法公约》第 289 条的规定："对于涉及科学和技术问题的任何争端，根据本节行使管辖权的法院或法庭，可在争端一方请求下或自己主动，并同争端各方协定，最好从按照附件八第二条编制的有关名单中，推选至少两名科学或技术专家列席法院或法庭，但无表决权。"

　　③ Pulp Mills Case, Joint Dissenting Opinion of Judge Simma and Al-Khasawneh, para 2, 国际法院关于"乌拉圭河纸浆厂案"的有关判决，第 167 段，参见国际法院网站资料：https://www.icj-cij.org/files/case-related/135/135-20100420-JUD-01-00-EN.pdf, para 168, 最后访问时间：2019 年 1 月 4 日。

庭或仲裁机构可以自己委托专家对于跨国环境纠纷的证据进行评价和鉴定，应当能弥合差异。毕竟，国际法庭如此行事并不存在国际法上的障碍。

四、破解证据困境：独立技术专家参与证据环节的可行性分析

过于依赖跨国环境纠纷当事方委托的专家存在着程序法上的风险，即在证人询问以及交叉询问环节容易导致对证据的进一步质疑并造成环境纠纷解决程序的进一步复杂化。环境法学者福斯特对此有如下理解：传统的询问证人以及交叉询问程序，其后果通常是解构性（deconstructive）的，不宜在国际诉讼中过于依赖之；应当建立更强大的国际法庭证据规则体系——由国际法庭或仲裁庭主导的证据调查程序。主要思路是与特定环境纠纷有关的专家共同聚集在法庭上展开证据方面的讨论，这样可以在全面、公平的基础上协助法官评估环境纠纷中的证据及其科学性和真实性。[①] 此处暂且不评论这种建立新的国际诉讼证据规则的褒贬，但从中可以看出，跨国环境纠纷的出现给国际法带来的冲击，不仅仅是在实体法层次上的，还包括对于国际诉讼和仲裁程序的挑战。环境纠纷与环境问题天然地纠缠在一起，而环境问题的起因与解决都离不开自然科学和技术要素。在法律上对于证据的要求，在环境纠纷的解决上，就演化成为对于环境污染、资源破坏、水质恶化、物种濒危等自然科学问题的法律化表达与需求。这在客观上要求法官既要熟悉国际法，又要熟悉环境科学和技术知识。现实生活中这样的法官难以觅得，因此跨国环境纠纷的解决必然要面对科学或技术专家对于证据问题的介入。

在这种新的证据规则体系建立起来之前，借鉴国际争端解决机制中已被证明行之有效的经验不失为一种明智的选择。在这个问题上，很多环境法学者和国际法庭的大法官们不约而同想到了世界贸易组织的争端解决机制。世界贸易组织争端解决机制在多年处理国际贸易争端的经验中，发展出一套指定独立专家并依靠专家评估和审查科学技术证据的复杂而精妙的程序规则。在此过程中，世界贸易组织也面临着类似"什么才是可靠的科学证据"等实质性问题的困扰，以及任命

---

① C. Foster, Science and the Precautionary Principle in International Courts and Tribunals (CUP 2011), pp. 240.

独立专家需要遵循的正当程序等问题，① 但像是希玛和克哈索瓦大法官等还是在其异议书中表达了对于 WTO 争端解决机制专家参与程序的借鉴意愿，希望国际法院可以通过研究这些经验从而在面对类似纠纷（如跨国环境纠纷等）时可以做得更加完善。

独立的科学或技术专家虽然可以协助国际法庭或仲裁机构履行其在事实判定方面的职责，但也并非全无弊端。对于委托或任命了独立专家的国际法庭来说，其风险在于：将对于纠纷事实判断的决定权全部转交给那些专家承担，但对于纠纷当事方或法庭本身来说，是否愿意承担这种风险呢？这一点至今没有明确。也许更明智的做法是法庭委托专家作为证据的评估人，邀请他们参与审理，在必要时为法庭提供意见。

然而，在跨国纠纷的解决过程中，独立技术专家的参与也有可能改变国际诉讼或仲裁程序的性质。尤其是在普通法系通行的对抗性庭审背景下，启动诉讼程序的纠纷当事方承担着证明自己主张的举证责任，而法庭或仲裁庭需要通过这种"事实调查"（fact-finding）的程序确定案件的是非和责任。例如，世界贸易组织上诉机构曾经提醒其争端解决程序中的专家（小组），不要利用赋予他们的"事实调查"权力作出对于某一争端当事方有倾向性的事实认定，特别是在该当事方只具有"表面看来证据确凿的"（prima facie case）证据的情况下。② 据此可以看出，世界贸易组织争端解决机制的设计者们认为，在纠纷解决体制中被委以重任的技术专家们最重要的任务是评估和厘清由争端当事方提交的证据的可靠性，而非作出自己的判断。

其实，在跨国环境纠纷的解决中，最早通过技术专家们的帮助评估证据可靠性的案例是近百年前的"特雷尔冶炼厂仲裁案"。③ 在这里具有里程碑意义的环

---

① 相关案例包括 Beef Hormones Case, para 148; Us-continued Suspension of Obligations (2008), WTO Appellate Body (WT/DS320/AB/R), para 220, 载世界贸易组织官网：https://www.wto.org/english/tratop_e/dispu_e/cases_e/ds58_e.htm, 最后访问时间：2019 年 1 月 4 日。

② The view of the WTO Panel in EC-Asbestos where it says: "Information provided by the experts consulted by the Panel... can under no circumstances be used by a panel to rule in favor of a party which has not established a prima facie case based on specific legal claims or pleas asserted by it." WTO Panel (WT/DS135/R), 2000, para 8.

③ 关于"特雷尔冶炼厂仲裁案"的具体案情，可参见本书第一章内容。

境纠纷仲裁案中，仲裁员委派了具有科学技术背景的专家，通过技术手段论证冶炼厂产生的污染物如何导致美国境内的环境损害，以及可采用什么样的技术措施减轻这种污染气体的跨界转移。但是，与仲裁机构相比，国际法院很少委派技术专家参与跨国纠纷的解决，① 迄今为止，有专家参与审判的案件只有 1949 年英国和阿尔巴尼亚之间的"科夫海峡案"。在"科夫海峡案"中，受国际法院的委托，技术专家们提供了相关信息和意见，一些意见被用来证明或反驳该案中英国一方提供的证据，对于案件的最终判决结果有决定性影响。② 但是，不同于世界贸易组织争端解决机制中的专家（小组）的功能，无论是在"特雷尔冶炼厂仲裁案"中，还是在"科夫海峡案"中，专家的主要作用是为法庭或仲裁庭提供关键性的证据，尤其是在被告方在纠纷中占据优势的情况下（这种情形在不少环境纠纷中很常见）。但是在以国际贸易争端为代表的世界贸易组织框架下这种情况似乎较少发生。在上述两个案件中，专家们实地考察了有关地点，所以能够提供纠纷中原告方在法律上无法获得的有关证据。如果没有这些关键性证据，原告一方的诉求是无法得到证实的。这两件纠纷的发生时间距离现在都已经很久远了，也许当时的时代条件今天已不具备，但是直到今天学术界和实务界也无法找到一种解决环境纠纷证据问题的有效方法，那么，借鉴这些古老判例也许仍会获得一些有益启示。如果我们假定，在国际法庭或仲裁庭委派专家之前，可以认定纠纷的起诉方已经拥有一些表面看来确凿的证据，那么世界贸易组织的模式是和环境纠纷的解决不太一致的。如果这样，那么委派独立的技术专家的做法是有益的。

环境纠纷中的证据的确定是一个十分棘手的问题。通过上述分析可以看到，以国际法院为代表的主流国际司法机构在环境类案件的证据上其实遵循着一个较高的标准，这种做法是国际法院法官们在裁判其他类型的国际纠纷，如领土纠纷、边界纠纷甚至人权纠纷等方面的惯常做法。但是，由于环境问题的复杂性和特殊性，如一些环境损害的后果需要经过漫长的时间才能显现出来，这对于需要

---

① G. White, The Use of Experts by the International Court of Justice in V. Lowe and M. Fitzmaurice（eds.），（n 14）528.

② Corfu Channel Case（1949），ICJ Reports 4，20-22.

证据的确实性和实效性的传统诉讼模式来说，就显得证明力不足。国际环境保护领域内的一个基本原则——风险预防原则，更是对环境保护提出了更高的标准和要求。对于一些尚无充分、明确科学证据证明，但可能会造成不可逆转的严重环境损害的问题，如转基因生物安全问题，要求采用防范性措施以避免出现严重的环境损害。如果这一类问题上升到环境纠纷，可以想象在证据方面会面临更大的压力。这也是环境法学界对于环境纠纷和环境诉讼在证据方面要求进行调整的重要原因。目前看来，无论是在国内法中，还是在国际法中，在证据方面的调整都步履维艰。

第九章　跨国环境纠纷解决机制之检视与反思
——兼论中国的立场与应对

第一节　跨国环境纠纷解决机制的发展检视

在环境问题开始在国内出现并慢慢从国内蔓延至跨越国界，甚至逐渐开始损害各国主权管辖之外的地球公共空间之后，对于因这些国际环境问题而产生的跨国环境纠纷，国际社会也逐渐形成了一套应对和解决的规则。这些规则植根于传统的国际争端解决体制，但又在发展过程中呈现出不同于传统争端解决机制的一些独特之处。在跨国环境纠纷的解决过程中，这些纠纷解决机制主要显现出以下发展态势。

一、外交解决方式依然充当主要角色

从本书前面章节的分析可见，虽然在国际法和国际环境法中已经发展出面对环境类争端的一些实体法和程序法，但是毫无疑问，传统国际争端解决机制中的外交解决方式在跨国环境纠纷的解决中，依然发挥着无可替代的重要作用。谈判、协商、斡旋、调停、调查与和解等方式，是国家之间以及国家与环境纠纷其他类型的当事方在处理跨国环境纠纷时首先想到的解决途径。外交解决方式具有的灵活性可以弥补纠纷解决过程中当事方破裂的双边或多边关系；有第三方参与的斡旋以及调停，也可以为纠纷当事方提供充分的缓冲空间；大多数调查与和解方法都需要国际组织的介入，这些全球性国际组织或区域性国际组织对于跨国环境纠纷的处理，在一定程度上也加强了国家之间的沟通和交流，甚至为区域的和

平稳定提供了有益的土壤。一些跨国环境纠纷发生后，纠纷解决的初期阶段，大多选择的是外交解决途径。如前文论述过的"特雷尔冶炼厂仲裁案"就是如此。在纠纷爆发初期，美国华盛顿州的受害农民们组织起来和加拿大方的排污工厂进行谈判、协商。在这些努力失败后，该纠纷才上升为国家与国家之间的国际环境争端，由两国政府出面解决。

在国际社会订立的重要国际环境条约中，绝大多数在纠纷解决规则中都列举了谈判、协商、调解、斡旋等方式，甚至有些环境条约将这些外交解决方法作为随后启动的法律解决途径的前置程序，赋予其一定的强制性。国际实践中，很多国家也在跨国环境纠纷发生后，首先选择外交方式进行解决。这些都充分说明了在国际法漫长发展历程中形成的外交解决国际争端规则的强盛生命力，它们是无数国际法争端解决经验和教训的锤炼与总结，是无数国际法学者、法官、律师、仲裁员等智慧的结晶。在国际环境问题已然成为国际社会关注焦点的今天，继续研究外交解决方式在跨国环境纠纷解决中的作用和价值，更好地发挥其解决纠纷的功能，是国际领域研究学者们需要继续努力的方向。

二、法律解决方式的重要性不断加强

第二次世界大战后，随着全球性国际组织的建立以及国际法治的进一步发展，国际法也进入了一个快速发展时期。通过法律方式解决国际争端也日益受到各国的重视。在国际环境保护领域，以国际仲裁和司法为主要代表形式的法律解决方式也成为跨国环境纠纷的重要解决规则。相比外交解决方式，无论是仲裁还是司法诉讼，对于跨国环境纠纷的解决都具有更规范、更彻底的优势。法律解决方式的程序规则更为清晰，能够节约纠纷当事国的时间成本。国际仲裁和诉讼都有相对稳定的国际条约和法律规范作为后盾，也有相对固定的国际仲裁机构和司法机构作为解决平台，还有一大批具有国际法专业背景的法律人士作为法官或仲裁员，为跨国环境纠纷的当时方提供专业的法律意见。这些都是法律解决方式具有的优势。虽然由于国际法的软法特征，法律解决方式的强制性一直存在异议，包括司法诉讼在内的法律解决程序也需要国家的明示同意；但这种基于国际法特殊性质的做法也无法阻碍法律解决方式在跨国环境纠纷解决中发挥越来越举足轻重的作用。为了平衡国家主权和法律解决跨国环境纠纷二者的微妙冲突，一些国际条约设计出复杂和精妙的法律程序，如 1982 年《联合国海洋法公约》，对于一些涉及国际海洋区域以及海洋生物资源养护等的纠纷，为缔约国提供了包括国际海洋法法庭、国际法院、公约附件七规定的仲裁法庭、公约附件八规定的特别仲裁法庭等多种平台解决纠纷。其在本质上属于国际法上的"任择强制程序"，主要目的是达到既尊重缔约国的国家主权，同时也便利跨国环境纠纷的解决，维护国际法的法律属性和尊严。

三、旨在预防纠纷的遵约机制开始出现

国际环境问题的特点决定了环境纠纷的解决仅仅依靠事后救济是远远不够的。环境问题（包括国际环境问题）大多具有持续性、累积性，有些环境问题，如重金属污染、放射性污染等问题，甚至具有不可逆转性。适用于传统纠纷的解决机制大多注重纠纷发生后的事后解决，侧重于纠纷解决的公平性和合理性，包括赔偿的充分性等。但是，这种纠纷解决机制的内在逻辑在面对国际环境纠纷时，暴露出了很多缺陷。仅仅注重纠纷的事后解决，在环境纠纷的解决中是一种典型的"头痛医头、脚痛医脚"的短视行为，在环境问题的治理上也是一种高成本行为。尤其在解决涉及不可逆转的环境问题时，这种解决思路注定是无效的。因此，国际环境条约逐渐发展出一种"遵约机制"，该机制又被称为"不遵守情事程序"（Non-compliance Procedure，NCP），它是一种注重履约过程监督和管理，预防缔约方有可能出现不遵约或违反条约义务行为的程序。通过一定的监督规则，在缔约方将要或已经不遵守环境条约义务的时候，启动遵约程序避免不遵守行为的发生或持续，从而预防和解决环境纠纷。如前所述，该遵约机制最早出现在大气保护领域，即 1987 年的《关于消耗臭氧层物质的蒙特利尔议定书》中，随后在其他国际环境条约，如《控制危险废物越境转移及其处置的巴塞尔公约》《联合国气候变化框架公约京都议定书》等条约中出现，并开始实施。这种起源于多边环境条约的、以预防或减少缔约国纠纷为目标的新型条约程序逐渐受到国际法学界的赞誉，并引起国内外学者对其进行研究，探讨将其推广到其他领域国际条约的可能性。遵约机制的出现，是国际环境条约对传统的国际争端解决机制的贡献，也是国际环境法对国际法的贡献之一。这种侧重于纠纷的事先预防的创新思路，突破了国际争端解决机制"事后救济"的传统做法，虽然产生于国际环

境保护领域，但其价值应不仅仅止步于跨国环境纠纷的解决，值得进一步研究。

四、纠纷解决程序的强制性逐步加强

依照国际法的传统理论，在国际纠纷的解决中，无论是外交解决还是法律解决，都具有一个重要特征，那就是强调纠纷当事方的自愿选择。在谈判、协商、斡旋、调停、调查、调解等程序中，纠纷当事方的意愿很重要，当事方可以选择上述外交方法中的一种或多种，任何国家或国际组织都不得将这些方法强加给纠纷当事方。国际法中的"不干涉内政"原则中就包含有这方面的含义。即使是国际仲裁或司法方式，也很注重当事方的自由意志。仲裁必须要有纠纷当事方的仲裁合意，司法解决也要得到国家的明确的同意。这是国际法尊重国家主权的充分体现，但是客观上，这也会在一定程度上阻碍这些纠纷解决方法的有效适用。在跨国环境纠纷的处理实践中，对于这种做法逐渐有了新的发展动向，即在一些国际环境条约中出现了一些带有强制性的程序，只要缔约国接受了这些条约，就有义务按照条约规定的纠纷解决规则，在纠纷发生后解决争端，无须另行订立解决纠纷的协议或约定。

这种强制性的表现方式有如下三种：第一种是任择强制程序。这种程序最早在《国际法院规约》中出现，直至现在仍是国际法院管辖权问题上争议颇大的规则。其主要内容是缔约国在签署、批准或加入某项环境条约时，或者在其后的任何时间，通过书面形式选择一种或几种方法，用来解决与环境条约解释或适用有关的纠纷。此处的任择，意思是指缔约国可以基于本国的自由意志作出选择或不选择；此处的强制主要是指一旦缔约国作出选择，则这种纠纷解决程序或方法就对缔约国产生了强制拘束力；如果发生了上述纠纷，缔约国不需另行订立解决纠纷的协议，可以对同样接受了任择强制程序的纠纷当事国（一般也是该环境条约的缔约国）启动纠纷解决程序。纵观近 30 年来国际社会订立的主要环境条约，有不少规定了这种带有强制性的程序。例如，《欧洲野生动物和自然生境保护公约》《联合国海洋法公约》等。

第二种是附条件的强制程序。1973 年的《国际防止船舶造成污染公约》规定，在两个或两个以上的缔约国之间对公约的解释或适用所发生的任何争端，如果不能通过上述国家间的协商解决，同时如果这些国家又不能通过其他方式对纠纷取得一致意见，经其中任何一个缔约国请求，应提交公约议定书二中所规定的仲裁进行解决。这就是一种典型的附条件的强制纠纷解决程序。可以看出，这种纠纷解决程序首先会赋予纠纷当事国一定的自主选择权，在这些自主选择的纠纷解决方式因为各种因素无法达成一致意见时，公约会启动强制程序。这种附条件的强制程序自一出现就引起了很多争议，一些国家也因为这种带有强制性色彩的约文内容而拒绝加入该公约。大部分国际法学者认为这是一种值得鼓励的尝试，它在尊重缔约国国家主权的基础上，在争端解决条款中加入强制性，既节约了纠纷解决的时间成本，也能促使纠纷当事国通过自主选择的纠纷解决程序尽快解决纠纷。毕竟从历史经验看，没有强制性的纠纷解决程序虽然充分尊重了缔约国的国家主权，但随之而来的是，在纠纷发生后，为解决纠纷，双方或多方长年累月耗费在波折重重的争端解决之路上，争端有时仍久拖不决，对国际局势或地区局势毫无益处。

第三种是部分环境条约中开始规定执行程序。一直以来，国际法的实施与执行都是一个充满争议、备受诟病的问题。作为大部分学者眼中的"软法"，国际法一般是没有执行机制的。在纠纷解决中，即使通过外交或法律方式和平解决了纠纷，但是这种解决方案能不能得到充分执行，有时也是无法保证的。一些国际环境条约在这方面作出了可喜的探索，如《北美环境合作协定》就规定了专家组有权对缔约方执行最终报告的情况进行审查。如果专家组认为缔约方没有充分执行最终报告，则有权判处罚金；如果缔约方拒绝支付罚金，专家组可以授权胜诉方中止违约方在《北美环境合作协定》项下的条约权利。很多学者认为，《北美环境合作协定》的这种探索类似于世界贸易组织争端解决机制中的"报复程序"，其实施效果还需要审慎观察。虽然《北美环境合作协定》只是《北美自由贸易协定》这个贸易规则的附属协定，其涉及范围也仅仅局限在美国、墨西哥和加拿大三个国家，但这种探索无疑增强了环境条约的"刚性"，对于环境纠纷的解决不是没有益处的。

第二节　跨国环境纠纷解决机制面临的主要问题

如前文所分析的那样，通过借鉴和学习国际争端解决机制的做法，同时不断探索环境纠纷解决的更切实可行的措施，总体上跨国环境纠纷解决机制已经取得了一些进展。在这个过程中，国际社会对于环境保护的重视，国际法自身的发展变化等都是推动其发展完善的重要力量。然而，我们也应清醒地看到，跨国环境纠纷解决机制作为整体国际法的一个组成部分，深受国际法学科自身特征的影响，无法摆脱国际法发展中受到的各种因素的制约，尚存在一些问题。

一、跨国环境纠纷解决机制的"碎片化"问题

国际法发展长期受制于"碎片化"影响。所谓碎片化，根据联合国国际法委员会的阐释，是指国际法体系发展的不均衡状态。国际法体系是一个非常广泛和多层次的架构模式，它由程度不一的普遍性、区域性或双边性的不同小体系构成。由于各国发展的程度不一，法律制度作为上层建筑的一种也有不同的历史渊源和传承，导致这个体系内的各种规范和制度之间并没有形成一种有机的整体，相反充满了冲突和矛盾，就像堆积在一起的"玻璃碎片"。① 跨国环境纠纷解决机制也面临着同样的困境。

跨国环境纠纷的司法解决是很多国际法学者们对于跨越国界的环境纠纷解决方式的理想化构思。但是，综合全文分析来看，这一构思还面临一系列的挑战。相比国际法学的其他分支内容，国际环境法学科的产生时间较晚，很多基础理论尚未全面确定，因此显现出了更为明显的"碎片化"特征。当然这一特征不是国际环境法学科独有的，而是许多处于"稚嫩期"的新兴学科体系具有的共同特征。"碎片化"趋势表现在跨国环境纠纷的解决上，是无论一个纠纷选择哪一个司法机构作为解决机构，都会引起或多或少的争议和问题。最终结果是，即使一个环境纠纷已经在一个司法机构走完了司法程序，有了一个看似明确的解决方案，但其实该纠纷并未彻底、真正解决。从某个角度看，环境纠纷不同于一般的其他类型的纠纷，具有一些固有的特点，所以环境纠纷如何解决并没有一致看法。即使是环境公益诉讼这一在其他部门法中已经被广泛接受的概念，如果将其移植到国际法的学科背景下，也会产生很多问题。因为国际法不同于国内法，一

---

① 古祖雪：《现代国际法的多样化、碎片化与有序化》，载《法学研究》2007 年第 1 期，第 138 页。

项纠纷如何解决，纠纷当事方存在多种选择方式，甚至可以在不同的解决方式之间权衡利弊，所以国际实践中出现过这种情况：同一项跨国环境纠纷，纠纷当事方先后在不同的解决机构提请解决，而这些不同的机构也各有依据受理申请。当然，这样做既浪费了国际资源，也容易造成冲突，甚至导致国际法规则的混乱。所幸目前为止，这样的情形只发生了一次①，国际社会采取了理智做法及时终止了这种乱象。但为什么会出现这种局面？究其原因，还是国际法固有的特点造成的，确切地说，是因为国际法是不同于国内法的一种独特法律体系，国际社会在本质上是一个平权社会，才会出现纠纷解决时的这种状况。

如何应对这种困境？有学者提出应当设立一个统一的、专门的国际环境法院来受理跨国环境纠纷。其实这种提议并不鲜见，但是该建议在理论界没有多少支持者，只有少量激进的环境主义者是赞同的。② 对于这个问题的讨论，其根源还要从"什么是环境纠纷"这个源头问题去追溯。就像前文已经讨论过的，如何界定一项环境纠纷并没有统一的标准，环境因素的广泛性和复杂性决定了跨国环境纠纷是一个外延广泛的概念。如果环境纠纷的当事方对于该纠纷的特点有不同理解，则必然带来对于该项纠纷的管辖权的不同争议。然而在 20 世纪 90 年代时，国际法庭和其他国际纠纷解决机构的大量涌现并没有带来很多学者所担心的那种管辖权更加复杂的后果。直至今日也没有太多人担忧国际法的完整体系会受到诸如 WTO 争端解决机制、国际海洋法法庭以及其他各种各样的国际刑事法庭或区域人权法院等的威胁。因此，基于"纠纷解决机构已经太多"这种理由而反对设立国际性的环境法院是站不住脚的。

关于设立新机构的问题主要是实用主义方面的一个思考：我们真的需要一个专门的环境法院解决环境纠纷吗？设立新的司法机构会比现有的通过国家间环境纠纷解决机构——如国际法院、国际海洋法法庭、国际仲裁或 WTO 争端解决机制——解决环境纠纷这种模式更好吗？对于这种设立新机构的怀疑和担忧一直存在，现在也是如此，尽管如前文所探讨的，现存纠纷解决模式还远未达到完善，

① 参见前文"南方蓝鳍金枪鱼案"。

② 有关世界环境法院的争议和讨论可以参见 O. Pederson, An International Court and International Legalism (2012), 24 JEL 547.

也需要进一步调整，包括审理环境纠纷的法官的专业性和权威性问题，环境纠纷的证据的确定问题，以及国际纠纷解决机构应当进一步加强对于跨国环境纠纷的整体性理解等问题。

事实上，国际法学界的大多学者的主张是：尽管国际法院并不是解决跨国环境纠纷的"完美"机构（事实上也不存在一个完美的纠纷解决机构），但它也在不断调整，采用包括设立环境分庭等方式，试图使20世纪40年代中期就固定下来的司法程序逐渐适应现代环境问题带来的挑战。与其采取废旧立新的激烈变革措施，还不如在现有纠纷解决机制的基础上，进行渐变式调整。此外，随着环境国际公约的数量不断增加，一些公约，如《联合国海洋法公约》自身就创造了独具特色的纠纷解决机制，加上国际社会原本就发挥了重大作用的一些纠纷解决机制，如世界贸易组织争端解决机制等，这些体制和规则也在不断完善，未来会更加有利于环境纠纷等解决。

当然，也不能因为既存的跨国环境纠纷的判例存在一些瑕疵就否定现存纠纷解决机构的历史功绩，并因此施加压力设立另一个专门的环境法院。① 很多人喜欢拿1982年《联合国海洋法公约》设立了国际海洋法法庭为例来说明设立世界环境法院的必要性。但问题是，这种不断设立新的司法机构的做法真的有效吗？只有在一个纠纷解决机构拥有一套独有的法律适用规则时，这种新的司法机构或仲裁机构才能发挥最大作用。这种法律适用规则如《欧洲人权公约》《联合国海洋法公约》或WTO的一系列协定等，是欧洲人权法院、国际海洋法法庭或世界贸易组织争端解决机制等专门机构能够发挥纠纷解决职能的重要法律保障。上述几个纠纷解决机构之所以能取得令人称道的成就，不仅仅因为它们具有专业的法律技能和必要的法律程序，还因为它们在一定程度上减轻了国际法院在其不太适合的诉讼领域（如贸易纠纷、海洋纠纷等领域）的诉讼负担，从而构成了国际纠纷解决机构在不同专业领域的互补。但是在界定什么是环境纠纷时，国际环境法并没有给出一个清晰、明确的范围或类别。如果要解决一项跨国环境纠纷，客观

---

① J Pauwelyn, Judicial Mechanisms: Is There a Need for a World Environmental Court? B. Chambers and J. Green (eds.), Reforming International Environmental Governance: From Institutional Limits to Innovative Reforms (United Nations University 2005), p. 150.

上需要对于整个国际法有一个宏观的、全面的把握和理解。也就是说，跨国环境纠纷无法按照特定标准或特定诉讼目标从众多类型的纠纷中轻易剥离出来，应当在原有的纠纷类型和纠纷解决基础上寻找最适合跨国环境纠纷解决的关键程序和规则。此外，处理跨国环境纠纷的法律职业人员就其职业素养来说，也与现在的国际法院或国际海洋法法庭的大法官们无甚差别。也许创设一个环境法院会使环境纠纷变得更受重视，但并不会让法官们对待环境问题更加重视。在跨国纠纷的解决过程中，是法官们在适用法律，而当代的国际法已经非常关注可持续发展，并且很注重经济发展和环境保护的有机融合。即使我们想改变这种平衡，也可以通过政治性的谈判，而不是靠设立一个新的环境法院来实现改变的目的。只有当这个专门的环境法院被赋予更多的权力去保护全球的环境利益时，它才能发挥其设想中的作用。然而，在目前很多国际环境条约已经建立了遵约机制——条约遵守程序（Non-compliance Procedure，NCP）的背景下，① 环境纠纷解决机制与遵约机制的关系已经呈现微妙的竞争关系。此时建立一个专门的世界环境法院，无疑会使二者的这种冲突变得更加尖锐。

与选择建立一个新的专门性的世界环境法院相比，相对温和的方案是促使当前各种专门的纠纷解决机制转变为更有利于跨国环境纠纷解决的机制。在一定意义上，这种变化正在悄悄发生。在 2010 年的"乌拉圭河纸浆厂案"后，国际法院已经就如何处理跨国环境纠纷中有争议的证据做了调整，采用了新的证据评估措施。此后的环境纠纷案件在证据问题上基本遵循如下规则：接受委托的技术专家可以通过书面形式或口头形式提供证据（含各种鉴定意见和建议等），其提供证据要接受交叉询问。尽管也有法律界的批评人士认为，国际司法机构不应当采用这种方式处理有关科学和技术方面的证据，但这种变化说明，在跨国环境纠纷解决中暴露的问题（包括程序性问题）是可以在现存的纠纷解决体制中得到解决的。在任何情况下，即使国际社会真的建立了一个世界环境法院，像是环境纠纷的证据这样的问题同样需要面对和处理。常设仲裁法院也在逐渐对其现有仲裁程

---

① 近年来，无论是国外还是国内学者，对于环境条约的条约遵守程序（NCP）的研究都很多，大多数学者对其评价褒多于贬。基于环境条约的"章程性"地位，加上处理纠纷的专门性，很多 NCP 事实上部分充当了环境纠纷解决机制的角色。

序作出调整以适应环境纠纷的特殊性，例如，采取了包括提高仲裁效率、允许非国家实体参加仲裁，从科学家那里获得必要协助等调整措施。① 联合国赔偿委员会作出的关于环境损害赔偿的裁决也显示了它们在针对有关赔偿请求时，将其专门法律知识和评估经验相结合的独有价值，这种尝试对于环境损害赔偿纠纷将会有很大参考价值。② 如果国际法院或国际海洋法法庭愿意从这些纠纷解决机构的案例中选择一些进行研究和参考，依据相关的国际规约，它们完全有权利这么去做。

二、跨国环境纠纷解决中的管辖权竞合问题

如果当事方想通过法律方式解决一件跨国环境纠纷，就需要提起环境纠纷案件的诉讼申请或仲裁请求。那么首先，环境纠纷诉讼当事方面临的最首要的问题就是，如何找到该纠纷能够在特定法院或仲裁机构起诉或申请的管辖依据，也就是该案的管辖权问题。跨国环境纠纷解决机制面临的另一个困境——管辖权竞合，就与此有关。此处结合前文阐述的几个典型跨国环境纠纷的处理，对跨国环境纠纷的管辖权竞合问题进行梳理和总结。

谈到跨国环境纠纷的管辖权竞合问题，其根源和国际环境法的体系构成模式有关。国际环境法在本质上是由众多内容上有重叠的、以环境保护为主要目标的多边条约组成的，同时还有一些基于习惯性国际法原则以及与其指导精神相一致的司法解释及可适用的其他法律，它们共同组成了国际环境法的多元体系。例如，以一个受到气候变化影响的小岛国的环境纠纷为例，案件可能会涉及《联合国气候变化框架公约》《京都议定书》《联合国海洋法公约》《生物多样性公约》有关国家责任的国际法原则、有关国家的谨慎注意义务的原则、风险预防原则甚至一些国际人权法原则等。可以适用于该纠纷的条约很多有自己的纠纷解决规则（当然也有很少一部分国际环境条约没有规定纠纷如何解决）。在上面提及的多项环境条约中，只有《联合国海洋法公约》规定了强制性的纠纷解决机制。当该小

---

① Optional Rules for Arbitration of Disputes Relating to Natural Resources or the Environment 2001, Permanent Court of Arbitration (PCA); The Iron Rrine Arbitration Case, PCA, 2005.

② P. Sand, Compensation for Environmental Damage From the 1991 Gulf War, 35 Environment and Political Law, 2005, p. 244.

岛国想通过司法或仲裁方式解决其纠纷时，就会发现拥有该纠纷管辖权的机构可能不止一个。

尽管世界环境与发展委员会（World Commission on Environment and Development）建议多使用强制性的争端解决规则，但是目前还是仅有少量环境条约为纠纷当事方提供了强制性的纠纷解决程序。这种做法在实践中会限制一些有关条约的解释和适用的环境纠纷在解决时的管辖权。考虑到这种限制，任何法院或仲裁庭想获取有关其受理的环境纠纷案件的所有领域的管辖权几乎都无可能。结果就是对于同一项纠纷，一个当事方希望提交有强制管辖权的机构，另一方可能强烈反对。这种问题并非国际环境纠纷独有，几乎所有基于当事方同意方能拥有管辖权的国际纠纷解决体系，都面临同样问题。在理想状态下，一个强制性的纠纷解决程序可以有权力实施所有相关环境条约、国际惯例和一般性法律原则。但是显然，根据当前的国际法，这种理想化的体制并不存在。其结果是：由于环境概念外延的广泛性，环境纠纷成为跨国纠纷在管辖权问题上的分散性和复杂性的一种典型性纠纷。

虽然不少国际环境条约规定了纠纷解决程序，但其适用范围是有限度的，其导致的后果之一是："一连串诉讼"的形成。此处，"一连串"或者"一堆"诉讼的意思是同一纠纷的不同方面可能会被提交到不止一个法庭或仲裁机构去解决。这种现象会增加跨国环境纠纷解决的诉讼成本，也会进一步加剧国际法的"碎片化"特征。因为在此情形下，不同的裁判机构必须基于相似的事实或法律问题作出其判决或裁定。前文所述的"剑鱼案"就是一个典型的例子。简而言之，该案同时在世界贸易组织的争端解决机制和国际海洋法庭两个纠纷解决机构被受理，前者的依据是 GATT 协议，后者的依据则是《联合国海洋法公约》。另一个例子是"乌拉圭河纸浆厂案"，不过，乌拉圭河纸浆厂案的各种细节都显示了其与"剑鱼案"是不同的。在 2010 年国际法院作出最终决定之前，2006 年国际法院就针对该案中的乌拉圭一方的纸浆厂厂房建设采取了临时措施。该案也曾被提交至美洲国家人权法院，纸浆厂的负责人也曾在阿根廷国内法院被起诉过。如果乌拉圭最终败诉，甚至可能会有一场 BIT 诉讼等。即使是在一个国家内部的国内法体系都很难将如此多和如此复杂的管辖因素有机融合为一体，从现实主义的角度看，国际法就更不可能在此方面超越国内法了。此外，当一项活动同时违反了河流条约的污染防治条款和另一条约的野生动物资源保护条款时，国际法也不可能通过施加压力促使一国事实上就同一案由起诉两次。

更进一步分析的话，如果因同时违反了不止一个多边环境条约而提起的纠纷在一个纠纷解决机构被提起申请，这个问题当然就迎刃而解了。当一个国家同意接受《国际法院规约》第 36 条第 2 款有关纠纷解决的管辖权规定，或者根据其他双边或多边协定作出接受管辖权的约定时，这是可能发生的。在此情形下，司法程序会对该跨国环境纠纷的解决有更有力的促进作用。国际法院新近受理的两件案子就是这种情形。这两起纠纷分别是厄瓜多尔和哥伦比亚之间的杀虫剂喷洒纠纷案和澳大利亚与日本（新西兰后来申请加入）之间的捕鲸纠纷案。尽管"捕鲸纠纷案"主要是关于《国际捕鲸管制公约》的实施而引起的纠纷，其管辖权基于纠纷当事国作出的任择性管辖协议而建立。例如，如果当事国之一，澳大利亚认为这个纠纷有可能通过在不同机构解决并且该国也愿意如此做，这似乎就赋予了澳大利亚在适用各种可能法律上的自由，包括《联合国海洋法公约》，濒危物种国际贸易公约和生物多样性公约等。另一案，厄瓜多尔和哥伦比亚之间的杀虫剂喷洒纠纷案，其管辖权基础主要是南美国家之间的区域性条约《波哥大协定》，似乎更能说明该问题。厄瓜多尔在该案中不仅可以适用国际法基本原则，也可以选择适用 1988 年的《麻醉品管制公约》，也可以选择适用当事双方均是缔约方的其他一系列国际人权条约。如此，在理论上，国际法院就有可能在不同条约背景和一般性国际法原则下综合考虑该案件的环境保护要素。不管最终国际法院如何决定，在该案的可以适用的法律方面，是不存在管辖权上的障碍的。

各种国际环境公约规定的纠纷解决机制为跨国环境纠纷的管辖权竞合提供了可能的解决渠道，然而同时我们也不应忽视实践中的一些现实缺陷。首先，目前仍然只有少数国家接受国际法院的强制管辖权，并且很多国家同时宣布了对其有宽泛的保留权。例如，因为美国很少同意接受国际纠纷的强制管辖，有少数国家试图在跨国性的环境纠纷中起诉美国。相比《国际法院规约》，接受《联合国海洋法公约》争端解决机制管辖权的国家数目更少，尽管《联合国海洋法公约》第十二部分的缺席判决机制在理论上是可行的，并且在现实中该机制已经为五件涉及环境保护的跨国纠纷案件提供了管辖权基础。但是，除了其中一件外，根据

《联合国海洋法公约》的管辖权规定，其他四件纠纷要么已经得到解决要么以失败而告终。因此，大多数希望将案件起诉至国际法院、国际海洋法法庭或其他仲裁机构的国家最终将不得不依赖于某项或某几项条约，只要这些条约能给其提供有利或胜诉的可能，或者至少一项条约有这种可能。

国际法院有限的管辖权并不意味着其判决或决定只影响到依据双边条约对双方有拘束力的议题。在"乌拉圭河纸浆厂案"中，国际法院对纠纷当事方缔结的1975年《乌拉圭河条约》的解释是有前瞻性的。其实，无论是在"盖巴斯科夫－拉基马洛大坝案"还是在"钢铁莱茵案"中，国际法院都阐明了其立场：纠纷当事方应当根据国际环境法的发展变化履行条约义务和承诺。因此国际法院认为，条约包含的内容在文本上就是开放性的，可以根据国际环境法的变化而不断演进。正是因为有了前述两个案件的基础，国际法院在审理"乌拉圭河纸浆厂案"时才主张：根据相关的习惯性国际规则去解释阿根廷和乌拉圭之间早前订立的双边条约是很必要的。国际法院也因此作出了有关条约谈判方的义务、国家开发利用其自然资源时应不损害域外环境的谨慎注意义务等方面的重要观点。国际法院也提到，为解决该纠纷，《乌拉圭河条约》需要增加有关环境影响评价的内容。这些观点在实质上会对未来的一些跨国环境纠纷当事方产生潜在影响，即使是不直接受案件约束的相关国家也是如此。这一点在国际海底争端分庭解决的"关于国际海底区域活动（Seabed Activities Advisory Opinion）的咨询案"中也得到了验证。在该案中，国际海底争端分庭（Seabed Disputes Chamber）明确援引了国际法院在"乌拉圭河纸浆厂"案中有关《联合国海洋法公约》及其相关国际法条文和规则的解释的判决内容。此种现象的出现代表着未来跨国环境纠纷解决机制的一种发展趋势：不同的纠纷解决机构（甚至包括仲裁机构）在国际法律的适用上互相借鉴和参考。另一起晚近发生的案件，即"基申甘加水坝仲裁案"也显示了这一点，① 其仲裁机构为了更好地解释印度和巴基斯坦之间订立的《印

---

① "基申甘加水坝仲裁案"是巴基斯坦和印度因建立在印度河上的基申甘加水坝及印度河水量分配而引起的一起跨国纠纷。两国成立了仲裁庭解决该纠纷。2013年2月和12月，仲裁庭分两次作出裁决，和平解决了印巴两国的这起水资源纠纷。在该纠纷的解决过程中，仲裁机构援引了国际法院受理的"多瑙河水坝纠纷案"和"乌拉圭河纸浆厂案"的部分决定，并借鉴了可持续发展等国际环境法基本原则，被视为是近年来通过法律方式解决的跨国环境纠纷典型案件。

度河条约》，引用和借鉴了前述案件中司法机构和仲裁机构根据国际环境法基本原则对条约进行解释的做法。通过这种做法，仲裁机构援引"盖巴斯科夫－拉基马洛大坝案"和"乌拉圭河纸浆厂案"中的有关做法，来支持对习惯性国际法规则的一些分析和解释。

跨国环境纠纷的管辖权问题导致的后果之一是，国家会对接受环境条约中有关强制性管辖权的条款愈发警惕，也有可能会开始否认它们以前愿意接受的强制性管辖权。像是《联合国海洋法公约》第十五部分那样的精心设计的纠纷解决机制，是国际法学界对于加强国际法实施和执行的一次有益尝试，但在实践中，因为该部分的存在，很多国家在签署或加入《联合国海洋法公约》时，作出了明确的国家声明，对其纠纷解决机制进行审慎甄别和选择。需要说明的是，有关《联合国海洋法公约》判例法的"碎片化"的最典型例子恰恰是有关其管辖权的，而这种具有强制意味的管辖规则的设计，其初始目的就是赋予条约项下的纠纷在适用法律上更大的一致性，换言之，是试图缓解该造法性公约的"碎片化"情势。对于受理因《联合国海洋法公约》而提起的纠纷或诉讼的国际法院、法庭或仲裁庭来说，如何应对这种颇具挑战性的冲突是当前面临的紧迫任务。

对于跨国环境纠纷中的管辖权竞合和适用法律问题，也许通过采取一些灵活措施使其得到改善且更具有效性。例如，可以通过签订一项议定书来规范目前的环境条约中规定的任意性较大的纠纷解决程序。当前大多数国际环境条约都允许缔约方向国际法院或国际仲裁机构提起申请，解决缔约方之间因为环境条约的解释或适用而产生的纠纷。理想的状况当然是赋予该议定书以强制管辖权，就像是WTO的有关协定或《联合国海洋法公约》一样。然而，是否通过强制性规定或条约义务约束纠纷当事方通过司法手段或仲裁方法解决其纠纷，国际社会真正需要的是，在发生环境纠纷后，纠纷提起方可以通过加入多边环境条约框架下的共同声明，拥有使用该纠纷解决方式的能力和资格，提起针对纠纷另一当事方的有关诉讼或仲裁申请。在这种条件下，跨国环境纠纷的当事方能更容易根据可适用的条约或一般习惯性国际法规则提起纠纷起诉或仲裁申请，以一种更为连贯和更具可操作性的形式将案件提交国际法庭或仲裁机构。对于这个问题，可以借鉴世界贸易组织的争端解决机制，该机制建立了一个统一的纠纷解决机制，能够在一个相对完整的程序中，按照法定程序解决因若干不同协定而产生的贸易纠纷。①
因此，虽然设立一个世界环境法院的理由不太充分，但是在纠纷解决程序的创新
方面，该提议还是值得多交流和讨论。这有点类似于在国际法庭和仲裁机构之间
就国际环境法的一些实质性事项展开的交流和讨论。

三、基于环境条约而建立的纠纷解决机制存在一定冲突

国际环境条约的制定和实施是促使国际环境法不断向前发展的重要因素，一
些环境条约在纠纷解决机制上进行了有益的创新，丰富了跨国环境纠纷解决机制
理论，也推动了国际争端解决机制的进一步发展。例如，《关于消耗臭氧层物质
的蒙特利尔议定书》规定的遵约机制，对于采用预防原则，避免或减少环境纠纷
的出现具有重要价值，也启发了其他环境条约甚至是国际人权条约在实施程序上
的创新；《联合国海洋法公约》在纠纷解决机制上创造性地提出了带有一定强制
性的司法以及仲裁方法，对于解决海洋环境保护和海洋生物资源的养护等国际环
境纠纷具有重要意义等。但这些环境条约的出现也带来了纠纷解决机制的一个伴
生问题，即法律冲突问题。

该问题最直接的体现是不同的环境条约对于纠纷解决程序有不同的规定，这
些程序性规则有时存在着互相矛盾的现象。例如，1979 年《保护野生迁徙动物
物种公约》规定，缔约国之间的争端应当通过谈判解决，如果不能通过谈判解
决，可以提交仲裁；② 而同年订立的内容相近的另一项环境条约，1979 年《欧洲
野生动物和自然生境保护公约》对于纠纷解决则是这样规定：缔约国之间的争端

---

① 根据 1994 年《关于建立世界贸易组织的协定》附件二的有关规定，所有世界贸易组
织的缔约方应当接受一项一揽子协定，由此建立了世界贸易组织框架下的统一的争端解决机
制。但在实践中，WTO 争端解决机制也没有真正解决不同贸易协定之间的冲突问题。参见
C. Chase, Norm Conflict Between WTO Covered Agreements-Real, Apparent, or Avoid? 61 ICLQ
2012, p. 791.

② 参见 1979 年《保护野生迁徙动物物种公约》第 13 条 "争端的解决" 的规定：" 1.
两个或多个缔约方之间因本公约条款的解释或适用而可能引起的任何争端都应由争端各方通
过谈判解决。2. 如果争端不能按照本条第 1 款得到解决，在争端各方的同意下，可以将争端
提交仲裁，特别是提交设在海牙的国际常设仲裁庭的仲裁；而且提交争端的缔约方应受仲裁
裁决的约束。"

经过协商，如果仍然未能解决，应当按照公约规定的仲裁程序进行仲裁。① 显然，上述两项环境条约的调整内容是具有重合性的，但是二者对于纠纷解决程序的规定却不同：前者对于无法通过谈判解决的纠纷，赋予纠纷当事方很大的自主选择权，纠纷当事方可以通过包括仲裁在内的任何方式解决纠纷；后者却规定了无法通过协商解决的纠纷应当通过环境条约设定的仲裁程序解决，是一种带有强制性的仲裁解决程序。如果一个国家同时是这两项公约的缔约国，在其面临纠纷时，如何解决纠纷就出现了互相矛盾的情况。

另一种冲突体现在环境条约在纠纷解决机制的发展上呈现的不平衡现象。例如，《联合国海洋法公约》的纠纷解决机制是一个内容丰富同时又非常复杂的争端解决机制，它规定了多元化的纠纷解决方法，这些不同的纠纷解决方法彼此间还有先后适用的法定顺序，这不仅在国际环境法和海洋法领域，就是在整个国际法的体系下也是很少见的。而有些国际环境条约规定的纠纷解决程序非常简单，例如，1979 年欧洲《长距离越界大气污染公约》的争端解决程序仅有一条，其内容为：如果公约的两个或两个以上的缔约方之间就公约的解释或适用发生纠纷，应当通过谈判或其他纠纷当事方能够接受的方法寻求纠纷的解决。② 因此，国际环境条约在纠纷解决机制上的发展是很不平衡的。

自 2000 年以后，这种环境条约的冲突现象有所缓解。尤其是近年来，国际环境条约在纠纷解决机制的发展上更为细致，并在一定程度上注意条约之间的衔接和一致，在纠纷解决规则上出现了一定的"同质化"趋势，例如，不少环境条约都借鉴了《关于消耗臭氧层物质的蒙特利尔议定书》首倡的遵约机制，将环境纠纷的预警和避免作为纠纷解决机制的一个重要组成部分。尽管如此，随着国际环境条约数目的不断增多，如何协调这些条约的内容，尤其是条约中涉及纠纷解决的规则的协调，依旧是需要关注的问题。毕竟，作为一个新兴学科的国际环境法，其条约大多出现于 20 世纪 70 年代后，本身就面临着与其他领域的国际条约的各种冲突可能。在外在的条约冲突客观存在的情况下，环境条约内部的协调就更加重要。

---

① 参见 1979 年《欧洲野生动物和自然生境保护公约》第 18 条。
② 参见 1979 年欧洲《长距离越界大气污染公约》第 13 条。

除了上述三个问题，跨国环境纠纷还面临一些其他问题。例如，虽然在国际环境保护的大框架下，跨国纠纷的解决途径是多元的。然而，当谈到所有法系都无法回避的司法证据问题时，很多学者、法官和律师承认：在一定程度上，环境纠纷是非常独特的，它是不同于其他案件的特殊案件。无论是前文讨论的国际法院、国际海洋法法庭还是国际刑事法院还是 WTO 争端解决机制受理的案件，还是观察人权案件以及国家间的环境案件，都能得到该结论。但即使清楚认识到了这一点，目前仍无助于一些具体问题的解决。例如，在跨国环境纠纷司法解决技术层面，如何更好地平衡和处理环境纠纷中的"事实查明"和证据的科学性问题；如何判定环境纠纷案件中当事方提供的专家意见或鉴定；是否需要在法官或仲裁员中吸收具有环境科学等自然科学背景的专业人员参与纠纷解决等。

第三节　中国的立场及调整建议

在国际争端解决的问题上，中国一贯坚持和平解决国际争端的基本原则，主张以和平共处五项原则作为处理各类国际纠纷的重要原则和基石。20 世纪 70 年代中国恢复在联合国的地位后，尤其是伴随改革开放政策的制定和实施，中国在对外关系上以一种更加开放、务实的态度，处理各种纠纷和争端。在长期的国际交往中，中国逐渐形成了一套解决跨国纠纷的基本做法和立场，这套做法和立场也直接影响着中国在跨国环境纠纷解决机制上的态度和处理方式。

一、中国的基本立场

（一）坚持和平解决国际争端的基本原则

和平解决国际争端是国际法的一项重要基本原则，也是国际社会各类主体尤其是国家处理彼此间纠纷和矛盾的重要基础。这个原则已经得到了国际社会的公认，并且在《联合国宪章》等主要国际法条约中得到了明确而具体的规定。追溯历史，和平解决国际争端原则并不是人类社会一开始就选择的解决冲突的基本思路，其在国际法上取得今天的地位来之不易，是人类社会在漫长的发展过程中，经历了无数的战争、杀戮、流血、伤亡和眼泪后，痛定思痛，最终在第二次世界大战结束后方最终确定下来的一项重要原则。1945 年《联合国宪章》明确规定了各国在面对冲突和争端时，应选择包括谈判、协商等在内的和平方法解决争端，和平解决国际争端成为世界各国应遵循的重要国际义务。随后，在其他一系列重要国际法律文件中，也一再申明了和平解决国际争端原则的重要地位，例如，1970 年的《国际法原则宣言》、1974 年的《建立新的国际经济秩序宣言》等。毫无疑问，它已经成为现代国际社会解决各类纠纷的基本指导原则。

中国自古以来就是一个热爱和平的国家，中华民族在过往的历史中，也显现了对于和平的爱好。早在先秦时期，史书中就有"善解纷，贵远怨，恶兵戎"等记载，中国的儒家思想更是推崇"和为贵"的观点。在 19 世纪中期中国因为鸦片战争失败，清朝政府的洋务派开始引入近代的国际法思想，将之作为与西方国家打交道和解决纠纷的重要工具。当时还发生了一件清政府利用近代国际法的原则成功处理两个西方国家之间纠纷的外交大事，这就是历史上的"普丹大沽口事件"。① 在 19 世纪末和 20 世纪初，中国派使团参加了两次海牙和平会议，这是中国第一次参加国际会议，也是与和平解决国际争端相关的重要国际法活动。中华人民共和国成立后，中国和印度、缅甸共同倡议提出了著名的"和平共处五项原则"，并逐渐被国际社会所接受，直至今日，依然是中国开展外交活动、解决国际争端所依据的首要原则。在该原则的指导下，中国政府解决了一些历史遗留问题，也化解了与有关国家的国际争端，例如，中国与英国政府通过谈判方式解决了香港问题，与葡萄牙政府通过谈判方式解决了澳门问题。在环境保护领域，中国也积极应用该基本原则，并取得了良好效果。例如，2005 年，在松花江跨界污染损害事故发生后，中国与俄罗斯政府通过谈判和协商和平解决了该环境纠纷。

---

① "普丹大沽口事件"是当时的清朝政府调解的普鲁士与丹麦之间的一起国际纠纷。1864 年普鲁士政府派遣李斯福为驻华公使，李斯福乘坐兵舰"羚羊号"抵达中国天津大沽口海域，遭遇三艘丹麦商船。当时普丹两国正在欧洲因领土问题交战，于是，普鲁士兵舰将三艘丹麦商船拿捕。清政府根据惠顿《万国公法》第 2 卷第 4 章第 6 节的规定："各国所管海面，及澳港长矶所抱之海，此外更有沿海各处，离岸十里之遥，依常例归其辖也。盖炮弹所及之处，国权亦及焉，凡此全属其管辖，他国不与也"，认为普舰在中国洋面拿捕丹麦商船，"显系夺中国之权"。并与普鲁士公使进行了严正交涉，最终迫使普舰释放二艘丹麦商船，并对第三艘予以折款抵偿。

（二）非常重视协商与谈判解决方式

中国政府在国际争端的解决中，非常重视外交解决方法（又称为政治解决方法）的适用。如前文所述，外交解决方式是和平解决国际争端的方式之一，主要包括谈判、协商、斡旋、调停、调查与和解（或调解）等方式。这些外交解决方法的共同特点是由产生纠纷的当事方直接进行商谈解决，有时也不排除第三方，如其他国家或国际组织，作为调停方、斡旋方等参与到纠纷的解决过程中，促成争端的和平解决。在上述几种外交解决方式中，中国政府尤其重视谈判和协商方式。在中国政府看来，纠纷发生后，由当事方通过直接协商谈判来解决是最简明有效的处理方式，特别是在处理有关国家领土主权、边界划分和国家安全等重大而敏感的议题时更是如此。相对而言，第三方的介入效果则具有不确定性。这种疑虑是有原因的：在中华人民共和国刚刚成立的一段时期，中国受到了西方世界的围堵。在历史上也不乏西方大国借"调停""调查"或"斡旋"等名义，对弱小国家的纠纷进行插足和干涉，侵害纠纷当事国国家权益的案件。① 因此，在外交方式中，中国政府首选谈判与协商，对于斡旋、调停、调查等方式有所保留，是有现实的顾虑的。当然，在外交实践中，中国政府也通过谈判协商方式解决了一些国际争端，例如，中国与印度政府通过谈判解决了中国西藏自治区和印度之间的通商和交通问题；还有香港回归和澳门回归等问题也都是通过直接谈判协商方式解决的。

近年来，随着改革开放政策的深入，随着中国国力的增强，中国已经成为国际社会的重要一员，也已成为国际体系的重要建设性力量。对于外交解决方式中的调停、斡旋等第三方介入的争端解决手段，中国的观念和立场也有了相应变化。作为一个发展中的大国和世界第二大经济体国家，中国已经有机会以"斡旋方"或"调停方"的身份推动跨国纠纷的解决，也积累了一些宝贵的外交经验。例如，在有关朝鲜半岛的国际纠纷中，中国政府通过六方会谈等外交平台，多次

---

① 中国在历史上也实践过国际争端解决由国际组织进行"调查"的调查解决方式，例如，中国曾经指望国际联盟时期组成的"李顿调查团"来解决"九一八事变"的中日争端，但其结果的不公正令中国人民失望和愤懑。

扮演了"斡旋方"或"调停方"的角色。未来中国政府在解决跨国环境纠纷时，完全可以借鉴和参考这些外交实践经验。

（三）不排除法律解决方式的适用

在解决纠纷方面，中华民族的传统思想是追求"和为贵"，孔子甚至提出了"民无讼"的理想追求。此处的"讼"就是指司法诉讼，简称打官司。可见，在中国的传统思想中，是不喜欢且竭力避免卷入司法程序中，希望尽量保持整体关系的和谐。这种思想或多或少也影响了大部分中国人对于纠纷解决的态度：重视协商谈判等方式，排斥仲裁诉讼等方式。

在解决国际争端领域，在中国实行改革开放政策以前，中国拒绝任何将国际争端诉诸仲裁或司法解决的提议。例如，1962年中国和印度爆发了边界冲突，印度政府提出设立一个仲裁机构，由双方各自派出一名仲裁员加上第三国的一名仲裁员组成，对纠纷进行解决。但是中国政府拒绝了这种解决建议，主要原因是，中国政府认为，边界争端是涉及两国主权的重大问题，而且涉及的领土面积又有十几万平方公里之大。不言而喻，它只能通过双方直接谈判求得解决。① 当时不适用国际仲裁和司法解决方法的另一个原因是，中国在1949年后的很长一段时期，一直被隔离在联合国及其司法体系之外，直到恢复了联合国的合法席位后，这种局面才得到了改观。在国际法院和常设仲裁法院删除了台湾派遣的所谓"中华民国"指派的仲裁员和法官名单后，20世纪90年代中期，中国政府经过研究，决定恢复在国际法院和常设仲裁法院的正常活动。同时经过审慎考虑，中国政府同时撤回了"中华民国"在1946年提交国际法院的表示接受其任择强制管辖权的声明，并在随后加入的国际条约和公约中，对于将争端提交司法或仲裁方式解决的条款大多提出保留。在中国的改革开放政策出台后，对于法律解决方式的立场有所转变。原则上，中国反对一切形式的霸权主义和强权政治，支持国际法治的理想追求，并认为仲裁和司法解决国际争端是国际法治的应有之意。②

---

① 王虎华：《论我国和平解决国际争端的理论与实践》，载《河南师范大学学报》2002年第4期，第30~31页。

② 国际公法学编写组：《国际公法学》，高等教育出版社2016年版，第457~458页。

因此，中国目前对于通过法律方式解决国际纠纷是采取不排斥的态度，对于经济、贸易、文化等领域中技术性和法律性较强，不涉及重大主权利益的纠纷，是可以采用仲裁和司法方式解决的。

二、调整建议

（一）继续发挥外交解决方式的重要作用，探索斡旋、调停等具体方法在跨国环境纠纷解决中的适用途径

中国政府一直非常注重运用谈判和协商的外交解决方式解决各种国际争端和纠纷，成功解决了不少跨国纠纷，在该领域也积累了许多有益的经验。在未来的国际交往中，随着环境议题在国家与国家、国家与国际组织的关系中日益重要，包括中国在内的世界大国都面临一定的环境外交压力。在这种全球环境治理的大背景下，国际社会各类型主体之间出现跨国环境纠纷的可能性也在增加。在解决跨国环境纠纷时，中国应立足于本国国情，深入结合环境纠纷的独有特征，发挥外交解决方式在环境纠纷解决中的作用。同时，中国政府也应当积极探索应用除了谈判与协商之外的其他外交解决方式，包括调查、调解（或和解）、斡旋和调停等方法。中国之所以在中华人民共和国成立后的很长一段时期对斡旋、调停等有第三方介入纠纷解决程序的外交方法存有质疑，主要是因为基于国际法在第二次世界大战后的现实适用情况的不公正性有疑虑。一些西方大国和当时的部分国际组织，在对跨国纠纷进行调停或斡旋的过程中，作出一些带有偏见的或不公正的调停意见，使纠纷进一步复杂化，甚至会成为某些霸权国家干涉新成立的第三世界国家主权或内政的机会。为了国家领土完整和尊严，中国对于国际调查、调停等方式心存顾忌，持有保留态度，这是当时的国际政治局势决定的。

在中国实行改革开放政策多年后的今天，对于斡旋、调停、调查、调解等外交方法，中国原则上不再否定和排斥包含第三方因素的纠纷解决方式，中国的态度由较为警觉转为基本开放。① 作为世界大国，中国不再是被迫将自己置于外部因素调停或斡旋的被一方，而是有机会积极参与到国际纠纷的解决中，以调停者

---

① 　国际公法学编写组：《国际公法学》，高等教育出版社 2016 年版，第 456 页。

等身份促进国际争端的和平解决。例如，为解决朝鲜半岛的核问题纠纷，中国出面促成了由中国、美国、韩国、朝鲜、日本、俄罗斯六方参与的"朝核六方会谈"。虽然对于这次会谈在国际争端解决程序中的性质，学术界之间还有争议，①但是一般认为，无论六方会谈属于调停还是兼具谈判和调停的一种新型争端解决机制，它都对朝鲜半岛核问题的解决发挥了重要作用。跨国环境纠纷的解决也可以适用斡旋或调停等方式。跨国环境纠纷涉及的环境问题往往具有跨国界属性，有时甚至会出现两个以上的纠纷当事方；如果跨国环境纠纷是由某国的跨国公司的行为引起的，可能不仅会造成国家与国家之间的环境纠纷，还会引起私法视野下因遭受环境损害而提起诉讼的跨国界赔偿案件（如受损害的一国自然人或公司起诉另一国）等。这些纠纷不仅仅影响国家之间的正常交往，也关系着不同国家国民之间的友好关系。这时候如果选择第三方参与纠纷解决，在互相冲突的主体之间架起沟通的桥梁，促进纠纷当事方之间的互相理解和体谅，有助于跨国环境纠纷的和平解决。因为斡旋与调停的灵活性，有时会发挥出不同于法律解决方式的良好效果。对于这方面的案例研究，前文介绍了世界银行参与印度与巴基斯坦关于印度河河流开发利用的纠纷案例，可以从中得到一些启示。当然，斡旋与调停离不开态度公正且具有权威性的第三方的参与，如何寻找到合格的第三方（包括国家和国际组织），是采用这种纠纷解决方式的关键所在。

（二）深入研究国际仲裁和诉讼规则，渐进式适用法律解决方式解决跨国环境纠纷

在第二次世界大战结束后，现代国际法出现了一系列有利于国际社会和平发展的良好因素。以国际社会的组织化发展趋势为例，以联合国为代表的各种国际组织快速发展，在国际关系的绝大多数领域出现了法律地位明确、职责范围清晰的国际组织。这些国际组织的产生和出现，极大地推动了国际法治进程，在国际组织倡导和主持下签订的国际条约也越来越多。同时，国际组织也有利于国际争

---

① 有学者主张"朝核六方会谈"的性质属于调停，但反对者认为，调停人一般在调停活动中没有直接的谈判诉求，没有直接利害关系，只是为了纠纷解决参与调停程序。中国和俄罗斯符合调停者的身份，但是日本和韩国在六方会谈中有本国的谈判诉求，因此称之为调停不妥。也有学者主张属于谈判和调停兼具的一种新型外交解决机制。

端的法律解决方式的发展。因为国际组织不仅可以为国际社会的各类主体提供国际会议、论坛、条约谈判、修订等契机，也可以通过会员国的组织纽带为跨国纠纷的解决提供更集中、更科学的法律解决程序。一般来说，法律解决方式比外交解决方式能更彻底地解决跨国纠纷，也更符合国际法治的发展要求。因此，近年来，在国际法的不少领域，都出现了对于法律解决纠纷的各种规则和程序。中国对此可以结合本国国情，作出相应的回应。

跨国环境纠纷一般是和某个或某几个国际环境问题紧密联系的，环境问题的特点决定了环境纠纷的解决更需要高效率和符合科学规律要求。因为跨国环境纠纷早一日解决，就可以尽早缓解或消除某些不利的环境影响；反之，如果纠纷解决过程冗长复杂，反反复复，环境问题会面临恶化、更加严重甚至造成更不易治理的二次污染等问题。例如，关于海洋生态环境的保护的纠纷，如果久拖不决，会影响更多的海洋区域和更多的国家，造成更多的海洋生物资源的耗损。即使经过多年，纠纷最终解决了，要想治理已经恶化的海洋生态环境，可能需要耗费比原来的治理成本要高若干倍的巨额投入才能达到效果。而一般来说，跨国环境纠纷如果通过外交方式解决，由于外交解决方式大多不具备法律效力，主要依赖于纠纷当事方的自觉自愿去执行，现实中不乏不愿意遵守或违反解决协议的实例，会导致纠纷解决进程波折丛生，看不到解决的希望。而法律方式的强制性是保障跨国环境纠纷解决效率的最有力武器，利用得当的话，可以取得良好的纠纷解决效果。

中国自20世纪80年代起，就全面恢复了在常设国际仲裁院和国际法院的活动，并成功推荐了多名法学家担任国际法院法官等职位。在20世纪90年代初期，中国政府围绕"联合国国际法十年"提交了官方报告，赞同进一步加强国际法院的作用，并提议国际法院加强分庭程序的建设，提高审判效率，考虑扩大咨询管辖权的范围等。中国也已经开始在贸易、技术、文化、环境、航空、交通运输、教育等领域的双边条约中载入仲裁或司法解决条款，对于经济贸易、技术性条约中的仲裁和司法条文也不再不加区别地一概加以保留。中国再加入世界贸易组织后，已经作为原告方提起了针对美国等若干国家和地区的贸易案件的申诉，已经开始真正参与国际纠纷的法律解决实践。近年来，环境和贸易的冲突屡次成为国际纠纷中的议题，从这个角度看，中国参与世界贸易组织争端解决机制的法律实践也会为跨国环境纠纷的法律解决提供有益借鉴。

当然，对于涉及领土主权、国家尊严的争端，中国依然坚持通过谈判协商等方式解决。与此同时，可以通过组织有关国际法、环境资源法等领域的专家、学者进一步深入研究国际仲裁和司法等领域的纠纷解决规则和最新发展动向，对于跨国环境纠纷，渐进式探索和适用法律方式进行解决。

（三）谈判时重视环境条约中的遵约机制，加强跨国环境纠纷的预防

在 1987 年有关臭氧层保护的《关于消耗臭氧层物质的蒙特利尔议定书》中，第一次出现了环境条约的遵约机制（国内也有翻译为"不遵守情事程序"，英文简称 NCP），因其着重于对缔约方履约行为的评估和有可能不遵约的预判及预防行为，在一定程度上暗合了环境法中的"预防为主原则"的精神，非常适合解决因环境问题产生的纠纷。此后多项国际环境条约跟进了这种遵约机制的内容，这是国际环境法中值得关注的一个发展趋势。目前中国国内对于环境条约的遵约机制已经有了一定的研究成果，但在研究深度上还远远满足不了现实需求。这种植根于预防跨国环境纠纷解决的程序规则具有强烈的现实实践意义。遵约机制不仅注重跨国环境纠纷的预警和预防，还包含着对于履约能力有限的发展中国家缔约方的技术或资金援助和支持程序，是一种通过提高缔约方的环境条约履约能力，化解有可能出现的因无法履约或履约力度不足而导致的环境纠纷。该预防机制也可以在一定程度上弥合发达国家和发展中国家在环境条约履约能力上的差距和鸿沟，有利于营造环境条约的充分和友好实施，是一种从根源上解决跨国环境纠纷的新型条约机制。

中国作为一个发展中的大国，国内正大力推进各项环境问题的治理，不断完善环境问题的法律解决机制。借此良好的契机，应加大对环境条约遵约机制的研究，提高研究成果质量，为中国在参与多层次的环境议题或环境条约的谈判提供高质量的建议，获取更多的规则制定主动权。其对跨国环境纠纷的解决，也有很大裨益。毕竟，与其坐等一项跨国环境纠纷发生后再寻求各种方式去解决，将其消灭在萌芽时期，避免环境问题和环境纠纷的现实出现，无论对环境还是对于国家，甚至对于地球环境的保护，无疑都是最优选择。

结　　语

　　人类进入 21 世纪后，国际社会发生了多起因为环境问题而产生的纠纷。这些纠纷大多发生在国家与国家之间，但也有一些环境纠纷发生在一国与其他国家的公司或自然人之间，或不同国籍的公司或自然人之间。这些纠纷引起了国家之间不同程度的矛盾和纷争，一些国家选择通过国际法院等司法机构进行解决。以联合国国际法院近几年公布的有关跨国环境纠纷案件的判决与裁定为例，2010年国际法院公布了对"乌拉圭河纸浆厂案"的判决，该纠纷是因为坐落于南美洲乌拉圭河畔的新建纸浆厂引起的污染风险而产生。时隔一年后，国际海洋法庭根据 1982 年《联合国海洋法公约》第十一部分的规定，作出了《关于在国际海底区域进行矿产资源开发而导致国家责任的咨询意见》。在《联合国海洋法公约》第十一部分，对于国家资助的在海底区域进行的矿产资源开采活动，规定了国家的环境义务。2013 年下半年，还有两件案件通过口头审判的形式在国际法院作出了决定。其中一件是澳大利亚和日本在大西洋因为捕鲸活动引起的争端，两国都是 1946 年《国际捕鲸管制公约》（ICRW）的缔约国，随后，新西兰根据《国际法院规约》第 63 条也加入了诉讼。另一起纠纷是 2008 年以来厄瓜多尔和哥伦比亚因空中喷洒杀虫剂导致跨国界污染引起的纠纷。除了上述所列已经有了解决方案的环境纠纷，还有一些跨国环境纠纷已经发生并正在解决过程中。因此，在当前各国日益重视环境保护，国际环境保护已经成为国际社会热点之一的时代背景下，这种以国家间环境纠纷为主的跨越国界的环境纠纷增多的现象并非暂时现象，而是将会持续相当长一段时期。

　　当然，一项跨国纠纷的产生，原因很多并不是单一因素作用的结果。以上述联合国国际法院受理的几起纠纷为例，上述争端并非全都因明确的环境问题而产生。有一些案件与其说是因为明确的环境因素导致，还不如说是因为一些当事国的国内政策导致的。然而，这些纠纷的数量之多和解决过程之波折，可以使我们更清楚地看到跨过环境纠纷解决过程中的各种问题。

观察这些环境纠纷及其解决进程中，有三个突出特点：首先，什么是跨国环境纠纷或者如何界定跨国环境纠纷，是一个看似简单但困难的问题。因为环境的外延非常广泛，如果贸然给跨国环境纠纷下一个定义或者列举出几个界定标准，在现实中往往会碰到一些法律适用上的冲突。在现有的国际纠纷管辖的理论框架下，根据一项纠纷是否包含环境要素或者需要适用环境法律或环境条约，是很难判断一项纠纷在本质上是不是属于环境纠纷的。近年来出现了一种趋势：如果缔约国之间因为环境条约的履行产生争议，在提交特定的环境条约机构解决争议之前，一般都会先进行相关谈判。这种谈判有的很顺利，有的则在纠纷解决机构的选择和适用法律的种类上就会陷入矛盾，导致在环境纠纷尚未进入实质性解决程序，就先陷入了管辖和法律适用的"瓶颈"。

其次，这些案件中有一些是国际环境公益诉讼案件，其显性特征是受到损害或威胁的并不是传统意义上的国家领土权利或主权管辖下的国家环境利益，其主要目的是保证多边环境条约在实践中得到充分和良好的遵守和实施，其最终目标是保护全球环境公共利益。一些环境条约中规定了"遵约机制"（也有翻译为条约的"不遵守情事程序"，Non-compliance Procedure，NCP）。在国际环境保护的实践中，这种遵约机制事实上具有预防跨国环境纠纷产生的功能，也可以视为是跨国环境纠纷解决机制的一种扩充。然而这种新型的程序规则体系与传统国际法中有关争端解决，尤其是国际争端的司法诉讼程序关系如何？是二者互相补充共同形成跨国环境纠纷的两种途径，还是会导致程序法的新的冲突，进一步加剧国际法的"碎片化"？这些问题都有待学术界进一步讨论、分析和研究。

最后，如同国内环境法中环境纠纷案件的处理一样，几乎所有的跨国环境纠纷的解决，都离不开科学证据的支撑和技术数据的证明。例如，在一起跨国界大气污染纠纷案件中，原告方需要提供证据证明受到了污染损害，造成了损害后果；如果需要赔偿，则还要提供所提赔偿金额的计算依据；被指控排放污染的一方，如果不希望承担责任或减轻所承担的责任（尽管国际法在国家责任方面的发展一直非常缓慢），也需要足够科学证据证明其没有排放污染的行为或虽然有排污行为但其损害后果有限等。同时，目前在国际范围内，环境案件所需的证据在因果链方面尚存在科学确定性的纷争，尽管国际社会大多认为（至少在理论上）国际裁判机构在案件的科学确定性认定方面还需进一步改进，但没有任何一种纠纷像跨国环境纠纷引起如此广泛的争论，即国际裁判机构能否处理这种纠纷中的科学证据问题。

如果用一句话描述当下的跨国环境纠纷解决机制，可以说是"正在泥泞中跋涉和探索"。当然，在任何学科，解决问题远比指出这些问题更加困难。通过前文的层层分析和论述，我们可以明确看到：跨国环境纠纷的解决，尤其是法律方式的解决，尚面临一些困境。这使得环境纠纷案件和国际法院或国际海洋法法庭以往解决的跨国纠纷都不相同。例如，不少跨国环境纠纷的管辖权问题相当令人困惑，国际法目前处理这些管辖权冲突的方法也十分有限，并且效果并不明显。即使是法学界内部已经普遍接受的全球环境公益诉讼，在环境保护法背景下处理时也变得困难重重，主要原因仍然是国际社会的"平权社会"状态。这种"平权社会"状态的松散结构，正是跨国环境纠纷解决的最大现实国际背景。任何脱离这种国际现实的跨国环境纠纷解决机制的制度设计都是不科学的。考虑到外交解决方式和法律解决方式各自的局限性，以及国际组织在跨国环境纠纷解决中的不足，还有环境条约在发展过程中的现实障碍，跨国环境纠纷的预防规则才显得如此重要。

中国正加大环境治理力度，提升国内的环境质量，不断完善国内环境法律体系。在跨国环境纠纷的解决机制上，一方面，中国应当继续坚持在国际争端解决实践中发挥重要作用的外交解决方式，尤其是谈判和协商方法；同时不断探索斡旋、调停、调查、调解等方法在环境类争端解决中的运用。另一方面，在法治精神的指引下，不排除适时运用国际仲裁或司法方法解决环境纠纷。积极参与国际环境条约的谈判，采取措施吸引优秀专业人才深入研究国际环境保护和环境条约的最新发展动向，掌握跨国环境纠纷解决的主动权，丰富中国的国际争端解决理论与实践。

参 考 文 献

一、中文类

（一）著作（含译著、学位论文等）

1. ［美］路易斯·亨金著：《国际法：政治与价值》，张乃根等译，中国政法大学出版社 2005 年版。

2. ［法］亚历山大·基斯著：《国际环境法》，张若思编译，法律出版社 2000 年版。

3. ［英］詹宁斯·瓦茨著：《奥本海国际法》（第一卷），王铁崖等译，中国大百科全书出版社 1995 年版。

4. ［英］帕特莎·伯尼、艾伦·博伊尔著：《国际法与环境》（第二版），那力等译，高等教育出版社 2007 年版。

5. ［英］朱迪·丽丝著：《自然资源：分配、经济学与政策》，蔡运龙等译，商务印书馆 2002 年版。

6. ［美］巴里·卡特、艾伦·维纳著：《国际法》，冯洁菡译，商务印书馆 2015 年版。

7. ［美］伊迪斯·布朗·威斯等著：《国际环境法律与政策》（英文影印本），中信出版社 2003 年版。

8. ［英］马尔科姆·N. 肖著：《国际法》（第六版），白桂梅等译，北京大学出版社 2011 年版。

9. ［英］戴维·赫尔德、安东尼·麦克格鲁编：《治理全球化——权力、权威与全球治理》，社会科学文献出版社 2004 年版。

10. ［英］梅丽尔斯著：《国际争端解决》（第五版），韩秀丽、李燕纹等译，法律出版社 2013 年版。

11. 邵津主编：《国际法》（第三版），北京大学出版社、高等教育出版社 2010 年版。

12. 梁西著：《国际组织法总论》，武汉大学出版社 2000 年版。

13. 国际公法学编写组：《国际公法学》，高等教育出版社 2016 年版。

14. 周忠海主编：《国际法》，中国政法大学出版社 2004 年版。

15. 王铁崖主编：《国际法》，法律出版社 1995 年版。

16. ［德］沃尔夫冈·格拉夫·魏智通主编：《国际法》，吴越、毛晓飞译，法律出版社 2001 年版。

17. 汪劲、田秦等著：《绿色正义——环境的法律保护》，广州出版社 2000 年版。

18. 王曦编著：《国际环境法》（第二版），法律出版社 2005 年版。

19. 王灿发主编：《环境纠纷处理的理论与实践》，中国政法大学出版社 2002 年版。

20. 林灿铃著：《国际环境法》，人民出版社 2004 年版。

21. 马克斯·普朗克比较公法及国际法研究所主编：《国际公法百科全书》（第二专辑，国际法院、国际法庭和国际仲裁的案例），陈致中、李斐南译，中山大学出版社 1989 年版。

22. 刘家琛主编、陈致中编著：《国际法案例》，法律出版社 1988 年版。

23. 周珂主编：《环境与资源保护法》（第三版），中国人民大学出版社 2016 年版。

24. 《迈向 21 世纪——联合国环境与发展大会文献汇编》，中国环境科学出版社 1992 年版。

25. 万霞编著：《国际环境法案例评析》，中国政法大学出版社 2011 年版。

26. 王晓丽著：《多边环境协定的遵守与实施机制研究》，武汉大学出版社 2012 年版。

27. 朱鹏飞著：《国际环境争端解决机制研究》，法律出版社 2011 年版。

28. 胡敏飞著：《跨国环境侵权的国际私法问题研究》，复旦大学出版社 2009

年版。

29. ［苏丹］萨曼等著：《南亚国际河流的冲突与合作》，胡德胜、许胜晴译，法律出版社 2015 年版。

30. ［美］陈世材著：《国际法院的透视》，中国友谊出版公司 1984 年版。

31. 王林彬著：《国际司法程序价值论》，法律出版社 2009 年版。

32. 赵理海著：《海洋法的新发展》，北京大学出版社 1984 年版。

33. 吴慧著：《国际海洋法法庭研究》，海洋出版社 2002 年版。

34. 尤瓦·沙尼著：《国际法院与法庭的竞合管辖权》，韩秀丽等译，法律出版社 2012 年版。

35. 刘楠来等著：《国际海洋法》，海洋出版社 1986 年版。

36. 高健军著：《〈联合国海洋法公约〉争端解决机制研究（修订版）》，中国政法大学出版社 2014 年版。

37. 饶戈平等著：《国际组织与国际法实施机制的发展》，北京大学出版社 2013 年版。

38. 谭家悦：《国际组织在多边条约实施中的角色》，北京大学 2010 年博士研究生学位论文。

39. 陈一云主编：《证据学》，中国人民大学出版社 2000 年版。

40. 沈达明编著：《比较民事诉讼法初论》（上），中信出版社 1991 年版。

（二）期刊论文类

1. 陈致中：《国际仲裁在解决国际争端中的作用》，载《中山大学学报》1986 年第 1 期。

2. 张江河：《试论斡旋和调停》，载《法律科学》1985 年第 1 期。

3. 梁西：《论国际社会组织化及其对国际法的影响》，载《法学评论》1997 年第 4 期。

4. 张文彬：《论联合国安理会和平解决国际争端的职权》，载《世界经济与政治》1996 年第 4 期。

5. 何志岗：《科索沃：霸权的祭坛》，载《欧洲》1999 年第 4 期。

6. 赵维田：《WTO 案例研究：1998 年虾龟案》，载《环球法律评论》2001 年第 2

期。

7. 艾伦·博伊尔：《世界贸易组织与海洋环境》，王曦译，载《国际环境法与比较环境法评论》第 2 卷，法律出版社 2005 年版。

8. 杨永红：《分散的权力：从 MOX Plant 案分析国际法庭管辖之冲突》，载《法学家》2009 年第 3 期。

9. 张爱云、李伟文：《论海域污染损害赔偿案件中的证据》，载《第十一届全国海事审判研讨会论文集》。

10. 王晓丽：《论越界环境污染的几种国际解决途径》，载《对外经贸实务》2008 年第 3 期。

11. 顾小峰：《环境诉讼："科学上的不确定因素"》，载《法学》1991 年第 6 期。

12. 古祖雪：《现代国际法的多样化、碎片化与有序化》，载《法学研究》2007 年第 1 期。

13. 王虎华：《论我国和平解决国际争端的理论与实践》，载《河南师范大学学报》2002 年第 4 期。

14. 薄燕：《环境治理中的国际组织：权威性及其来源》，载《欧洲研究》2007 年第 1 期。

15. 金慧华：《试论蒙特利尔议定书控制遵守程序》，载《法商研究》2004 年第 2 期。

16. 曹胜辉、徐杰：《条约监督机制与条约义务的履行》，载《外交学院学报》2000 年第 2 期。

17. 刘万啸：《气候变化背景下外国投资者与政府争端的解决——以我国双边投资协定为例》，载《政法论丛》2014 年第 2 期。

18. 秦天宝：《生物多样性保护国际法的产生与发展》，载《江淮论坛》2011 年第 3 期。

19. 林灿玲：《国际环境法实施机制探析》，载《比较法研究》2011 年第 2 期。

20. 王晓丽：《论中国履行臭氧层保护国际法的国内立法》，载《法学杂志》2008 年第 5 期。

二、外文类

1. E. Hey, Reflections on An Environmental Court (Kluwer Law Internaitonal 2000) 3.

2. P. Sands, Litigaiting Environmental Disputes: Courts, Tribunals and the Progressive Development of International Environmental Law, T. Ndiaye and R. Wolfrum (eds.), Law of the Sea, Environmental Law and Settlement of Disputes, Martinus Nijhoff Publishers, 2007.

3. R. Bilder, Settlement of Disputes in the Field of International Law of the Environment (1975-1) 144 Recueil des Cours 153.

4. J. G. Merrills, International Disputes Settlement, 3rd., Cambridge University Press, 1998.

5. Aloys Arthur Michel, The Indus Rivers: A Study of the Effect of Partition, New Haven: Yale University Press, 1967.

6. Srecko Lucky Vidmar, Compulsory Inter-state Arbitration of Territorial Disputes, Denver Journal of International Law and Policy, 2002, Vol. 31.

7. Stefan Voigt, Max Albert, and Dieter Schnittchen, International Conflict Resolution, Introduction, Mohr, Siebeck 2006.

8. Cesare P. R. Romano, the Price of International Justice, in the Law and Practice of International Courts and Tribunals 4, 2005 Koninklijke N., Leidon, The Netherlands.

9. Robert Y. Jennings, The United Nations at Fifty, The International Court of Justice after Fifty Years, American Journal of International Law, Vol. 89, 1995.

10. Robin R. Churchill and Geir Ulfstein, "Autonomous Institutional Arrangements in Multilateral Environmental Agreements: A Little-Noticed Phenomenon in International Law", American Journal of International Law, 2000.

11. Rudiger Wolfrum and Nele Matz: Conflict in International Environmental Law, Berlin: Springer Press, 2003.

12. Philippe Sands, Principles of International Law: Framework, Standards and Implementation, Manchester: Manchester University Press, 1995, p. 92.

13. United Nations Office of Legal Affairs, Arrangements for the Implementation of the Provisions of Article 11 of the UN Framework Convention on Climate Change Concerning the Financial Mechanism, para 4 (Nov. 4, 1993), UN DOC. A/AC. 237/50 (1993).

14. A. E. Boyle, The International Tribunal for the Law of the Sea and the Settlement of Disputes, in Joseph J. Norton, Mads Andennas and Mary Footer (eds.), The Changing World of International Law in the Twenty-First Century: A Tribunal to the Late Kenneth R. Simmonds, Kluwer Law International, 1998.

15. Tullio Treves, The Jurisdiction of the International Tribunal for the Law of the Sea, in P. Chandrasekhara Rao & Rahamtullah Khan (eds.), The International Tribunal for the Law of the Sea: Law and Practice, Kluwer Law International, 2001.

16. A. O. Adede, Law of the Sea—The Integration of Settlement of Disputes under the Draft Convention as A Whole, 72 American Journal of International Law, 1978.

17. Dolliver M. Nelson, The International Tribunal for the Law of the Sea: Some Issues, in P. Chandrasekhara Rao & Rahamtullah Khan (eds.), The International Tribunal for the Law of the Sea: Law and Practice, Kluwer Law International, 2001.

18. Hugo Caminos, The Jurisdiction and Procedures of the International Tribunal for the Law of the Sea: An Overview, in Jon M. Van Dyke, Sherry P. Broder, Seokwoo Lee, and Jin-Hyun Park (eds.), Governing Ocean Resources: New Challenges and Emerging Regimes: A Tribute to Judge Choon-Ho Park, Martinus Nojhoff Publishers, 2013.

19. Chile/European Community, Case Removed from the Tribunal's List, Order of 16 December 2009.

20. Alan E. Boyle, The Southern Bluefin Tuna Arbitration, 50 International Comparative Law Quarterly, 2001.

21. Natalie Klein, Disputes Settlement in the UN Convention on the Law of the Sea, Cambridge University Press, 2005.

22. Jonathan L. Charney, The Implications of Expanding International Disputes

Settlement System: The 1982 Convention on the Law of the Sea, 90 American Journal of International Law, 1996.

23. Rene-Jean Dupuy, Daniel Vignes (eds.), A Handbook on the New Law of the Sea, Vol. 2, Martinus Nijhoff Pub., 1991.

24. ITLOS, Southern Bluefin Tuna Case (New Zealand v. Japan; Australia v. Japan), Requests for provisional measures, Order on 27 August, 1999, paras. 77, 80.

25. Myron H. Nordquist (editor in chief), Shsabti Rosenne and Louis B. Sohn (Volume editors), United Nations Convention on the Law of the Sea, 1982: A Commentary, para. 290. 2. 3.

26. ITLOS, Southern Bluefin Tuna Case (New Zealand v. Japan; Australia v. Japan), Dissenting Opinion of Judge Vukas, para. 8.

27. Memorial of the Ireland, para 8, Access to Information Under Article 9 of the OSPAR Convention (Ireland v. UK), Final Award of Permanent of Arbitration.

28. The MOX Plant Case, Order No. 3 of 24 June 2003, Suspension of Proceedings on Jurisdiction and Merits, and Request for Further Provisional Measures, para. 18.

29. Union of International Associations, Yearbook of International Organizations 2010/2011, 47th ed. Vol. 1B, De Gruyter Saur 2010.

30. Jan Klabbers, An Introduction to International Institutional Law, 2nd ed. Cambridge University Press, 2009.

31. Judge Cancado Trinidad, Separate Opinions, Whaling Case, Declaration of Intervention by New Zealand, Order of 6 February 2013, para 76.

32. European Union-Measures on Atlanto-Scandian Herring, Request for Consultations by Denmark in respect of the Faroe Islands, WT/DS469/1 (7 November 2013), paras. 6-10.

33. Georges Abi-Saab, The International Court of Justice as a World Court, in Fifty Years of the International Court of Justice (Vaughan Lowe and Malgosia Fitamaurice, eds., 1996) 3, 13.

34. Barbara Kwiatkowska, Inauguration of the ITLOS Jurisprudence: The Saint Vincent and the Grenadines v. Guinea M/V Saiga Cases, 30 Ocean Development and

International Law, 1999.

35. Robert Y. Jennings, The International Court of Justice and the Judicial Settlement of Disputes, in 1 Collected Writings, 1998.

36. Thomas A. Mensah, The Place of the International Tribunal for the Law fo the Sea in the International System for the Peaceful Settlement of Disputes, in P. Chandrasekhara Rao & Rahmatullah Khan (eds.), The International Tribunal for the Law of the Sea: Law and Practice, Kluwer Law International, 2001.

37. Shigeru Oda, Disputes Settlement Prospects in the Law of the Sea, 44 International and Comparative Law Quarterly, 1995.

38. Gilbert Guillaume, The Future of International Judicial Institutions, 44 International and Comparative Law Quarterly, 1995.

39. Shabtai Rosenne, Establishing the International Tribunals for the Law of the Sea, 89 American Journal of International Law, 1995.

40. Alan E. Boyle, Disputes Settlement and the Law of the Sea Convention: Problems of Fragmentation and Jurisdiction, 46 International and Comparative Law Quarterly, 1997.

41. Jonathan L. Charney, The Implication of Expanding International Dispute Settlement System: The 1982 Convention on the Law of the Sea, 90 American Journal of International Law, 1996.

42. Rosalyn Higgins, Respecting Sovereign States and Running a Tight Courtroom, 50 International and Comparative Law Quarterly, 2001.

43. Carl A. Fleiscbbauer, The Relationship between the International Court fo Justice and the Newly Created International Tribunal for the Law of the Sea in Hamburg, in Jochen A. Frowein & Wolfrum (eds.), Max Planck Yearbook of United Nations Law, Vol. 1, Kluwer Law International, 1997.

44. R Wolfrum, Taking and Assessing Evidence in International Adjudication, Law of the Sea, Environmental Law, and Settlement of Disputes, Martinus Nijhoff Publishers, 2007.

45. Southern Bluefin Tuna (New Zealand v. Japan; Australia v. Japan), Provisional

Measures, Order of 27 August 1999, ITLOS Reports 1999.

46. C. Foster, Science and the Precautionary Principle in International Courts and Tribunals, CUP, 2011.

47. Case Concerning Armed Activities on the Territory of the Congo (Democratic Republic of the Congo v. Uganda) (2005) ICJ Reports 168, para 61.

48. G. White, The use of Experts by the International Court of Justice in V Lowe and M Fitzmaurice (eds.), (n 14) 528.

49. O. Pederson, An International Court and International legalism (2012), 24 JEL 547.

50. J. Pauwelyn, Judicial Mechanisms: Is there A need for A World Environmental Court? B. Chambers and J. Green (eds.), Reforming International Environmental Governance: From Institutional Limits to Innovative Reforms, United Nations University, 2005.

51. Optional Rules for Arbitration of Disputes Relating to Natural Resources or the Environment 2001, Permanent Court of Arbitration (PCA).

52. P. Sand, Compensation for Environmental Damage From the 1991 Gulf War, 35 Environment and Political Law, 2005.

53. C. Chase, Norm Conflict Between WTO Covered Agreements-Real, Apparent, or Avoid? 61 ICLQ 2012.

54. Alan Boyle, Judicial Settlement of Internaitonal Environmental Disputes: Current Problems, Journal of Internatioal Disputes Settlement, Vol. 4, No. 2, 2013.

55. Daniel Kazhdan, Precautionary Pulp: PulpMills and the Evolving Dispute Between International Tribunals Over the Reach of the Precautionary Principle, Ecology Law Quarterly, Vol. 38.